NOVAS COMUNIDADES CATÓLICAS

BRENDA CARRANZA
CECÍLIA MARIZ
MARCELO CAMURÇA
(Organizadores)

NOVAS COMUNIDADES CATÓLICAS

Em busca do espaço pós-moderno

DIRETOR EDITORIAL:
Marcelo C. Araújo

EDITORES:
Avelino Grassi
Márcio F. dos Anjos

COORDENAÇÃO EDITORIAL:
Ana Lúcia de Castro Leite

REVISÃO:
Ana Lucia de Castro Leite
Bruna Marzullo
Leila Cristina Dinis Fernandes

DIAGRAMAÇÃO:
Juliano de Sousa Cervelin

CAPA:
Simone Godoy

Coleção *Sujeitos e Sociedade* coordenada por Brenda Carranza

* Revisão do texto conforme o novo Acordo Ortográfico da Língua Portuguesa, em vigor a partir de 1º de janeiro de 2009

© Idéias & Letras, 2009

Editora Idéias & Letras
Rua Pe. Claro Monteiro, 342 – Centro
12570-000 Aparecida-SP
Tel. (12) 3104-2000 – Fax (12) 3104-2036
Televendas: 0800 16 00 04
vendas@ideiaseletras.com.br
http//www.ideiaseletras.com.br

Dados Internacionais de Catalogação na Publicação (CIP)
(Câmara Brasileira do Livro, SP, Brasil)

Novas comunidades católicas: em busca do espaço pós-moderno / Brenda Carranza, Cecília Mariz, Marcelo Camurça (organizadores). – Aparecida, SP: Idéias & Letras, 2009. (Coleção Sujeitos e Sociedade / coordenada por Brenda Carranza)

Vários autores.
ISBN 978-85-7698-034-6

1. Comunidade – Aspectos religiosos – Igreja Católica 2. Evangelização 3. Missão da Igreja 4. Missões 5. Teologia pastoral I. Carranza, Brenda. II. Mariz, Cecília. III. Camurça, Marcelo.

09-02105   CDD-253

Índices para catálogo sistemático:

1. Comunidades católicas: Missão pastoral:
Cristianismo 253

SUMÁRIO

Apresentação 7

Primeira parte:
A RCC: Entre a tradição e a modernidade 15

1. Novos rumos do catolicismo 17
   Luiz Roberto Benedetti
2. Perspectivas da neopentecostalização católica 33
   Brenda Carranza
3. Tradicionalismo e meios de comunicação
   de massa: o catolicismo midiático 59
   Marcelo Ayres Camurça
4. A RCC na universidade: transformando
   o campo de conhecimento em campo de missão 79
   Carlos Eduardo Procópio
5. Tarô dos santos e heresias visuais: um catolicismo *new age*? 107
   Emerson José Sena da Silveira

Segunda parte:
Novas comunidades, novos estilos de vida na (pós-) modernidade 137

6. Novas comunidades católicas: por que crescem? 139
   Brenda Carranza
   Cecília Loreto Mariz

7. Medievais e pós-modernos: a Toca de Assis
   e as novas sensibilidades católicas juvenis 171
   Rodrigo Portella
8. A "Vida no Espírito" e o dom de ser "Canção Nova" 195
   Eliane Martins de Oliveira
9. Expansão da RCC brasileira: a chegada
   da Canção Nova em Fátima-Portugal 223
   Eduardo Gabriel
10. Shalom: construção social da experiência vocacional 241
    Cecília Loreto Mariz
    Luciana Aguilar
11. A Obra de Maria: a redefinição da devoção mariana 267
    Roberta Bivar Carneiro Campos
    Carla Patrícia Ribeiro Caminha

APRESENTAÇÃO

Comunidades Novas para um novo tempo

Esse foi o lema que reuniu mais de mil representantes das sessenta e cinco Novas Comunidades católicas, entre as quinhentas e cinquenta conhecidas no Brasil. Três dias congregaram os participantes em orações de louvor e adoração, missas, *shows, atividades de formação,* descanso, compras e lazer. Fundadores e seus discípulos transitaram nos mais de vinte *stands* que ofereciam toda a sorte de material impresso e audiovisual sobre o carisma das comunidades, atividades, projetos, propostas evangelizadoras, casas de formação, no país e no exterior, e os respectivos contatos; enfim: divulgação vocacional. Nos corredores, não faltaram os empurra-empurras na procura de autógrafos e fotografias dos mais conhecidos sacerdotes e leigos cantores da Renovação Carismática Católica (RCC), sinalizando para tempos de catolicismo midiático.

Embalados na performance carismática centenas de jovens dançavam e cantavam ao ritmo do *Rap de Cristo*. Entre eles diferenciavam-se algumas dezenas de "consagrados", cuja variedade de cores das suas longas túnicas, crucifixos dependurados no peito, véus na cabeça, terços na cintura, chinelos no pé, questionam as congregações tradicionais sobre sua capacidade de atrair a juventude e sugerem aos estudiosos novas estéticas religiosas.

No ginásio poliesportivo, homens, mulheres, jovens, crianças, sacerdotes, seminaristas, religiosos, religiosas ouvem atentos a palavra do leigo Moysés Louro de Azevedo, fundador nordestino da pujante Comunidade Shalom:

O que são as Novas Comunidades? São um modelo novo de sociedade, de política, de família, arte, economia. Nós estamos gerando uma nova cristandade, a nova cristandade do novo milênio. Nós somos a estratégia de Deus para o mundo de hoje (CD "A vida comunitária como sustento do profetismo" / Congresso – Fraternidade).

Num outro momento, no mesmo clima de escuta disciplinada, o fundador da mais antiga comunidade, a Canção Nova, Monsenhor Jonas Abib assevera:

> Somos filhos da Renovação (...) Deus nos escolheu para Igreja de hoje. (...) O mundo é um deserto e nossas comunidades são um oásis, onde temos a graça de viver o Evangelho, de maneira integral, viver com radicalidade (...) as nossas comunidades têm uma grande graça, a graça de experimentar a riqueza do feminino e do masculino vividos juntos. (...) homens e mulheres vivendo juntos (...) trabalhando juntos, realizando juntos o carisma (...) é uma riqueza (...) vivendo numa sadia convivência (...) é preciso preservar o dom maravilhoso da castidade (...) o mundo não acredita porque não experimenta, porque não aguenta a promiscuidade, essa Sodoma e Gomorra, ele precisa encontrar um oásis, a castidade ... (CD "A vida comunitária como sustento do profetismo" / Congresso – Fraternidade).

Ideias que são complementadas nos mais de 15 *workshops*. Luzia Santiago, co-fundadora da Canção Nova, recorda aos representantes:

> A expressão "carisma dos fundadores" significa aquele dom do Espírito Santo que Deus dá em generosidade, bondade, a alguns fundadores homens e mulheres (...) que os fazem aptos para dar à luz novas comunidades na Igreja e no mundo (...) é o discípulo que fecundado, pelo fundador, terá asas para ir para a África, EUA, Israel, Europa (...) para trabalhar nos meios de comunicação, para defender a nossa Mãe (...) Não poderá haver nunca rixa com o fundador, é pecado isso! (...) Nossos inimigos são muitos, ninguém nos entende, mas Deus nos instituiu Igreja para mudar o mundo (CD W3: "Fundador e Co-fundadores")

Apresentação

Essas Novas Comunidades mostram um catolicismo que ainda é um universo significativo de crenças, práticas e valores que mais parecem descongelar-se diante da aparente insignificância cultural a que foi reduzido, haja visto seu declínio institucional atestado nas estatísticas dos últimos censos do Instituto Brasileiro de Geografia e Estatística (IBGE/2000) – em 1991, 84,9% se diziam católicos, em 2000 esse número desce para 73,4% –. É sobre a natureza dessa crise, as estratégias desenvolvidas para enfrentá-la como saída cultural e o fenômeno de novas *formas de agregação* religiosa – capazes de produzir mecanismos societários – que este texto se debruça.

Organizado em duas partes, este livro ajudará o leitor/a a adentrar, a partir de uma ampla perspectiva sócio-antropológica que enfatiza a pluralidade teórica, na realidade que transita entre as mudanças dos cenários sociais e culturais, e o jogo de forças eclesiais e institucionais que fermentaram a emergência dessas comunidades. Se os anos oitenta caracterizaram-se por tempos de reivindicação social, associados a uma Teologia da Libertação, os anos noventa parecem ter sido o momento da Renovação Carismática Católica (RCC). Periodização essa cristalizada nas palavras do fundador da Shalom:

> O documento de Aparecida [V Conferencia do CELAM/Brasil 2007] é a nossa cara, somos nós lá. É a Igreja confirmando o derramamento de graças, dizendo: "É a vez de vocês! Vão, assumam! Levem à frente!" (...) Infelizmente tenho que dizer, determinadas linhas da Teologia da Libertação não deixaram de ser um moralismo social (...) é por isso que o Espírito nos foi treinando na Renovação Carismática para ser a resposta certa... (CD "A vida comunitária como sustento do profetismo" / Congresso – Fraternidade).

Enquanto "resposta", as Novas Comunidades emergem do seio da RCC, nutrem-se da sua espiritualidade, trilham caminhos de consolidação identitária, à sombra de fundadores ligados a ela, e se disseminam pelos canais nacionais e internacionais que as redes carismáticas facilitam, como foi visto acima. Nessa direção, os cinco primeiros capítulos, que integram a primeira parte deste livro – A RCC: ENTRE A TRADIÇÃO E A MODERNIDADE –, apresentam uma panorâmica das transformações que a Renovação Carismática vem sofrendo, quer na acomodação a processos sociais, tidos como pós-modernos, quer na interação com variados atores do campo religioso.

Assim inicia-se a discussão, NOVOS RUMOS DO CATOLICISMO, com Luiz Roberto Benedetti, que faz uma análise da transição entre os pontificados de João Paulo II e de Bento XVI, propondo uma série de chaves de leitura para compreender, de um lado, o catolicismo contemporâneo, de outro, a legitimidade, ou não, do estilo carismático como "novo" modelo de Igreja. Adverte-se que, tanto um, o catolicismo, quanto a outra, a legitimidade, devem ser inseridos num processo de contradições para além das fronteiras eclesiais.

Uma dimensão desse pretenso modelo de Igreja será retomado por Brenda Carranza, PERSPECTIVAS DA NEOPENTECOSTALIZAÇÃO CATÓLICA, ao percorrer os mecanismos societários que a RCC desenvolveu para se inserir na cultura e na Igreja do Brasil, ao mesmo tempo em que apresenta os enfoques teóricos de que tem sido objeto a Renovação e sinaliza o atual estágio da pentecostalização católica.

Enriquece essa linha de discussão Marcelo Camurça, TRADICIONALISMO E MEIOS DE COMUNICAÇÃO DE MASSA: O CATOLICISMO CARISMÁTICO-MIDIÁTICO, quando foca a categoria carismatismo-midiático como recurso que desvenda o deslocamento da hierarquia católica em relação ao uso de tecnologias no campo da evangelização, colocando-a no âmago do debate pós-moderno sobre o papel dos meios de comunicação social na cultura contemporânea, em geral, e na Igreja, em particular.

A RCC NA UNIVERSIDADE: TRANSFORMANDO O CAMPO DE CONHECIMENTO EM CAMPO DE MISSÃO, Carlos Eduardo Procópio elucida o tipo de relação que o Movimento Carismático estabelece com a Universidade, por meio dos Grupos de Oração Universitários, desencadeando estratégias que transformam os espaços de criação do conhecimento em campo de missão religiosa, questionando com isso a própria laicidade do fazer científico.

Apresentação

Finaliza esse conjunto de cinco capítulos, Emerson José Sena da Silveira com o questionamento Tarô dos santos e "heresias visuais: um catolicismo new age? Ele vislumbra finas aproximações entre a New Age e o catolicismo, vivenciado no Tarô por uma fiel carismática. A narração da trajetória biográfica surpreende pela flexibilidade doutrinal que a marca, pela complexidade simbólica do próprio catolicismo tradicional e por confirmar as tendências pós-modernas de homogeneizar as experiências religiosas.

A segunda parte deste livro, Novas comunidades, novos estilos de vida na (pós) modernidade, é integrada por mais seis capítulos que, no seu conjunto, almejam problematizar o desafio enfrentado pelo catolicismo de incorporar a novidade alavancada fundamentalmente por leigos, que ora questiona a vivência de formas tradicionais de consagração, ora desenvolve enorme capacidade de atrair milhares de jovens a formar parte de suas fileiras.

À pergunta Novas comunidades católicas: por que crescem? Brenda Carranza e Cecília Mariz respondem com um esboço sociológico sobre as diferentes comunidades, desenhando suas dimensões essenciais e impactos sociorreligiosos. Outras indagações são explanadas: por que as Novas Comunidades crescem mais em relação às Congregações religiosas? Que tipo de experiências oferecem? Que buscam e que encontram os jovens que a elas se agregam? Qual a lógica cultural a que respondem esses novos tipos de comunidades? Quais os conflitos e resistências que enfrentam no ambiente intraeclesial? Como recriam o conservadorismo na Igreja?

Segue a esse tabuleiro interpretativo os seis capítulos subsequentes. Caracterizados por sua abordagem etnográfica, eles permitirão uma aproximação empírica às mais significativas comunidades, o que permite ampliar a compreensão de todo tipo de desdobramentos trazidos pela rápida expansão de experiências de efervescência religiosa.

Assim, em Medievais e pós-modernos: a Toca de Assis e as novas sensibilidades juvenis. Rodrigo Portella privilegia, na descrição do crescimento da Fraternidade Toca de Assis, os elementos que integram sua lógica de disseminação, intrinsecamente ligados às novas sensibilidades juvenis. Propõe compreender a centralidade da pobreza e a renúncia como recreações altruístas de cunho contracultural em tempos de consumismo.

Os dois capítulos seguintes: "A vida no espírito" e o dom de ser "canção Nova", e Expansão da RCC brasileira: a chegada da Canção Nova em Fátima-Portugal de Eliane Martins Oliveira e de Eduardo Gabriel, respectivamente, discorrem sobre a maior e mais antiga nova comunidade. Uma desvenda o que significa pertencer a uma comunidade, centra-se nas experiências que os membros da Canção Nova têm, enquanto nativos, ao se identificarem como "os canção nova". O outro reflete sobre os mecanismos de expansão que a Canção Nova desenvolveu ao longo de seus trinta anos de existência, gerando, nesse ínterim, um modelo próprio de exportação do catolicismo, numa Europa cercada de políticas de contenção migratória.

É a vez da Shalom: construção social da experiência vocacional. Cecília Mariz e Luciana Aguilar colocam uma lente de aumento nos processos que configuram a adesão e consagração dos membros à comunidade. Pretendem entender o que é isso que os adeptos denominam de "vocação" e como essa oferece possibilidades de construir certezas de cumprimento da vontade divina em contraposição a um conceito individualista de vocação, como de realização de vontade, sonhos ou desejos da própria pessoa, ou ainda a uma ideia de vocação determinada pela tradição ou desejos e planos de líderes e autoridades. Mais ainda, demonstram como as experiências tidas como místicas constituem formas de re-encantamento social que alimentam a autonomia de indivíduos em relação à instituição e expressam um tipo de individualismo definido como "ético e religioso".

Finalmente, A Obra de Maria: a redefinição da devoção mariana, Roberta Bivar Carneiro Campos e Carla Patrícia Ribeiro Caminha propõem-se a polemizar, a partir de uma perspectiva de gênero, a vivência do marianismo e suas consequências para a compreensão do papel feminino na Igreja. Sinalizam, também, a engrenagem que perpetua ideologias de poder nas novas comunidades, portanto, alinhando assim ao séquito do neoconservadorismo cristão. Essa comunidade também chama atenção por sua agência de viagens especializada em peregrinações católicas a lugares santos. Ao mesmo tempo que oferece a preços mais acessíveis viagens religiosas e turísticas que permitem a muitos reavivar sua fé, essa agência garante o sustento de vários membros da comunidade.

Esse texto foi idealizado como um subsídio para compreender em que medida a religião produz construtos que auxiliam o indivíduo, e a sociedade, como um todo, a suportar a vida moderna. Volatilidade, fragilidade, violência, desemprego estrutural, ausência de significados garantidos – verdades absolutas, normas e regras seguras para o êxito – acompanham o cotidiano dos homens e mulheres contemporâneos que procuram o sentido de suas existências.

Para alguns autores contemporâneos esse mundo de indefinição e fronteiras porosas conduz jovens e adultos ao dilema de escolher entre a liberdade ou a segurança. No caso dos fiéis a opção pelas comunidades seria a de buscar refúgios emocionais pois temeriam trilhar caminhos de autonomia e assumir responsabilidade por suas próprias ações, sucessos e fracassos.

Os textos apresentados, de um lado, não abraçam necessariamente esse tipo de avaliação, perpassada por certa nostalgia de um individualismo existencialista. As ciências sociais estão apontando para os limites da autonomia do indivíduo e de sua responsabilidade por seus sucessos e fracassos, destacando o papel ideológico da crença na ampla liberdade individual no mundo contemporâneo. De outro, tampouco estão fazendo uma apologia da opção por vida religiosa ou em comunidade.

Os pesquisadores deste livro são movidos pela curiosidade intelectual, o desejo de conhecer mais a realidade e de fazer a sua crítica. Na tentativa de contribuir para o melhor entendimento não apenas desses grupos, mas da realidade sociorreligiosa mais ampla, arriscam-se a pesquisar e escrever para melhor conhecer. Parodiando João Guimarães Rosa pode-se dizer:

pesquisar é perigoso. Estão certos de que conhecer é uma forma de se posicionar no mundo que implica tanto dor, pois quanto mais conhecimento mais sofrimento, segundo Miguel de Unamuno; quanto amor, já que somente se ama o que se conhece. É sobre essa explicação e compreensão, se é que podem separar-se, que este texto tenta fazer uma contribuição.

Os organizadores

Primeira Parte

A RCC: ENTRE A TRADIÇÃO E A MODERNIDADE

NOVOS RUMOS DO CATOLICISMO

Luiz Roberto Benedetti[1]

A Igreja Católica não consegue controlar mais seus membros e tenta desesperadamente impor sua visão de mundo, valores e normas que daí emanam à sociedade que provoca essa situação de liberdade face às instituições. Um diagnóstico, que propõe análises mais acuradas, mas nem por isso menos real. Entre o apelo à massa católica e o caráter reservado de Bento XVI – ainda cedo para um pronunciamento mais seguro – o que se nota é a realidade de um dilema. Não tão novo assim. Trata-se do aprofundamento e da intensificação de questões colocadas em pauta nos anos 60, entre cristianismo de massa ou de minoria. O tema foi teorizado por Juan Luis Segundo que, inspirado nas leis da entropia, propõe uma economia de energia por meio de criação de grupos que mantêm vivo e atuante o ideal cristão na sociedade, uma espécie de minorias abraâmicas, no dizer de Hélder Câmara.

Entretanto, o que naquela época era um conflito entre posturas teológico-pastorais diferentes, que possibilitava escolhas, inclusive a de uma "terceira via", hoje não oferece perspectiva. Para sair do dilema é preciso definir **concretamente** o que a instituição busca. Num mundo marcado pelo pluralismo, fundado em escolhas pessoais e estas caracterizadas pela busca da felicidade imediata, torna-se difícil, senão impossível, chegar a um

---

[1] Professor Titular de Sociologia da Pontifícia Universidade Católica de Campinas – PUC-Campinas; membro do Instituto Nacional de Pastoral da Conferência Nacional dos Bispos do Brasil – CNBB.

ponto de convergência comum. Diante das encruzilhadas socioculturais, e como reação a elas, as instituições voltam-se para modelos que aparentemente deram certo no passado. Tendem à repetição exaustiva e literal das mesmas verdades, apegam-se a formulações do "Grande Texto" (Bíblia, Alcorão, Tora, Constituições, Manifestos), a ritos e fórmulas fixos. Recusam qualquer mediação hermenêutica.

A forma social de ser da Igreja Católica ao longo de vinte séculos concretizou o que é lugar-comum em sociologia: a passagem do carisma pessoal ao de função, rotinização do carisma na expressão de Peter Berger, numa palavra institucionalização. Este fato ainda lhe confere força suficiente para controlar movimentos, divergências e enquadrar dissidências; por sua cultura milenar é mestra em administrar conflitos.

Paradoxalmente, essa situação oferece chances ao discurso profético; mas, este funda sua solidez e significação no engajamento histórico. Tem sua força ligada diretamente às práticas. Proferir verdades eternas de forma descontextualizada torna o discurso inócuo. Para além do que já é lugar-comum em sociologia – a institucionalização da profecia, a rotinização do carisma, a transformação de carisma pessoal em carisma de função – no caso da Igreja Católica, sua "forma social de ser" ao longo de vinte séculos ainda tem força suficiente para "enquadrar" os grupos novos (embora copiem literalmente o passado).

Respostas divergentes, de caráter inovador, como Comunidades de Base e Renovação Carismática não sobrevivem sem apoio e bênção da instituição. A capacidade política, por parte da instituição, de absorver (colocar sob controle) ou isolar a inovação ainda é um fato. E nesse processo, movimentos e pessoas perdem sua capacidade inovadora. Transformam-se em grupos que a instituição eclesiástica põe a serviço da manutenção de suas estruturas[2]. Essa capacidade de cooptação por parte da Igreja Católica

---

[2] O exemplo clássico é a análise do franciscanismo medieval, feita por Antonio Gramsci, em seus artigos juvenis publicados no "Ordine Nuovo". Seu conteúdo é analisado por Hugues Portelli (1984).

e, da parte dos grupos, a necessidade de legitimação "visível" ainda são um dado. A perda da capacidade profética liga-se a essa obsessão pelo controle e temor às dissidências. Esta, por sua vez, impede que se tome consciência de uma mudança decisiva: a submissão é, cada vez mais, retórica, servindo de "biombo" a práticas divergentes do ensinamento oficial. Não há por parte dos que se desviam da norma oficial nenhum drama de consciência.

Frequentemente apossam-se do próprio discurso da Igreja para opor-se às suas práticas. Veem mais intolerância que profetismo. O exemplo mais flagrante, nesse caso, é o uso dos anticoncepcionais. O uso do preservativo, por exemplo, é tido como mal menor, no caso daqueles que ainda levam a sério as exigências da Igreja. Não o fazem por desejo de contestar; sequer imaginam que esse discurso tem a ver com sua vida privada.

Há, como insistentemente diz Bento XVI, uma "ditadura do relativismo", com a qual, a Igreja, aliás, não sabe lidar. Não consegue perceber que sua capacidade de absorção da alternativa ou mesmo da contestação tem limites cada vez mais estreitos. Estes não acontecem por uma atitude de oposição ou contestação ao que as grandes narrativas institucionais dizem. A Igreja Católica parte do pressuposto de que os indivíduos estão "perdidos", "inseguros", "desenraizados". Eles não têm esta percepção de si mesmos, mas sim veem uma instituição que nada tem a dizer a eles senão que estão fora do caminho. Fica evidente, aqui, um diálogo de surdos. Os critérios de pertença ao grupo cristão são cada vez mais subjetivos e a doutrina oficial cada vez mais distante da experiência pessoal.

Tomando em conta os últimos quarenta anos da história da Igreja Católica (e, por extensão das igrejas cristãs em geral) os grandes "sonhos" e aspirações concretizadas, ainda que de maneira limitada – o ecumenismo, a luta conjunta pela justiça e pela paz – foram esquecidos em favor dos interesses internos aos grupos eclesiásticos. No caso católico, seus portadores foram absorvidos ou silenciados. Os quadros intelectuais de referência da Igreja Católica, onde estão? Onde está o pensamento teológico que abre fronteiras e insere o magistério oficial no cotidiano da História?

Os teólogos "aparecem" esporadicamente quando são vigiados, censurados e "notificados". Sua voz ecoa e tem significação fora da Igreja, mais do que dentro dela. Intelectualmente respeitados por sua competência e integridade mantêm seu lugar no mundo, no caso geralmente, o universitário e, aqui o paradoxo, tornam-se "profetas" exatamente porque, por fidelidade à sua consciência, foram postos à margem. Proibidos de exercer sua atividade teológica, em sentido estrito, brilham em campos afins, como as ciências humanas e a reflexão ética. Têm lugar assegurado no mundo universitário.

Essa forma de controle centralizado sofreu uma mudança decisiva com o Concílio Vaticano II. As repercussões da mudança cultural mostram um quadro interessante. Teólogos perseguidos tornando-se peritos do Concílio Vaticano II; um dos mais respeitados transforma-se em crítico ácido do Concílio, dizendo, sem rodeios, que este inaugurou um "processo evolutivo de decadência"; incrimina diretamente bispos "abertos ao mundo", preocupados em "ajustar-se à racionalidade contemporânea" (Ratzinger/Messori, 1985). Preside a Congregação para a Doutrina da Fé e põe teólogos no pelourinho. Torna-se papa. Reabilita seguidores do "excomungado" Marcel Lefebvre, cuja visão de mundo corresponde ao sonho aristocrático de uma Europa cristã.

Ao mesmo tempo, amplia a suspeita a teologia da libertação por seu caráter "político". O que fica oculto é que esse procedimento, na cultura de hoje, desacredita ainda mais a instituição católica. Ao mesmo tempo, coloca em evidência e expõe a um público cada vez mais amplo as ideias que condena. Proibir um livro, por exemplo, pode desencadear uma corrida às livrarias. Nada de novo nisso. Basta ler a História da Sexualidade, de Michel Foucault, obra na qual mostra que o silenciamento é uma forma de "evidenciar" o oculto colocando-o em circulação. Só que a sociedade mudou. Não é a mesma analisada pelo autor: o mercado midiático amplia ainda mais o discurso silenciado. Pode-se com segurança dizer que *a não ser* em regimes totalitários – e apenas em seu interior – pôr em silêncio equivale a fazer circular.

Mais ainda: há uma distância crescente entre a impressão emocional e o discurso normativo, ampliada pelo impacto da mídia. A apregoada sintonia que se dava entre João Paulo II e os jovens não significava que estes dessem atenção à sua pregação, especialmente no que se refere à sexualidade. Essa distância é mais que uma distorção[3]. Constitui uma ruptura de fato e isso ficou evidente na ritualização midiática de sua morte. A mobilização emocional caminha em direção inversa ao impacto normativo[4].

Para além do exemplo citado, o que se desenha é a figura do que pode chamar-se um cristianismo pós-moderno, cujo recurso pode ser precisamente o *"jeu du charisme"* (Hervieu-Léger 1986, p. 340). Esse jogo – mais precisamente esse desempenho – amplia-se. Passa da pessoa que ocupa um cargo ao próprio cargo. A mídia cria o "charme" do papado. O bom gosto musical, das vestes, a discrição aristocrática, os sapatos Prada tornam-se referências "sagradas" para o mundo que gira em torno desse tipo de valores, gerando uma espécie de associação de sacralidades no interior do mundo do consumo, isto é: papado e mercadoria.

A presença de Bento XVI nas Jornadas Mundiais da Juventude deixou patente esse "deslocamento cultural" do papado. Jovens entrevistados pela televisão faziam reservas à sua situação de crentes. Gostavam de estar em dia com seu sentimento "tribal" para usar a caracterização de Michel Maffesoli (1987, p. 2005); ao mesmo tempo, o papa criava um elo... circuns-

---

[3] Fato belamente ilustrado pelo filme *O banheiro do Papa*, de César Charlone e Enrique Fernández (2007), que aborda as duras condições de subsistência de um povoado fronteiriço à espera da visita de João Paulo II. A expectativa, criada pela mídia, de que uma multidão chegaria à cidade, incentiva os mais pobres a investir suas economias em possíveis negócios. Enquanto o Papa discursa sobre a dignidade do trabalho a população anseia pela multidão que não chega. As palavras ecoam vazias numa realidade que se afunda mais na pobreza.

[4] A ritualização midiática da morte de João Paulo II tornou-o rapidamente esquecido, pois no mundo da realidade virtual, o papa é apenas sua figura imagética. Observe-se o contrário, ressalvada a distância temporal. O calor humano, envolvente, não midiatizado de João XXIII fez dele uma referência de vida cristã para toda uma geração. E isso precisamente por ser "ele" e não seu "cargo" e as imagens que a este se associam. Nas palavras de Congar: "ele preferiu o homem à afirmação de seu próprio poder" (Congar 2002, p. 529).

tancial. Só que esse tipo de acontecimento oculta o fato de que as igrejas se esvaziam cada vez mais[5].

É possível, nesse quadro, falar de mudança de rumos? O discurso eclesiástico nunca é monolítico. Tem caráter pendular. Suas oscilações obedecem à necessidade de não perder o seu ponto de fixação: o seu caráter sagrado, que, por sua vez, assegura o caráter sagrado de quem o profere. A sociologia de Pierre Bourdieu diz que a verdade é a versão de quem tem o poder de dizer a verdade. E o que está em jogo é o próprio caráter de verdade e a sacralidade de quem a profere. Para poder proferi-la a instituição deve ancorar-se em algo intemporal, eterno, transcendente, imune às oscilações históricas. Deve ontologizar símbolos. Esse fato dá ao discurso eclesiástico um caráter circular. É sempre a Igreja falando de si mesma para si mesma.

Encarado sob o prisma estritamente institucional, o próprio Concílio Vaticano II aparece como uma espécie de interregno, o tempo breve de um sonho. Ao chamado à História como mestra da vida (que nada parece ter ensinado a mestres zelosos da fé, mas pouco inteligentes) do discurso de João XXIII na sua abertura sucedeu o clamor de Paulo VI ao serviço desinteressado à humanidade (tendo como paradigma o bom samaritano) no seu encerramento.

O Vaticano II efetivamente rompeu com essa circularidade discursiva. A expressão "sinais dos tempos" como indicativa do lugar onde buscar a revelação de Deus mostrava uma mudança de rumos que, necessariamente, implicaria uma nova forma de presença no mundo. Suporia manter fidelidade à Tradição, descobrindo-a nas tradições, que ao invés de revelá-la a ocultavam, ao tornarem eterno e imutável o que era apenas histórico (se bem que necessário, quando situado no tempo e no espaço).

---

[5] Veja-se a matéria de capa da revista Newsweek *"Europe's empty churches", february* 12, 2007. Cerca de dez por cento das Igrejas Cristãs da Inglaterra foram transformadas em museus, cafés e restaurantes high-end, ou residências de alto luxo.

É esta dialética entre o sagrado/eterno/imutável e sua manifestação na História – movimento/abertura/mudança – que o Concílio Vaticano tomou como paradigma de seu modo de estar no mundo. O retorno às certezas, na expressão de René Lumeau[6] constitui objetivamente o rompimento com este modo de ser e agir. Quando uma instituição não tem a realidade histórica como seu horizonte de ação, mas tem apenas a si mesma e sua reprodução, seu discurso perde eficácia. Torna-se uma verdade que funciona como mecanismo de inclusão/exclusão à instituição de tudo (e todos) o que convém ou não. Esse esvaziamento do discurso eclesiástico (e de todos os discursos totalizantes, em favor do *petit recit*) leva à tentação de controlar a sociedade, como foi dito.

Fato não tão novo assim. Já nos anos 70, em diálogo com o diretor da revista Esprit, Jean Domenach, Michel de Certau caracterizava causticamente esse esforço dos personagens religiosos tentando controlar a vida civil através de discursos; era parte da *commedia del'arte social*. Desde então essa postura se aprofundaria e se intensificaria cada vez mais. De uma situação ancorada em grupos e comportamentos específicos, que provocam rejeição ou aceitação, passa-se a um mundo no qual "se flutua" e o Cristianismo se torna um "fragmento da cultura" (Certau e Domenach, 1974). Daniele Hervieu-Léger sugere a categoria de "exculturação" para definir a situação histórica atual do catolicismo na Europa, sendo o título do seu livro em si mesmo expressivo: *Catholicisme, la fin d'un monde*, ou seja o Catolicismo como o fim de um determinado mundo.

Fica claro que a batalha da Igreja Católica contra o que ela chama de "liberdades modernas" está, de antemão, fadada ao fracasso. Houve tempo em que eram questões menos candentes, tais como a liberdade de consciência e a religiosa. Hoje, fala-se de questões éticas mais exigentes como abor-

---

[6] Um professor universitário dizia de João Paulo II: "O que me espanta é homem que não tem dúvidas!" O contexto era o da incapacidade de entender o existir como homem de nosso tempo.

to, eutanásia, casamento de homossexuais. Essa incapacidade estrutural de "pensar-se na História" está na raiz dos desafios e impasses atuais. Sem um solo seguro na História, fala-se de conteúdos, necessários frise-se, mas cujo resultado concreto são condenações de caráter moralizante e pressões sobre poderes constituídos. No mundo atual, o pluralismo constitui um valor a ser preservado, pois possibilita à instituição tornar seu pensamento plausível, independentemente do argumento de autoridade, que não argumenta; no limite leva à excomunhão.

Tudo isso significa a perda de capacidade profética?

Não, como já foi dito. Exemplificando: Na visita de João Paulo II aos Estados Unidos, em 1979, seu discurso sobre valores éticos caiu no vazio. Falava como guardião de verdades e normas imutáveis, sagradas, eternas. Mas não "situou" seu discurso com referências diretas à sua negação concreta numa sociedade da autossuficiência, do desperdício, do individualismo, do conforto, do consumo. No momento em que foi direto – seu clamor contra as guerras do Iraque, do Afeganistão – a Igreja não o acompanhou. Não será essa associação entre passado/discurso sagrado e sua dissociação de uma referência explícita às relações sociais concretas a raiz dessas duas atitudes, de defesa fervorosa da doutrina do papa e indiferença concreta às exigências proféticas atuais (até mesmo do papa)?

Um outro fato oposto: João Paulo II tem sua estátua erguida em Santa Clara, Cuba, ao lado daquela de Che Guevara. Não é difícil entender. Seu discurso contra o embargo econômico norte-americano soou profético, não apenas por seu conteúdo, mas sobretudo por ser situado. A densidade do conteúdo estava associada ao lugar social dos ouvintes e daquele que o pronunciava, personagem dotado de uma aura sagrada que "reduplicava" a significação de suas palavras. Mas, pode-se perguntar: os católicos de classe média que emigraram para Miami sentiram-se concernidos pelo seu discurso? E o regime político cubano teve uma atitude política ou religiosa? Glosando: quem se converteu: o papa ou o Partido Comunista Cubano?

Essa flutuação e perda de consistência dos discursos portadores de sentido aparecem como ponto de chegada da modernidade, que lenta e inexoravelmente, foi destruindo a *societas christiana,* na qual o discurso religioso é o da sociedade sobre si mesma. Vem a propósito aqui lembrar a figura de Paulo VI. Sua biografia, escrita por Peter Hebblethwaite, tem um título sugestivo: o primeiro papa moderno. Onde está a referida modernidade? Paulo VI foi moderno na sua capacidade de aceitar a contestação com convicções, expressas em certos momentos com muita dor, mas sem condenações. Mas essa contestação não acontecia apenas na Igreja. Contestavam-se todas as instituições, às quais se pedia autenticidade. No entanto, é interessante notar: na lembrança de maio de 1968 pouco ou nada se fala da Igreja Católica. Ao invés de reconhecer que aí se dava uma mudança histórica significativa, o discurso eclesiástico fez ver uma ligação direta entre o Vaticano II, que, segundo Bento XVI, produziu "frutos amargos". Esse achar-se o centro do mundo faz a Igreja ignorar que está no mundo, na sociedade, na História e não girando sobre si mesma e achar que um Concílio cause uma mudança social tão drástica dentro e fora de seus muros e seja injusta com um papa da estatura de Giovanni Batista Montini.

A modernidade de Paulo VI está no fato de ser homem de seu tempo, de permitir-se a dúvida, como registrado por ocasião da morte de Aldo Moro. Ele bradou aos céus (dirigiu-se a Deus) por "permitir" que isso acontecesse (a execução do ex-primeiro ministro sequestrado pelas Brigadas Vermelhas, que ignoraram todo tipo de apelos para preservar sua vida). Assim, no "calor da História" crença e dúvida convivem como os dois lados de uma mesma moeda, na afirmação de Hanna Arendt:

> O homem religioso moderno pertence ao mesmo mundo secular que seu oponente ateu.(...) O crente moderno que não aguenta a tensão entre dúvida e crença perderá de imediato a integridade e profundidade de sua crença" (1993, p.57).

Impasses atuais

Pode-se falar em novos rumos da Igreja?

Tomando-se o papado como referência ainda não se tem a distância histórica necessária para fazê-lo. Vive-se no calor da hora. Embora o nome escolhido pelo cardeal Ratzinger lembre o padroeiro da Europa e seja, dessa forma, indício do sonho de retorno a um continente cristão. A cisão entre o teólogo-cientista, que escreve para seus pares, e o guardião da fé verdadeira é significativo de que a palavra religiosa e o argumento de autoridade por si só pouco ou nada significam numa sociedade plural.

Se o movimento da Instituição é tido como parâmetro, a tendência assinalada é a de uma volta ao passado. As nomeações episcopais e o clero que sai dos seminários, nestes últimos anos, são o sinal mais evidente. Entretanto, essa oposição temporal mostra-se insuficiente para entender o "mistério sociológico" da Igreja. O que se vê são impasses e neles podem ser analisadas as tendências que marcam os rumos eclesiais.

Primeiro impasse: a Igreja Católica não tem mais o controle do seu próprio discurso mesmo em seu interior. Os vários grupos, ou mesmo indivíduos, se apropriam dele de acordo com seus interesses. Adere-se cada vez menos a um sentido de História. Os discursos oficiais são apropriados pelos movimentos, mas não os organizam. Já não se crê neles, mas faz-se uso deles, diz Certau (1974, p. 13). Os documentos da Igreja são redefinidos no mundo midiático. É este que define sua "verdade". A exortação apostólica que resultou do sínodo sobre a Eucaristia transformou-se numa condenação ao casamento de padres, à ordenação de mulheres, ao segundo casamento... E, seguramente, o documento não "é" isso.

Segundo impasse: a Igreja não tem mais o controle sobre as consequências de seu discurso. O problema com o Islã, desencadeado pela conferência de Bento XVI em Regensburgo (Alemanha, 2007), o "caso" *La Sapienza* (Itália, 2008), a apologia do caráter cristão do processo colonizador são uma amostra pequena e superficial de uma realidade mais profunda. Fazer-se portador de uma verdade, em nome de Deus, não qualifica o discurso. Ao contrário, acentua seu caráter ideológico que o torna "ilegítimo" no ato mesmo de pronunciá-lo.

Terceiro impasse: as igrejas cristãs dialogam entre si através de seus grupos. Entendem-se entre si. Identificam-se em causas comuns. As instâncias superiores são toleradas, ignoradas ou dá-se a elas uma satisfação meramente retórica. O mais comum é serem críticos das posições oficiais. As políticas ecumênicas oficiais, em nível de instâncias diretivas, até certo ponto, não abalaram o diálogo entre grupos interconfessionais. Mesmo porque, menos que a clandestinidade, o que conta é certa informalidade "autorizada" pelo Evangelho e uma busca comum de serviço ao mundo.

Quarto impasse: dificuldade, por parte das instituições eclesiásticas, em dialogar com o neopentecostalismo, realidade decerto mais latino-americana. Não se trata de preconceito, de espírito de cruzada, mas de algo muito mais profundo. O pentecostalismo mais recente insere-se em cheio na cultura urbana pós-moderna. Traz dentro uma "cultura" apropriada a este mundo, pronta a lidar com as dificuldades, capaz de gerar autoestima e responder aos apelos de ascensão social como graça de Deus. Com relação ao pentecostalismo tradicional: de um lado, há a tendência a se transformar em igreja (caso da Assembleia de Deus) e, dessa forma, diversificar expressões simbólicas em seu interior; ou manter seu rigorismo de cunho fundamentalista, capaz de "sinalizar" a salvação num mundo caótico, como o faz a Congregação Cristã do Brasil.

Quinto impasse: o desafio da nebulosa carismática. Em 1976, nos primórdios do movimento carismático na Igreja Católica, Michel de Certau falava do desejo que transforma o corpo e libera as relações. O que diz que essa transformação, levada a efeito por uma "fala", expressão de um desejo, seja na realidade o Espírito Santo? Denis Pelletier responde, após citar a pergunta, em 2002:

"Provavelmente nessa experiência trata-se do desejo de um re-encontro com Deus, ao mesmo tempo íntimo e partilhado pelo grupo. (...) os carismáticos inventam uma espiritualidade de expansão individual". E completa: "trata-se de um reencantamento pelo espiritual que procura transcender o individualismo em nome da própria experiência individual. (...) Inscreve-se profundamente na modernidade, ao inventar novas liturgias ou ao tomar a sério a emergência de uma sociedade de bem-estar" (Pelletier 2002, p. 289).

Representa, na realidade, a incapacidade institucional de responder à busca de sentido: "sob a crise das instituições o sentimento religioso não cessa de trabalhar, preparando uma recomposição do campo religioso no qual a experiência individual da crença toma o lugar da pertença institucional" (Pelletier 2002, p. 290).

Não é raro ver frequentadores de grupos de oração deixarem de lado a prática dominical em favor das reuniões carismáticas. O que está em jogo não é a lei canônica. É a identificação grupal, fundada num sentimento individual e num laço emocional mais do que num sentido de mundo e de história. Mais: o próprio texto bíblico se torna um receituário de caráter mágico. Aberto ao acaso apresenta-se como a resposta de Deus ao problema vivido. Uma recomposição que sucede e se opõe explicitamente àquela efetuada nos anos da contestação. A uma decomposição do cristianismo, via contestação política, corresponde uma recomposição pós-moderna de cunho emocional.

Sexto impasse: Incapacidade de lidar com as práticas. A elaboração ou organização das práticas dá-se pela criação daquilo que Bourdieu denomina *habitus*, conjunto de disposições duradouras, "estruturas estruturadas predispostas a funcionarem como estruturas estruturantes", de ações e comportamentos tornando-os "naturais", espontâneos (Bourdieu 1972, p. 175). A necessidade de manter o discurso oficial puro e íntegro leva a instituição eclesiástica a distanciar-se das práticas e das suas condições de produção e disseminação. Com isso, seu discurso perde eficácia. Ela fala no vazio ou pressiona para que a lei civil estabeleça códigos de conduta. Esse discurso "distante" – e que a sociedade torna cada vez mais distante – não gera uma interiorização de valores, normas e princípios sociais. Está desvinculado tanto de uma obediência a regras quanto de uma previsão de metas a serem atingidas.

A Igreja não consegue impor regras à sociedade menos ainda fixar metas, num mundo em que a própria atividade econômica dá-se como fluxo de informações, fundadas em rumores. É essa distância da prática que leva a choques como o provocado por João Paulo II na Nicarágua. Destrata e humilha publicamente um ministro do Estado, Ernesto Cardenal, do qual era convidado. Ao mesmo tempo, numa outra ocasião, trata com afabilidade um ditador como Pinochet. Nos dois casos age em nome de uma verdade "discursiva" desmentida pelo próprio gesto que a profere. E aqui retorna o problema da mídia. Ela é o reino do descrédito da linguagem: "os significantes se desenvolvem mecanicamente, saturam a atmosfera, proliferam. Não designam mais convicções, mas a lógica de sua produção" (Certau e Domenach, 1974, p. 74).

Sétimo impasse: O novo clero. Se há dez anos se impunha à questão se este era arcaico ou moderno[7], hoje se pode responder, com margem de segurança, de um "arcaico *fashion*", capaz de combinar a obediência puramente formal e a rigidez doutrinária, de tom fundamentalista, com o gosto pela cultura do consumo, que se impõe no apreço do suntuoso das vestes litúrgico-clericais estilizadas. O novo presbitério mais parece preocupado em criar e difundir "o seu mundo" (Benedetti 2004, p. 70). Salvo exceções, substitui o diálogo com o mundo pela

---

[7] Essa ideia foi discutida no texto *O Novo Clero: arcaico ou moderno?* Análises feitas na ocasião mostravam uma tendência clara: a volta aos signos do estado clerical e a valorização da pompa litúrgica são substitutivos da incapacidade adulta de dialogar com o pluralismo de ideias e valores do mundo pós-moderno. Um arcaísmo, de cunho fundamentalista, andava (anda?) de braços dados com a adesão explícita aos valores da cultura de consumo.

submissão aos bispos que, na atual política de nomeações, fazem o mesmo com relação às instâncias superiores. Constitui-se, assim, o circuito que permite pensar e viver o sacerdócio como oportunidade profissional, como carreirismo.

E sobra um último impasse: A falta de canais de diálogo. O atual papa precisou "explicar-se" após pronunciamentos, como foi dito. Esse centralizar em si mesmo a instituição — ainda que na sua juventude teológica nutrisse a Igreja com uma sólida teologia da colegialidade e criticasse o poder excessivo do papado — traz outro impasse. O cristão comum e os agentes qualificados que levam a sério suas convicções sentem-se desamparados num mundo que exige diálogo, compreensão e misericórdia e a eles se oferece apenas a necessidade de submissão.

A vigilância sobre os teólogos tem muito a ver com esse impasse. Afinal eles são a ponte entre o magistério e a comunidade. São eles que vêm em socorro dos dramas de consciência que o mundo atual levanta. Jean Domenach referia-se a Paulo VI dizendo que suas dúvidas e hesitações provinham "desta consciência de que se a autoridade dá um passo fora dos limites, já não haverá limites" (Certau e Domenach 1974, p. 111).

E isso levanta a pergunta final: o refúgio nas "comunidades de vida" – de cunho ascético ou festivo e rigidez dogmática – não será o abrigo em um mundo "fora dos limites"? As comunidades de vida, emanadas dos desdobramentos da Renovação Carismática Católica, escapam ao ascetismo extramundano das ordens e congregações religiosas. Alargam os âmbitos institucionais de pertença. Desvinculam o clero de sua ligação sacramental à Igreja local, na medida em que tendem a formar padres que os sirvam. Privilegiam a subjetividade sobre a autoridade visível. O tom fundamentalista e a rigidez doutrinária e moral vivenciados no seu interior são garantia de submissão.

Nessas comunidades realiza-se à risca a afirmação de Marx ao referir-se à Reforma como primórdio da modernidade:

Venceu a servidão pela devoção, substituindo-lhe a servidão pela convicção. Quebrou a fé na autoridade, restaurando a autoridade da fé. Transformou os clérigos em leigos, transformando os leigos em clérigos. Libertou o homem da religiosidade exterior, fazendo da religiosidade a consciência do homem. Emancipou o corpo de suas cadeias, carregando com elas o coração" (Marx 1972, p. 60).

Nas comunidades de vida, os muros internos, subjetivos, substituem os conventuais. Ainda é uma hipótese, mas não estaria no seu crescimento a afirmação mais convincente de uma religiosidade pós-moderna ? Da mesma forma que o global encastela-se no local e no subjetivo, prescindindo, em parte, da mediação do Estado-nação, as comunidades de vida vinculam-se à Igreja Universal sem a mediação da Igreja local e das regras e normas ascéticas da vida religiosa conventual. Trazem os limites no coração, andando num mundo fora dos limites. É sobre isso que os próximos capítulos tratam.

Referências bibliográficas

ARENDET, Hanna. *A dignidade da política: ensaios e conferências*. Rio de Janeiro, RJ: Relumé Dumará, 1993.

BENEDETTI, Luiz Roberto. *O Novo Clero: arcaico ou moderno?* In: Revista Eclesiástica Brasileira (REB). Petrópolis: Vozes, mar. 1999. Fasc. 233. p. 88-126.

BOUERDIEU, Pierre. *Esboço de uma teoria da prática*. In: ORTIZ, Renato. Pierre Bourdieu. Grandes cientistas sociais, São Paulo, SP: Ática, 1983.

CERTAU, Michel de; DOMENACH, Jean. *Le christianisme eclaté*. Paris, França: Seuil, 1974.

CONGAR, Yves. *Mon journal du concile*. Paris: Cerf, 2002.

HEBBETWITE, Peter. *Pablo VI – el primer papa moderno.* Buenos Aires, Argentina: Javier Vergara Editor, 1995.

HERVIEU-LÉGER, Danielle. *Vers um nouveau christianisme.* Paris, França: Cerf, 1986.

LUMEAU, René. *Le retour des certitudes: événements et ortodoxie depuis Vatican II.* Paris, França: Le Centurion, 1987.

MAFESOLI, Michel. *A transfiguração do político – a tribalização do mundo.* Porto Alegre, RS: Sulina, 2005.

_____. *O tempo das tribos,* Rio de Janeiro, RJ: Forense, 1987.

MARK, Karl; ENGELS, Friederich. *Sobre a religião.* Lisboa, Portugal: Edições 70, 1972.

POLLETIER, Denis. *La crise catholique – religion, société, politique.* Paris, França: Payot, 2002.

PORTELLI, Hugues. *Gramsci e a questão religiosa.* São Paulo, SP: Paulinas, 1984.

RATZINGER, Messori. *Rapporto sulla fede.* Milano: Edizione Paoline, 1985.

SEGUNDO, Juan Luis. *Masssas e minorias na dialética divina da libertação.* São Paulo, SP: Loyola, 1975.

VALLE, Edênio (org.) *Padre, você é feliz?* São Paulo, SP: Loyola, 2003.

PERSPECTIVAS DA NEOPENTECOSTALIZAÇÃO CATÓLICA

Brenda Carranza[1]

Durante muito tempo a Igreja católica, enquanto instituição, tem resistido à ideia de que a Renovação Carismática Católica (RCC) representou, por um lado, uma inflexão significativa na relação com sua base social, do outro lado, um caminho sem retorno de pentecostalização do catolicismo popular. É sabido que as sendas trilhadas pelo Movimento, cujo marco geográfico de fundação são os Estados Unidos (1967), estendem-se até o Brasil graças ao fervor de dois sacerdotes jesuítas que transformaram a cidade de Campinas (SP) no epicentro, a partir do qual se espalharia, por toda a geografia eclesial, o *fogo do Espírito*.

No final dos anos setenta, nacional e internacionalmente, a etapa fundacional da RCC era evidente, haja vista que os grupos de oração, sua matriz espiritual e organizacional, se contabilizavam aos milhares, e os Conselhos e as Secretarias desenhavam estruturas piramidais que estabeleciam relações burocráticas entre os denominados carismáticos. Nos termos de

---

[1] A autora é professora pesquisadora convidada da Pontifícia Universidade de Campinas – PUC-Campinas. Sua área de concentração de pesquisa é catolicismo contemporâneo, mídia e juventude. Membro do Instituto Nacional de Pastoral da Conferência Nacional dos Bispos do Brasil – INP/CNBB. Publicou recentemente o capítulo intitulado "O catolicismo midiático". In *"As religiões no Brasil: continuidades e rupturas"*, Faustino Teixeira e Renata Menezes (orgs.), Vozes, 2006.

Max Weber, o carisma era "rotinizado", a intempestividade da "profecia" passara a ser controlada e domesticada.

"Atrair os afastados" foi a consigna que mobilizou milhões de fiéis sob a fórmula: música, lazer e oração. Centenas de jovens congregaram-se em bandas de música, proliferaram padres e leigos cantores e multiplicaram-se iniciativas, atividades e projetos sócio-caritativos que visibilizavam um novo jeito de ser católicos. A segunda etapa da RCC estaria consolidada cultural e socialmente.

No início do século XXI, dois elementos podem ser apontados como responsáveis de um novo desdobramento nesse desenvolvimento histórico da Renovação. A proliferação da diversidade de expressões comunitárias inspiradas na performance carismática, denominadas de Novas Comunidades, e a opção preferencial pela cultura midiática encampada por alguns setores episcopais, do clero e de alguns leigos. Assombrados com os dados do censo de IBGE/2000, que sinalizam para a evasão do rebanho católico e o acelerado avanço do pentecostalismo e neopentecostalismo protestante, esses segmentos da Igreja esforçam-se por recuperar, com as mesmas estratégias mercadológicas, a hegemonia perdida, configurando uma terceira fase na RCC: a neopentecostalização católica.

Nesse horizonte de sedimentação social e institucional, este texto se propõe a retomar os mecanismos que a RCC desenvolveu para se inserir na cultura e na Igreja do Brasil; analisar os enfoques teóricos de que tem sido objeto e, finalmente, desenhar alguns impactos que o processo de neopentecostalização, católica e protestante, esboça nas finas transformações do cenário religioso brasileiro[2].

---

[2] A primeira versão deste texto foi apresentada na XIV Jornadas sobre Alternativas Religiosas en América Latina: Religiones/culturas, Buenos Aires, 25-28 de setiembre de 2007, e, posteriormente, aprovado pelo Conselho Editorial para publicação na revista comemorativa do evento.

Do sopro à ventania

Por ocasião do encontro mundial de lideranças da Renovação Carismática Católica (RCC), reunidas em Roma, 1975, o papa Paulo VI contextualizava sua emergência num "mundo por demais secularizado", traçava seu perfil teológico-eclesial, reconhecia sua diversidade cultural e as proporções que o incipiente movimento tinha alcançado em tão pouco tempo. Diante disso, o Papa perguntava: "Como pode esta 'renovação espiritual' não ser outra coisa que uma oportunidade para a Igreja e para o mundo? E, nesse caso, como podemos deixar de fazer tudo o que possamos para que siga sendo assim? (Paulo VI, 1975). Desde então, essa "oportunidade" que surgiu como uma tímida iniciativa do *Holy Spirit*, no ambiente universitário de Duquesne, na Pensylvania em fevereiro de 1967, tomou proporções inimagináveis suscitando, no terreno religioso, fervorosas adesões; no social, novas configurações subjetivas; no acadêmico, diversas interpretações; e na própria Igreja católica, a polarização na sua recepção.

Hoje, a RCC está presente em 258 países e afirma ter estabelecido contato com 100 milhões de fiéis católicos; organiza-se em milhares de grupos de oração; é representada perante a Cúria Romana pela *International Catholic Charismatic Renewal Services* (ICCRS); acolhe dezenas de experiências de vida comunitária denominadas de Novas Comunidades de Aliança e de Vida; estimula a adesão a sua espiritualidade de centenas de bispos, sacerdotes e seminaristas; impulsiona inúmeros projetos que se utilizam da mídia como canal privilegiado de evangelização; agrega em torno de si as mais variadas propostas de produtos de consumo religioso, comandando assim, uma exemplar expressão de marketing católico; promove incontáveis iniciativas musicais que congregam a juventude carismática; e, finalmente, mesmo que com algumas ressalvas, a presença da RCC nas paróquias e dioceses se constitui numa força pastoral não desprezível.

É sobre essa torrente religiosa, baluarte da Igreja católica conservadora das últimas quatro décadas, que este texto pretende refletir. Parte-se de uma breve retrospectiva histórica da RCC e dos mecanismos que a consolidaram societariamente. Logo, recuperam-se algumas das abordagens teóricas das quais tem sido objeto para, finalmente, capturar o impacto sociorreligioso que os desdobramentos da sua lógica de expansão vem manifestando. Tudo isso, com o intuito de oferecer uma visão panorâmica do percurso da RCC no Brasil.

Do fogo abrasador às lâmpadas incandescentes

É por demais sabido que a Renovação Carismática Católica corresponde a uma expressão particular do movimento de pentecostalização mais amplo, cujas raízes encontram-se no protestantismo norte-americano do final do século XIX e início do século XX, os denominados *holiness revival*[3]. Também é conhecida sua tríade espiritual que, alicerçada no relato bíblico do Pentecostes (Atos dos Apóstolos, 2,42), destaca os dons e carismas como meios de santificação pessoal e de serviço nas "estruturas terrenas" e, na Igreja, a glossolalia (falar em línguas ininteligíveis), o repouso no espírito (êxtase espiritual), curas milagrosas, afirmação de revelações divinas. A essa visão teológica somou-se uma estrutura básica de organização: os grupos de oração, responsáveis por propiciar a vivência avassaladora do Espírito Santo na conversão dos católicos, muitas vezes afastados das práticas sacramentais e da formação doutrinal, formando o novo exército dos católicos "internalizados", tomando a expressão do sociólogo da religião Cândido Procópio Ferreira de Camargo.

Impelidos pela experiência de êxtase profética, os "batizados no fogo do espírito" derramaram-se por toda a geografia eclesial, chegando a Campinas, São Paulo, Brasil, nos idos de 1969, pela mão de dois sacerdotes

---

[3] Por motivos de foco e espaço aqui é dada uma visão extremamente sintética sobre o histórico da RCC em geral e, no Brasil, em particular. Mais detalhes sobre a sua proposta religiosa e a ressonância que essa teve nos diversos setores sociais e eclesiais foi objeto de um outro texto realizado por mim (Carranza 2000, p. 23-83).

jesuítas. Bastou uma década para que dos "seminários de vida no espírito" germinassem centenas de seguidores da RCC. Muitas dioceses viram proliferar grupos de oração nas paróquias ou em casas particulares quando os leigos, maioria no Movimento, encontravam resistências por parte do clero. Estádios de futebol e ginásios passaram a ser palco dos Cenáculos que, da mesma maneira que os encontros multitudinários dos protestantes pentecostais, atraíam os fiéis pela sua performance de louvor (bater palmas, choros, gritos), glossolalia, promessas de cura e libertação e exorcismos. Despontam lideranças, pregadores, fundadores, Comunidades de Aliança, programas de rádio e de televisão, materiais impressos, secretarias, projetos e campanhas, conselhos nacionais e estaduais, tudo isso para dar vazão organizativa ao "espírito que sopra onde quer".

Do lado de fora, a avalanche da pentecostalização católica atrairia os holofotes da mídia que, imediatamente, a associou aos evangélicos. Do lado de dentro, a RCC encontraria simpatia e adesão dos fiéis católicos e tímido apoio de alguns setores da hierarquia, predominando a resistência da maioria do clero.

Assim, acusada de ser um movimento que visava só o "espiritual" sem compromisso social, a RCC sofreu *rejeição* por parte de alguns. A sua semelhança performática com os evangélicos – uso do dom de cura e glossolalia e a realização de exorcismos – foi objeto de *suspeita* de outros. Na RCC percebeu-se a oportunidade de trazer de volta aqueles que "estavam longe", isto é, a possibilidade de reinstitucionalizá-los, devolvendo ao catolicismo sua maioria cultural, portanto, havia que *assimilá-la*. Houve os que perceberam nela a oportunidade de conter a sangria dos católicos de nome que se esvaiam nas veias pentecostais evangélicas, portanto, seria necessário *domesticá-la*.

Seja como for, mais de vinte anos se passaram para que a Renovação recebesse sua "carta de alforria" da Conferência Nacional dos Bispos Brasileiros (CNBB), com o Documento n. 53, *Orientações Pastorais sobre a Renovação Carismática Católica* (1994). Mais tarde, o Vaticano, por sua vez, admitia:

"O seu nascimento [RCC] e a sua difusão trouxeram à vida da Igreja uma novidade inesperada, e por vezes até explosiva. Isto não deixou de suscitar interrogativos, dificuldades e tensões; às vezes comportou, por um lado, presunções e intemperanças e, por outro, não poucos preconceitos e reservas. Foi um período de prova para a sua fidelidade. [mas] Hoje, diante de vós, abre-se uma etapa nova, a da maturidade eclesial" (João Paulo II, 1998, n. 6).

Da timidez ao estrelato

Após esse tempo de provação, os anos 90 serão a década da evidência da RCC. Num clima sociocultural e religioso de revalorização do corpo, qualidade de vida, publicidade de formas alternativas de experiências religiosas, inserção agressiva do pentecostalismo protestante, enfraquecimento da Igreja progressista e o fortalecimento de movimentos eclesiais internacionais, a Renovação marcará sua posição como um divisor de águas, colocando o catolicismo na esteira da concorrência religiosa (Antoniazzi, 2004). Ultrapassando as fronteiras eclesiais, a RCC dará o avanço qualitativo de inserção na esfera pública, privilegiando a mídia como seu principal alvo.

São nesses últimos quinze anos que, a partir de *personalidades* arrebanhadoras, certo "carismatismo espetacular" recupera o catolicismo de massas em duas direções. Uma envereda pela afirmação do fenômeno carismático afinado com uma sociedade do espetáculo, no qual a *música* mediatiza a comunicabilidade de *personalidades* que viram *celebridades*, destacam-se os padres Zeca, Jorjão, Joãozinho, Antônio Maria, Zezinho, entre eles o expoente, padre Marcelo Rossi[4], e os leigos Dunga, Valverde, Maria del Rosário, Marcelo Braga. Outra direção é a trilha dos *fundado-*

---

[4] Uma extensa pesquisa sobre a ascensão midiática do Pe. Marcelo, a transformação do sacerdote em celebridade, nos moldes de *star system,* os mecanismos de marketing ativados para torná-lo celebridade religiosa podem ser encontrados na primeira parte da minha tese de doutorado (Carranza 2005, p. 16-189).

res que congregam em torno de si leigos, sacerdotes, homens, mulheres, jovens, voluntários e benfeitores, realizando sob seu influxo grandes empreendimentos religiosos. Destacam-se aqui, entre outros: Pe. Jonas Abib (Canção Nova), Pe. Roberto Lettieri (Toca de Assis), André Luis Botelho (El Shaddai-Pantokrator), Denis Bourgerie (Santuário Maria Desatadora de Nós), Moysés Louro de Azevedo e Maria Emmir Nogueira (Comunidade Shalom), Gilberto Gomes Barbosa (Obra de Maria) todos, munidos de autoridade carismática, animam verdadeiros ninhos espirituais da RCC.

Nestes anos observa-se a multiplicidade de ações criativas de socialização religiosa que, num misto de devoção-espetáculo, prende os jovens com Cristotecas, Barzinhos de Jesus, Rebanhões, Encontrões, Carnafolia de Jesus, Tocão, Baladas Santas etc. Nesse esforço de aglutinar fiéis e diversificar as ofertas religiosas tradicionais, santuários são erguidos como pólos de religiosidade popular, sendo objeto de caravanas e de atividades devocionais. Ainda, eles respondem pela distribuição de milhares de produtos religiosos disponíveis, destacando-se o Bizantino (SP) e a Nossa Senhora Desatadora de Nós (Campinas, SP)[5]. A base organizativa da RCC transformaria as antigas secretarias de serviços de evangelização em ministérios, ampliando sua ordem piramidal distribuída de forma hierarquizada e especializada, de Nacional para Estadual e Diocesana em Presidência, Conselho, Conselho Fiscal, Escritório Administrativo, órgãos de assessoria, ministérios e comissões, comissão executiva, até chegar na base social da RCC que são os grupos de oração[6].

---

[5] Ao estilo de um megacentro de convenções católico, a Comunidade Canção Nova também é objeto maciço de peregrinações e palco de shows para milhares de jovens, completando o circuito de locais para caravanas (Oliveira, 2003).
[6] Ao todo contabilizam-se 15 ministérios sendo: Arte, Família, Criança, Comunicação, Cura e Libertação, Jovem, Pregação, Sacerdotes (anima aqueles que são simpatizantes da RCC), Seminaristas (auxilia na promoção vocacional), Universidades Renovadas, Fé e Política, Promoção Humana, Formação, Intercessão. Alem de programas como: Paróquias renovadas, congressos, retiros, etc. Disponível em: <www.rcc.com.br>

Por trás de muitas dessas manifestações, atividades e órgãos, encontram-se as Novas Comunidades que respondem por estruturas consolidadas econômica e socialmente, também conhecidas no meio carismático como Comunidades de Aliança e de Vida. As primeiras respondem a uma visão mais laical, isto é, seus membros vivem e sentem-se "vocacionados" a trabalhar profissionalmente no "mundo" e constituir família em castidade, as segundas são um desdobramento específico das primeiras e desenvolvem um estilo de vida consagrada, ou seja, homens e mulheres abraçam os votos de obediência, castidade e pobreza. Ambos os estilos podem ser encontrados numa mesma organização, por exemplo, a Canção Nova (SP) fundada por Pe. Jonas Abib nos anos 70[7].

Sob o comando de leigos e sacerdotes essas Associações e/ou Fraternidades garantem a *espiritualidade* do Movimento (oração, infusão no Espírito, exercício dos carismas), desenvolvem *atividades de evangelização* (catequese, formação litúrgica e sacramental etc.), *projetos sócio-caritativos* (atenção a pacientes terminais de AIDS e narcodependentes, atenção à população de rua, creches etc.), *empreendimentos midiáticos* (editoras, gráficas, revistas, jornais, redes de TV e Rádio, programas televisivos e radiofônicos, *sites* etc), promovem *estilos de vida comunitário* (ora morando sob o mesmo teto, ora desenvolvendo atividades comuns), nutrem *laços de solidariedade mútua* (estabelecendo mecanismos de distribuição de bens materiais) e encorajam *a vivência à consagração religiosa*, constituindo-se em verdadeiros celeiros vocacionais, responsáveis por um florescimento sacerdotal e religioso (CERIS 2003, p. 51).

Mais ainda, elas encontram-se sob a tutela de Cardeais, bispos e sacerdotes, que velam pela ortodoxia das características carismáticas e o ali-

---

[7] Canonicamente as Novas Comunidades passam por uma fase de estudo legislativo, visto que as Comunidades de Aliança são localizadas nas Associações de Fiéis ou antigas Pia União, primeiro escalão associativo da Igreja. Entretanto, no momento que despontam votos de consagração e separação dos grupos entre si, leigos e sacerdotes, a legislação muda. Por exemplo, como fica uma Comunidade de Aliança e Vida que forma seus próprios sacerdotes, se essa é atribuição episcopal?

nhamento ideológico do *catolicismo intransigente* – entendido esse como a expressão de setores conservadores da Igreja que enfatizam um binômio inseparável entre o primado da autoridade e a estabilidade doutrinal (Hervieu-Léger, 1986). Como a RCC, as Novas Comunidades bebem das mesmas fontes ideológicas ao se alinhar às demandas de totalidade espiritual de Roma, portanto, mantêm as mesmas bandeiras de defesa da moralidade católica, convertendo-se em fiéis bastiões da neocristandade.

Esse exército de *pequenas células fervorosas,* as novas comunidades, é inerente ao Movimento Carismático, pois, além de surgirem concomitantemente no ato da sua expansão, elas respondem à necessidade de estruturar os dons e carismas, enquadrando burocraticamente a força desordeira e espontânea das manifestações carismáticas que soldam a rotinização do carisma, nos termos weberianos. De certa forma, as comunidades novas são estruturas estruturantes, na visão de Pierre Bourdieu, visto que elas não simplesmente organizam, mas a própria configuração do legado espiritual da RCC é já uma forma de vivenciá-lo. De mais a mais, o estilo evangelizador dessas *células efervescentes*, como o da Renovação Carismática, educam a sensibilidade dos fiéis, estabelecem parâmetros que definem um "novo jeito de ser Igreja", de ser "padre", de ser "seminarista", facilitam novos recursos de experienciar o sagrado e é atribuído a elas o *boom* vocacional para a vida religiosa (CERIS, 2003).

O último aspecto a ser salientado é o salto qualitativo que a RCC deu nos Meios de Comunicação Social. Como é sabido, no contexto religioso o catolicismo chega tarde na corrida por se inserir nos espaços comunicacionais, mostrando uma incapacidade não só para gerir veículos de transmissão, como para se apropriar da linguagem midiática (Antoniazzi 1989; Della Cava 1991; Carranza 2005[b]). Entretanto, no momento em que diversos setores carismáticos, entre eles as Comunidades de Aliança e Vida, respondem ao ardoroso chamado do papa das multidões, João Paulo II, de *evangelizar por todos os meios,* uma corrida é deflagrada, firmando-se no cenário televisivo religioso, num curto prazo, a presença católica a começar pela Rede Vida: o Canal da Família (1995), seguida pela TV Século XXI e, logo, a TV Canção Nova, entre outras. Iniciativas essas que em seu conjunto, se observadas sua programação, conteúdo, linguagem e tecnologia, apresentam um mesmo perfil: a paroquialização do espaço televisivo, ficando à margem das grandes concorrentes religiosas, como a Rede Record, propriedade do bispo Edir Macedo da Igreja Universal do Reino de Deus.

A esse esforço milionário, que não deixa de suscitar sérios questionamentos sobre o custo-benefício de reinstitucionalizar os católicos, soma-se a meteórica ascensão midiática do Pe. Marcelo que, de um modesto programa de rádio, saltou para o *setting* dos artistas cinematográficos do maior complexo de mídias integradas da América Latina, a Rede Globo/Brasil, garantindo o *status midiatico* que acompanha o circuito: se aparece numa mídia é porque está em todas as mídias (Debord 1997).

Tanto a mídia televisiva quanto a espetacularidade do padre Marcelo, convertem-se no epicentro de um estilo carismático de utilizar os meios de comunicação, ora para veicular discursos moralistas, sobretudo na linha da sexualidade, ora para disseminar um imaginário demoníaco que ritualiza o sofrimento do telespectador. O que não deixa de ser um "teleculto de aflição", lembrando que a doença e o sofrimento são as pré-condições de filiação religiosa, no referencial teórico do antropólogo Victor Turner[8]. Neste ponto é patente a semelhança com as estratégias do teleproselitismo e da televangelização da Igreja Universal do Reino de Deus e a da Renascer em Cristo, que coloca a todos no patamar de certo fundamentalismo religioso – no sentido de reforçar uma visão maniqueísta do mundo que polariza entre o bem e o mal a contínua tensão da vida cotidiana. Nesse ínterim, é a apropriação do mesmo arsenal técnico que desvenda o paradoxo que a

---

[8] Basta acompanhar os programas de madrugada da TVCanção Nova e da Século XXI, e o programa de rádio Momento de Fé do padre Marcelo, para constatar a ênfase que o demônio tem nas narrativas, os discursos, as orações e os conselhos. O mal acaba por ser a etiologia da desigualdade social, dispensando qualquer conexão lógica com o descaso do Estado pelo bem-estar social.

mídia aciona: quanto mais a RCC se afasta do pentecostalismo, às vezes no discurso, às vezes no simbolismo (terço, santos, eucaristia), mais se assemelha a ele nas estratégias e narrativas comunicacionais.

Todavia, nos investimentos católicos é possível perceber, de um lado, o uso da mídia de forma funcionalista – não importa o conteúdo a ser comunicado, basta ser ético para que o veículo se torne bom (Mattelart, 1999) – daí a falta de espaço para anunciantes que atentem contra a moral e doutrina católica. Do outro lado, a isenção da cultura midiática – enquanto construtora de realidade e configuradora de subjetividades (Hall 1997) – pois pretende-se utilizar da mídia, produto da modernidade sem querer "contaminar-se" dos valores intrínsecos dos quais é portadora. Ou seja, alimenta-se a ilusão de poder *estar na mídia sem ser da mídia.*

Desse conjunto profícuo, é possível afirmar que a RCC inaugura uma nova fase da Igreja: o catolicismo midiático, compreendido como uma versão religiosa da sociedade de consumo que, em nome da evangelização, autoriza a Igreja a se apropriar da cultura midiática. Catolicismo esse que é, ao mesmo tempo, um meio de sintonizar com a sensibilidade social de rejuvenescimento, como expressão de modernidade, e com o gosto pelo espetáculo e o entretenimento como formas de agregação e experiência religiosa. Na perspectiva de George Simmel, o consumo ligado ao religioso não é mais do que atribuir, subjetivamente, um significado ao ato de consumir (2005, p. 537). Nessa direção, o catolicismo midiático, quer com seu carismatismo de *personalidades,* quer com o uso intensivo da mídia, concretiza uma modernização sem modernidade, um toma de lá a tecnologia e nega de cá os valores que ela traz consigo (Carranza 2006, p. 68-87).

Das vicissitudes à conclamação

O objetivo do exposto até aqui é mostrar, exatamente, que a trajetória da RCC percorre três fases de desenvolvimento histórico: a primeira refere-se à disseminação do legado espiritual, promovendo a emergência de inúmeras comunidades efervescentes, na perspectiva durkheimiana, e a partir da classe média irriga silenciosamente, em tempos de crise da Teologia da Libertação, todo tecido social do catolicismo popular.

A segunda fase corresponde à rotinização do carisma, na sua compreensão weberiana, cuja retrospectiva histórico-teológica Richard Tarnas resgata, alertando para o processo inexorável do cristianismo nas suas tendências institucionais de:

> "... controlar as expressões carismáticas irracionais do Espírito Santo (...), [essas expressões] passaram cada vez mais a ser desestimuladas em benefício de manifestações mais ordenadas e racionais, como sermões, serviços e rituais religiosos organizados, autoridade e ortodoxia doutrinária (...) Na fé cristã diminui a ideia do Espírito Santo como princípio divino de poder espiritual revolucionário imanente na comunidade humana, em benefício de uma visão do Espírito Santo investido unicamente na autoridade e atividades da Igreja institucional" (2005, p. 177).

Nas perdas da RCC registra-se a sensível diminuição das manifestações públicas do repouso no espírito, da glossolalia e do exorcismo. Há tempo que o viés ecumênico do Movimento desapareceu. Nos ganhos, contabilizam-se o ascenso a "status midiático" do demônio, perfurando as camadas populares da Igreja, e uma acirrada concorrência no campo religioso brasileiro desencadeado pela procura das ovelhas desgarradas.

As duas primeiras fases correspondem à etapa fundacional. Já a terceira, o catolicismo midiático, representa a volta ao catolicismo das multidões (registrada na segunda metade do século passado), desta vez focado na sociedade do espetáculo para visibilizar a Igreja. Comandado sob a égide da autoridade e da doutrina, a performance carismática do catolicismo de massas representa um nítido alinhamento com as diretrizes do Vaticano. Esse último "alento emocional e espiritual" parece ter dado uma aparente revitalizada à Instituição, outrora portadora formal da hegemonia cultural no país. Pesem os dados de adesão religiosa do Instituto Brasileiro de Geografia e Estatística (IBGE) no censo de 2000, (73,8% de brasileiros se declaram católicos, dez anos antes 84,9%), continuarem a martelar na curva acelerada da descatolização, consequentemente, na destradicionalização e na mudança dos conteúdos culturais do Brasil.

A propósito desse emaranhado tabuleiro de xadrez e introduzindo o próximo assunto, algumas das linhas interpretativas de que tem sido objeto o fenômeno RCC, Flávio Pierucci comenta:

> "Fica por isso impossível dissociar do pontificado de João Paulo II esse aprofundamento de perdas, essa intensificação do esboroamento numérico do catolicismo no Brasil. De que terá adiantado então, me pergunto, frear a igreja progressista, ferir de morte a esquerda católica e sufocar a "igreja popular" dos anos 70? Que vantagem Maria levou? (2002, p. 7).

Da manifestação à interpretação

Em 1994, Alberto Antoniazzi reconhecia dois tipos de posicionamento dentro da Igreja católica em relação à RCC, aqueles que a julgavam demasiadamente espiritualista e intimista, pouco sensível aos graves problemas sociais da nação, e aqueles que a consideravam uma resposta à expansão pentecostal (1994, p. 19).

Por trás dessas visões encontrava-se uma série de premissas teóricas que as nutriam, sendo compartilhadas tanto pelos teólogos, quanto pelo campo acadêmico que as densificavam com suas discussões. Sem definir leituras paradigmáticas, mas pretendendo agrupar em tendências interpretativas os fios condutores que ocuparam os estudiosos na explicação do fenômeno carismático, aqui são alinhavadas três posturas contrastantes: a RCC versus a Teologia da Libertação, os Pentecostais protestantes versus a RCC e a RCC versus a RCC. Preocupados com a compreensão dos desdobramentos do Movimento, que "sopra" vertiginosamente em todas as direções, é fácil perceber como os pesquisadores transitaram livremente nessas leituras, sem se filiarem a uma tendência.

A primeira tendência interpretativa responde, fundamentalmente, ao contexto de auge da Teologia da Libertação, propiciando as inevitáveis comparações intraeclesiais entre as Comunidades Eclesiais de Base (CEB's) e as manifestações religiosas da pentecostalização católica, prolongando-se à protestante. Posicionados como os do lado de cá, a ala progressista da Igreja via os do lado de lá, os católicos carismáticos e pentecostais, como diametralmente opostos na concepção de transformação do mundo, a partir da religião. As análises weberianas deixavam claro que as CEB's alicerçavam sua visão ética do mundo no "paradoxo da racionalidade" – organizar a vida e a conduta a partir de esquemas racionais que estabelecem o elo entre a crença e a necessidade – portanto, ser sensíveis às questões políticas e sociais era decorrência natural, a tempo que engajar-se nas práticas coletivas, sua consequência lógica. Consoante, a filiação religiosa não alterava o estilo de vida, contrariamente, era tida como normal a alternância entre as comunidades de base e os movimentos populares, sociais, partidários e sindicais, haja visto a convergência de ideais na transformação social, tendo como instrumento a política (Oliveira 1978; Benedetti 1988; Teixeira 1991).

O embasamento teórico que sustentava a acusação de que a RCC era um movimento alienado, que só visava o *emocionalismo* e *a vida espiritual intimista*, encontrava eco numa leitura marxista da realidade. A perspectiva dialética marxista, onde o sagrado não apenas se une ao profano, mas também se comunica nos patamares institucionais e sociais, e o instrumental teórico do materialismo histórico – modo de produção, classes sociais, formação social, alienação – muniram a leitura da RCC como sendo uma religião que desvalorizava a reflexão crítica, desviando a atenção do fiel para uma realidade meta-física e a-histórica. Com efeito, o mundo religioso da RCC seria, numa visão ideológica, um mundo fechado que só reproduzia o discurso da dominação, reforçava duas dicotomias entre o profano e o sagrado e entre a vida religiosa e a existência social (Rolim 1979; 1997; Prandi 1997).

Assinalava-se então, como mecanismo heurístico, que a lógica de dominação correspondia à lógica do Espírito Santo, onde a cura, os milagres, a libertação do demônio eram expressões de alienação do povo, embora libertassem individualmente, não transcendiam o social (Bittencourt Filho 1987; César 1992; Oro 1991; Mariano 1995). As escolhas partidárias, posições políticas e exercício do poder *(ad intra eclessia)* dos carismáticos, católicos e protestantes, os colocava ou na esteira da classe dominante, por reproduzir o autoritarismo crasso, ou *perto da magia, longe da política*. Todavia, cunhavam-se em dobradinhas as alianças ideológicas, na esquerda, ateus protestantes e católicos progressistas, e na direita, carismáticos e pentecostais. A isso, acrescentavam-se as considerações da afinidade ética da camada média com elementos subjetivistas, psicologizantes, consequentemente, politicamente alienantes (Rolim 1985; Benedetti 1990; Freston 1992; Prandi 1992; Lesbaupin 2004).

Nessa oposição entre os Carismáticos pentecostais e a Teologia da libertação não faltou a associação: quanto mais avança a pentecostalização, menos a Teologia da Libertação consegue firmar-se, mesmo que existissem outros vetores externos no campo sociopolítico que levaram a Esquerda, como um todo, a uma desmobilização política (Gutwirth 1992; Miranda 1995; Prandi 1997; Passos 2005)[9]. Francisco Cartaxo Rolim alia a essa mira conspiratória um outro viés, comentando a serventia que a RCC presta:

> "O que escapa a esta perspectiva conservadora [da Igreja] é o fato de ela estar mergulhando cada vez mais nas águas, aparentemente sedutoras, do emocional religioso, visto como bons olhos pelo *capitalismo* que se serve dele com habilidade, esperteza e sucesso (...) *Combate-se*

---

[9] Apoiado nos relatórios de Rockefeller, 1989, e de Santa Fé, 1980, Gutwirth alerta sobre a vulnerabilidade da Igreja progressista frente ao avanço neopentecostal, como consequência da política de ingerência norte-americana no Continente Latino-americano.

o materialismo histórico em nome de um vago materialismo, e não se considera que a sociedade de consumo, com implicações no urbano e no rural, cria e alimenta um *materialismo prático* que corrói os valores da vida" (1997, p. 297, grifos meus).

No segundo conjunto de interpretações, a RCC será analisada face ao pentecostalismo protestante, seja na sua semelhança, seja na ameaça mútua que representava compartilhar o mesmo campo religioso. Autores como Peter Berger e Pierre Bourdieu sustentaram as interpretações em que o fim do monopólio religioso católico, o agressivo proselitismo do pentecostalismo e neopentecostalismo, e a maior receptividade social a outras ofertas de bens simbólicos configuravam um clima de mercado de bens da salvação e de concorrência religiosa.

Mesmo com as diferenças identitárias no catolicismo (devoção a Nossa Senhora, o Terço, a Eucaristia, Papa) havia entre carismáticos e pentecostais mais semelhanças do que diferenças: as primeiras patentes nas visões religiosas carregadas de emocionalismo, a defesa à moralidade sexual, a articulação encantada com a ética, a recorrência ao êxtase e o exorcismo, o zelo missionário, a predominância leiga. Com isso, eles se tornariam mais iguais nas narrativas e performances, o que levaria a disputa a um outro patamar: o da filiação institucional. É no terreno confessional que seria realizada a disputa pelos fiéis e a batalha só seria vencida por aquela igreja que conseguisse mostrar sua força moral, seja *atraindo os afastados,* seja arrebatando o rebanho "alheio" (Machado e Mariz 1997; Oro 1996; Prandi e Pierucci,1996; Maués 2000; Guerra 2000; Souza 2001).

Diante desse marco da competitividade religiosa definido, o ato a seguir foi o da interpretação de ser a RCC uma resposta estratégica e um investimento de marketing da Igreja católica, como muro de contenção da avalanche pentecostal (Benedetti 1988; Oro 1996; Prandi 1997; Rolim 1997; Souza 2001). Ideia que a mídia insistiu em veicular e até os próprios bispos admitiram como possível (*Orientações*, 1994).

Finalmente, no terceiro agrupamento de enfoques, baseados em pesquisas de campo e surveys, outros estudos apareceram centrados numa leitura da RCC em si mesma, aproximando a lupa que destaca os mecanismos e a dinâmica interna da sua expansão. Na revisão bibliográfica sobre a RCC dos anos noventa, Cecília Mariz destaca como os estudiosos, ao se aproximarem das práticas cotidianas dos fiéis, perceberam a plasticidade que o Movimento tem de lidar com o sagrado. Não obstante esse contato direto (nas experiências de êxtase e as técnicas corporais) os coloca potencialmente numa posição anti-institucional, ameaçando sua autonomia (2004, p. 5).

Outros elementos são agregados às análises da RCC pela RCC, assim, a temática *identidade* mostrou-se extremamente profícua, pois permitia transitar entre as negociações que o campo religioso impunha, face às semelhanças e às diferenças com os pentecostais e à maciça participação do catolicismo popular, (Machado 1996; Sanchis 1997; CERIS 2002; Souza 2002). A tensão gerada entre fazer uso dos meios que a modernidade disponibiliza e manter a fidelidade aos princípios doutrinários impôs a perspectiva *Religião-Modernidade*, vislumbrando as transformações internas que o próprio *ethos* católico sofre, sobretudo quando em contato com as novas tecnologias e visões de mundo (Camurça 1998, 2007; Benedetti 1999; Carranza 2000, 2005; Silveira 2003).

Numa outra vertente, categorias como reinstitucionalização, destradicionalização, recatolização deram a devida atenção às manifestações das novas sensibilidades religiosas que a RCC apresenta, perante sua tentativa de revitalizar uma instituição milenar e os impactos socioculturais por ela deflagrados (Steil 1998; Mariz 2006; Oliveira 2004; Lesbaupin 2004). Há também as categorias adesão, conversão, prática religiosa, trânsito, sincretismo, diante da flexibilização dos laços de pertença e os traços de fundamentalismo percebidos. Noções como a de hibridismo e fragmentação passaram a ser incorporadas, na tentativa de apreender as acomodações internas que a própria RCC apresenta na sua corrida por responder às demandas culturais dos homens e mulheres contemporâneos (Mariz 2006; Carranza 2006; Damacena 2004).

Da inspiração à transformação

Diante das mutações do campo religioso nos anos 90, Daniéle Hervieu-Léger sugere a necessidade de rever o paradigma da secularização e insiste em que os grandes sistemas doutrinais, nos países desenvolvidos, não conseguem acompanhar as necessidades de demanda de sentido que a sociedade requer. Entretanto, paradoxalmente, eles são ao mesmo tempo fonte de inspiração para propostas alternativas, o que propicia, segundo a autora, a emergência de novas elaborações do gênero religioso. Ele se dissemina como um imaginário religioso e, de certa forma, configura uma espécie de privatização das crenças religiosas dentro dos próprios aparelhos ideológicos das instituições. Nesse ínterim a emoção aparece como o fio que costura a paisagem religiosa (1990, p. 6).

Interessa nesta discussão resgatar duas ideias: o surgimento de um novo gênero religioso a partir da própria aparelhagem institucional, difundindo-se socialmente como um imaginário, e o papel que nesse processo a emoção tem. Assim, no vasto horizonte carismático, as Novas Comunidades vislumbram-se junto ao catolicismo midiático, no epicentro de um novo gênero religioso orientado pela emoção. Elas percorrem o tecido social católico com as bandeiras da neocristandade, quer motivadas com a defesa dos conteúdos morais, quer motivadas com a proposta de ressocialização totalitária de seus membros. Nessas comunidades a emoção, enquanto expressão performática, configura a subjetividade de seus membros, os quais passam a desenvolver uma sensibilidade pautada pela necessidade de respostas emotivas as suas aflições e inseguranças.

Para Peter Berger e Thomas Luckmann, comunidades com essas características são fortes candidatas a constituir-se em instituições intermediárias – entendidas como aquelas que fazem a ponte entre o indivíduo e a sociedade. Na proposta dos autores, o indivíduo moderno encontra-se imerso num pluralismo que desacreditou a possibilidade de autoevidência, isto é, no poder de se orientar no meio de tantas alternativas de interpretação do que é realização pessoal. Tudo se encontra questionado, nenhuma resposta é eterna, não há valores únicos que determinem o agir nas áreas da vida, há sempre uma possibilidade do desconhecido. Isso, na visão dos estudiosos, acarreta um peso muito grande para o indivíduo, pois ele tem a todo momento de discernir, deliberar, posicionando-se. Consequentemente, brota na sociedade pós-moderna a insegurança como norma, o sentir-se perdido como espírito de época e o fundamentalismo como tábua de salvação (2004, p. 53-55).

Em termos culturais, pode-se afirmar que um dos desdobramentos da RCC é o de fomentar nas Novas Comunidades o estatuto de comunidades intermediárias de sentido, capazes de oferecer refúgios emocionais a tantos jovens que procuram orientação a sua existência. Desdobramento que, entre outros fatores, ajuda a explicar o porquê da abundância de "vocacionados" que, ano a ano, se agregam às Comunidades de Vida e de Aliança[10]. Afirma-se então que a RCC, nesta nova fase de agregação comunitária, denota claramente sua capacidade de ser um espaço de socialização primária. Isto é, na ótica de Simmel, os modos singulares com que homens e mulheres estabelecem relações sociais com referencial de conteúdo religioso permitem vislumbrar a maneira de fazer sociedade como religião (2005, p. 15).

As comunidades intermediárias de sentido são exemplo magistral da capacidade que a RCC tem de se autorreproduzir, nos moldes de um catolicismo intransigente que percorre as veias da Igreja, e a esperança do setor conservador na sua investida de revigoramento. Vale a pena lembrar que, para Mannheim, o conservadorismo é uma maneira de pensar e um tipo de experiência latente nas sociedades, pois nelas dorme como tendência, na espera de ser despertado (1982, p. 108). É possível que as Novas Comunidades irrompam como frágeis caniços no meio urbano, mas somadas a outras expressões conservadoras podem engrossar o caldo cultural do

---

[10] Só para ter uma ideia, a Fraternidade Toca de Assis, tem em média 150 aspirantes por ano, fundada há doze anos seu número de membros em 2007, contabiliza 1.800.

neoconservadorismo que, por sua vez, se afina com fixismos religiosos da neocristandade (Hervieu-Léger, 2003).

O outro desdobramento cultural da RCC é a sua capacidade de moldar o catolicismo em termos midiáticos, propagando imaginários que alimentam posturas a-históricas e fragilizam possibilidades de consolidação democrática e intervenção na transformação social, outrora atribuída às CEB's. Socialmente, o catolicismo midiático traduz a necessidade que todo sistema de crenças tem de viabilizar sua visão de mundo, por meio dos canais de comunicação que a época e a tecnologia lhe disponibilizam. O impacto sociorreligioso que essa tentativa traz mede-se no confronto estabelecido no próprio campo religioso. No caso da pentecostalização católica está claro que este enveredou pela *guerra santa* na mídia, mesmo que isso tenha um custo: assemelhar-se, cada vez mais, com seu "concorrente". Foi e é uma opção da RCC, amplamente apoiada por setores da hierarquia, assombrados pelos dados estatísticos de descatolização que assolam as práticas dominicais. Os frutos dessa escolha ainda estão por serem avaliados.

Todos esses elementos configuram uma nova fase da RCC brasileira sem dúvida, guardadas as especificidades, corresponde a uma neopenteocostalização católica, quer seja no uso da mídia como instrumento de evangelização (proselitismo), quer na identificação de alguns traços de fundamentalismo das Novas Comunidades. Ambos traços são compartilhados com os neopentecostais protestantes, independentemente da intencionalidade dos próprios grupos e instituições, redesenhando o campo religioso brasileiro.

O que fascina na RCC, como recorte empírico vigoroso, é a possibilidade de continuar a questionar a clássica preocupação de Max Weber: a relação entre religião e modernidade. A Renovação Carismática releva a relação e parafraseia o Evangelho, insistindo em que é possível *estar no mundo, sem ser do mundo, estar na mídia sem ser da mídia, na universidade sem ser da universidade, na internet sem ser da internet.*

Enfim, ser moderno sem modernidade. O dilema religião *versus* modernidade, melhor dizendo, Igreja católica *versus* modernidade, parece aprofundar na mesma proporção em que a RCC na sua faceta neopentecostal tende a hegemonizar o *novo jeito* de ser Igreja, ao mesmo tempo que retoma conteúdos conservadores subjacentes nas matrizes culturais do Brasil.

Referências bibliográficas

ANTONIAZZI, Alberto. *Por que o panorama religioso no Brasil mudou tanto?* São Paulo, SP: Paulus, 2004.

_____. *O Catolicismo no Brasil*. In: Sinais dos Tempos: Tradições Religiosas no Brasil. Caderno do ISER n. 22, Rio de Janeiro, ISER, 1989, p. 13-35.

BENEDETTI, Luiz Roberto. *Templo, praça, coração: a articulação do campo religioso católico*. São Paulo, SP: Humanitas, Publicações do FFLCH/USP – CER, 2000.

_____. *O Novo Clero: arcaico ou moderno?* In: Revista Eclesiástica Brasileira *(REB)*. Petrópolis: Vozes, mar. 1999. Fasc. 233. p. 88-126.

_____. *As CEB's, a política e a religião: o impasse entre o religioso e o político nas CEB's*. Perspectiva Teológica, Belo Horizonte, n. 58, set/out. 1990. p. 351-362,1990.

BERGER, Peter; LUCKMANN, Thomas. *Modernidade, pluralismo e crise de sentido: a orientação do homem moderno*. Petrópolis: Vozes, 2004.

BITTENCOURT FILHO, José. *Pentecostalismo: uma terapia religiosa*. In: Tempo e Presença, Rio de Janeiro, 8, p. 21-22, nov. 1987.

CADERNOS CERIS. *Pentecostalismo, Renovação Carismática e Comunidades Eclesiais de Base: uma análise comparada*. São Paulo: Loyola, 2001. n. 2.

CAMURÇA, Marcelo. *Um tradicionalismo na linguagem virtual? O catolicismo carismático-midiático*. In: ST 19, XXXI ANPOCS, Caxambú, MG, outubro 2007.

_____. *Renovação Carismática: entre a tradição e a modernidade*. In: RHEMA: Revista de Filosofia e Teologia do Instituto Teológico Arquidiocesano Santo Antonio, 2001. Vol. 7, n. 25. p. 45-58.

CAMURÇA, Marcelo. *Sombras na Catedral: A Influência New Age na Igreja Católica e o Holismo da Teologia de Leonardo Boff e Frei Betto*. In: Numen: revista de estudo e pesquisa da religião, vol 1, n. 1 (2º semestre), 1998, p. 85-125.

CARRANZA, Brenda. *Catolicismo Midiático*. In: As Religiões do Brasil. Faustino Teixeira, Renata Menezes (org). Petrópolis, RJ: Editora Vozes, 2006.

_____. *Movimentos do catolicismo brasileiro: cultura, mídia, instituição*. Tese de doutoramento, Departamento de Sociologia do Instituto de Filosofia e Ciências Humanas da Universidade Estadual de Campinas, IFCH/UNICAMP, Campinas, SP. 2005.

_____. *Lógicas e Desafios do Contexto Religioso Contemporâneo*. In: Revista Eclesiástica Brasileira. Fasc. 257, Jan.2005 [b], p. 46-63.

_____. *Renovação Carismática Católica: origens, mudanças e tendências*. Aparecida, SP: Santuário, 2000.

CERIS. *Perfil do Presbitério brasileiro*. In: Centro de Estatística Religiosa e Investigações Sociais. Relatório de Pesquisa. Rio de Janeiro, nov. 2003.

CÉSAR, Waldo. *Sobrevivência e transcendência, vida cotidiana e religiosidade no pentecostalismo*. In: Sociedade e Religião, Rio de Janeiro, v. 16, n.1/2, p.46-59, nov. 1992.

DAMACENA, Andréa Martins. *Experiências Religiosas: um estudo sobre mística e autonomia nos discursos e práticas religiosas dos católicos e carismáticos*. Tese de Doutoramento. Programa de Pós-Graduação em Ciências Sociais da Universidade Estadual do Rio de Janeiro (UERJ), Rio de Janeiro: 2004.

DEBORD, Guy. *A Sociedade do Espetáculo: comentários sobre a sociedade do espetáculo*. Rio de Janeiro: Contraponto, 1997.

DELLA CAVA, Ralph; MONTERO, Paula. *E o Verbo se Faz Imagem: Igreja Católica e os Meios de Comunicação no Brasil*, 1962-1989. Petrópolis, RJ: Vozes, 1991.

FERNANDES, Sílvia Regina. 'Ser padre pra ser santo'; 'Ser freira pra servir': A construção social da vocação religiosa – uma análise comparativa entre rapazes e moças no Rio de Janeiro. Tese de Doutoramento em Ciências Sociais, Programa de Pós-Graduação em Ciências Sociais, UERJ, Rio de Janeiro. 2004.

FRESTON, Paul. *Evangélicos na política brasileira.* In: *Religião e Sociedade.* Rio de Janeiro, v. 16, n. ½. Nov. 1992. p. 26-44.

GUERRA, Lemuel D. *Competição, demanda e a dinâmica da esfera da religião no Nordeste do Brasil.* Tese de doutoramento em Sociologia, Universidade Federal de Pernambuco UFPE, Recife. 2000.

GUTWIRTH, Jaques. *Igreja eletrônica e pentecostalismo autóctone.* In: TEXEIRA, Sérgio Alves, ORO, Ari Pedro (org). Brasil & França: Ensaios de Antropologia Social. Porto Alegre, RS: Editora UFRGS, 1992. p. 103-117.

HALL, Stuart. *Codage/Décodage.* Paris: Réseaux Reader CNET, 1997.

HERVIEU-LÉGER, Daniele. *Catholicisme, la fin d'un monde.* Paris: Bayard, 2003.

_____.; CHAMPION, Françoise (org). De L'Émotion en Religion. Renoveaux et tradition. Paris: Éditions du Centurion, 1990.

_____. *Vers un nouveau christianisme? Introduction à la sociologie du christianisme occidental.* Paris: Éditions du Cerf, 1986.

JOÃO PAULO II. *Discurso aos participantes do Congresso Mundial dos Movimentos Eclesiais e Novas Comunidades,* 1998. Disponível em: <www.vaticano.org.> Acesso em: 19/09/2007.

JOÃO PAULO II. *Mensagem ao VIII Encontro internacional da Fraternidade Católica, 1998.* Disponível em: <www.vaticano.org> Acesso em 20/09/2007.

LESBAUPIN, Ivo, et al. *As CEBs hoje.* Rio de Janeiro: ISER Assessoria & CEBI, 2004.

MACHADO, Maria das Dores; MARIZ, Cecília. *Mulheres e Pratica Religiosa nas Classes Populares: uma comparação entre as igrejas Pentecostais, as Comunidades Eclesiais de Base e os grupos carismáticos.* Rev. Brasileira de Ciências Sociais. Vol. 12. n. 34, Junho 1997.

_____. *Carismáticos e Pentecostais: adesão religiosa na esfera familiar.* Campinas: Editora Autores Associados & ANPOCS, 1996.

MANNHEIM, Karl. *O significado do conservantismo*. In: Sociologia. Organização Marialice M. Foracchi [Tradução por Emílio Willlens, Sylvio Uliana & Cláudio Marcondes], São Paulo, Ática, 1982.

MARIANO, Ricardo. *Os neopentecostais e a Teologia da Prosperidade*. Dissertação de Mestrado em Sociologia, Departamento de Sociologia, Universidade de São Paulo, 1995.

MARIZ, Cecília. *Comunidades de Vida no Espírito Santo: um novo modelo de família?* In: DUARTE, L. F. et allii Família e Religião, Rio de Janeiro, Contracapa. 2006. p.263-285.

_____. *A Renovação Carismática Católica no Brasil: uma revisão da bibliografia*. In: RODRIGUES, Donizete (org.). Em Nome de Deus: A Religião na Sociedade Contemporânea. Porto: Edições Afrontamento, 2004, p. 169-183.

_____. *Catolicismo no Brasil Contemporâneo: reavivamento e diversidade*. In: MARIZ, Cecília. A Renovação Carismática Católica: uma igreja dentro da Igreja? Revista Civitas (Porto Alegre), v. 3, n. 1, p. 169-186, 2003.

_____. *A religião e o enfrentamento da pobreza no Brasil*. Tese de doutorado, Universidade de Boston, EUA. 1989.

MATTELART, Armand; MATTELART, Michéle. *História das teorias da comunicação*. São Paulo: Loyola, 1999.

MAUÉS, Heraldo. *Algumas técnicas corporais na renovação carismática católica*. Ciencias Sociales y Religión/ Ciências Sociais e Religião 2. 2000. p. 119-151.

MIRANDA, Júlia. *Horizontes de Bruma: os limites questionados do religioso e do político*. São Paulo, SP: Maltesse, 1995.

OLIVEIRA, Eliane Martins. *O mergulho no Espírito de Deus: diálogos (im)possíveis entre a Renovação Carismática Católica (RCC) e a Nova Era na Comunidade de Vida no Espírito Canção Nova*. Dissertação de Mestrado em Ciências Sociais. Programa de Pós-Graduação em Ciências Sociais, Universidade Estadual do Rio de Janeiro, Rio de Janeiro, 2003.

OLIVEIRA, Pedro Ribeiro, *et al. Renovação carismática católica*. Uma análise sociológica interpretações teológicas. Petrópolis, RJ: Vozes/INP/CERIS. 1978.

ORIENTAÇÕES PASTORAIS SOBRE A RENOVAÇÃO CARISMÁTICA CATÓLICA, Documento da CNBB. n. 53, 1994.

ORO, Ari Pedro. *Avanço Pentecostal e Reação Católica*. Petrópolis, RJ: Vozes, 1996.

_____. *O discurso dos pregadores eletrônicos*. In: Cadernos de Antropologia, Porto Alegre, n. 2, p. 23-38, 1991.

PAULO VI. *Discurso às lideranças da Renovação Carismática Católica*. Disponível <www.vaticano.org.> Acesso em: 21/9/2007.

PASSOS, João Décio. *A matriz católico-popular do pentecostalismo*. São Paulo, SP: Edições Paulinas, 2005.

PIERUCCI, Antônio Flávio. *Encruzilhada da Fé*. Folha de São Paulo, São Paulo, 19.maio.2002, Caderno Mais: p. 4-7.

PRANDI, Reginaldo. *O sopro do Espírito*. São Paulo, SP: Hucitec. 1997.

_____. PIERUCCI, Flávio. *A realidade social das religiões no Brasil*. São Paulo, SP: Hucitec. 1996.

_____. *Perto da Magia, longe da política. Derivações do encantamento no mundo desencantado*. In: Novos Estudos do CEBRAP, São Paulo, n. 34. 1992. p. 81-91.

ROLIM, Francisco Cartaxo. *Dicotomias Religiosas, ensaio de sociologia da religião*. Petrópolis, Vozes, 1997.

_____. *Pentecostais no Brasil*. Petrópolis, RJ:Vozes, 1985.

_____. *Comunidades Eclesiais de Base: notas preliminares de uma pesquisa*. In: Cadernos do ISER, Rio de Janeiro, n. 8, p. 56-63, abr. 1979.

ROSA, Alexandra Cristina. *A Renovação Carismática Católica no espaço laico: um estudo sobre o grupo de oração universitário (GOU)*. Dissertação de mestrado. Programa de Pós-Graduação em Ciência da Religião, Universidade Juiz de Fora, 2007.

SANCHIS, Pierre. *O campo religioso contemporâneo no Brasil*. In: ORO, Ari; STEIL, Carlos (orgs). Globalização e Religião. Petrópolis: Vozes, 1997. p. 103-115.

SILVEIRA. Emerson J. Sena. *O 'Pop' no espírito. Festa, consumo e artifício no movimento carismático/pentecostal.* In: PEREIRA, Mabel Salgado; CAMURÇA, Marcelo Ayres (orgs.). Festa e Religião: imaginário e sociedade em Minas Gerais. Juiz de Fora, MG: Templo Editora, 2003, p.137-158.

SIMMEL, George. *El problema religioso.* 1ª ed. Buenos Aires: Prometeo Libros, 2005.

SOUZA, André Ricardo. *Padres Cantores, Missas Dançantes: A opção da Igreja Católica pelo espetáculo com mídia e marketing.* Dissertação de Mestrado – Faculdade de Filosofia e Ciências Humanas. Universidade de São Paulo, 2001.

SOUZA, Maurício. *A Igreja em Movimento: um estudo sobre a realidade religiosa em Belém, Pará.* Dissertação de Mestrado. Departamento de Antropologia da Universidade Federal do Pará, 2002.

STEIL. Carlos. *Peregrinação e Turismo: o Natal em Gramado e Canela.* XXII Reunião Anual da ANPOCS, GT16, Religião e Sociedade. Caxambu, MG, outubro, 1998.

TARNAS, Richard. *A Epopéia do Pensamento Ocidental: Para compreender as idéias que moldaram nossa visão de mundo.* 7ª ed. Rio de Janeiro, RJ: Bertrand Brasil, 2005.

TEIXEIRA, Faustino; MENEZES, Renata (org). *As religiões no Brasil: continuidades e rupturas.* Petrópolis: Vozes, 2006.

TEIXEIRA, Faustino Luiz Couto. *As CEB´s como criação evangelizadora.* In: PAIVA, Vanilda (org). Catolicismo, Educação e Ciência. São Paulo, SP: Loyola, 1991. p. 227-235.

TRADICIONALISMO E MEIOS DE COMUNICAÇÃO DE MASSA: O CATOLICISMO MIDIÁTICO

Marcelo Ayres Camurça[1]

Para Brenda Carranza com amizade...

Introdução

Em um famoso balanço acadêmico sobre o catolicismo brasileiro publicado em 1989 nos Cadernos do ISER "Sinais dos Tempos – Tradições religiosas no Brasil", intitulado "O Catolicismo no Brasil", o padre Alberto Antoniazzi concluía que "no campo dos meios de comunicação de massa a Igreja não parece dispor hoje de recursos verdadeiramente significativos (...), não há nenhum diário católico, nenhuma cadeia de TV" (1989, p. 31-32).

Passados quase vinte anos dessa afirmação pode-se constatar uma verdadeira revolução dentro do catolicismo brasileiro no que tange a esta questão: com o surgimento e crescimento de redes televisivas, como a Canção Nova, a Século XXI e a Rede Vida; com uma presença católica massiva na Internet com portais, *sites*, *chats* de paróquias, dioceses e de comunidades; com a constituição de bandas (de *rock*) católicas e a fabricação de "cele-

---

[1] O autor é antropólogo, docente do Programa de Pós-Graduação em Ciência da Religião da Universidade Federal de Juiz de Fora, onde pesquisa e orienta na área de Campo Religioso Brasileiro e Religião e Espaço Público. Publicou recentemente o capítulo intitulado "A realidade das religiões no censo do IBGE 2000". In *"As religiões no Brasil: continuidades e rupturas"*, Faustino Teixeira e Renata Menezes (orgs.), Vozes, 2006.

bridades", como os "padres-cantores" – Padre Marcelo Rossi, Padre Zeca e o Padre Zezinho, dentre outros –, divulgados por uma mídia própria, com suas páginas pessoais na Internet. Assim o catolicismo acompanha um fenômeno que atinge o meio religioso em geral, onde se estimula a esfera do consumo religioso como forma de adquirir e mobilizar adeptos (Amaral 2003; Oro & Steil 2003; Braga 2004; Souza 2005). Este movimento de *new-aggionarmento* em direção a uma (pós) modernidade vem sendo capitaneado pelo setor carismático da Igreja católica sob as bênçãos do pontificado do "papa-pop" João Paulo II.

Ao contrário dessa representativa peça da literatura sociológica sobre o catolicismo nos anos oitenta que foi o texto de Antoniazzi (1989, p. 13-35), a literatura sócio-antropológica atual sobre o catolicismo no país tem detectado o desenvolvimento no seio da Igreja católica de uma porosidade constante com estilos de vida moderna, contudo revestindo-os com uma rubrica sagrada. Isto se expressa em práticas religiosas já "canonizadas", como, por exemplo, os "barzinhos de Jesus" e/ou as "aeróbicas de Jesus", entre tantas outras expressões da vida profana incorporadas como atividades religiosas desde que "expurgadas" de seus conteúdos "pecaminosos". Esta é uma fórmula pela qual certas áreas carismáticas da Igreja católica têm impulsionado a instituição a readquirir seu prestígio na juventude e entre a população em geral (Carranza 2005; Souza 2005; Braga 2004; Oliveira 2004).

As mutações no catolicismo brasileiro levam o devoto a acessar a tradição da Igreja pela via da escolha individual e não mais por uma imposição normativa, naquilo que Emerson S. Silveira demonstrou em suas pesquisas como um encaixe da pequena narrativa (biográfica) individual na grande narrativa da história e dos símbolos da Igreja católica (Silveira 2000[a], 2000 [b]). E aqui, ao se destacar a ideia de escolha e opção individual como o *leit-motiv* da religião católica contemporânea, é de "mercado de bens simbólicos" – na clássica acepção de Peter Berger (1985) – que está se tratando, com todas as implicações que se pode depreender disso. Ainda que a "razão prática" que preside a ideia de "mercado" venha associada à "razão simbólica" como a outra face deste conjunto. Esta segunda, a razão simbólica, representando todo um patrimônio de crenças, dogmas e pressupostos milenarmente estabelecidos, que tomam o nome de "Tradição".

No desenvolvimento deste capítulo buscar-se-á expor essa nova realidade porque passa o Catolicismo, caracterizando o que está a se chamar de *catolicismo carismático-midiático*[2] com seu recurso ao uso de novas tecnologias e linguagens dos modernos meios de comunicação de massa, assim como refletir sobre estas transformações e suas implicações no estilo da catolicidade (no *ethos*, na ética e no comportamento da hierarquia e dos membros da Igreja) aqui no país. Em seguida, busca-se ainda mapear e compor um campo de debate e, finalmente, tentar propor algumas alternativas dentro dele.

Essa discussão se situa na *tensão* e *articulação* da mensagem veiculada nestes meios católicos – muitas vezes considerada conservadora e tradicionalista – com uma linguagem experimental e um estilo completamente afinado com a realidade virtual do "ciberespaço" e "cibercultura" (Lévy, 1999). Um estilo quase que mimético em relação às práticas midiáticas e de *perfomance* do mundo profano, exemplificado nos eventos como: "Deus é Dez" do padre surfista José Luiz Jansen de Mello Neto, o padre Zeca, dos shows-missa com seus padres-cantores, e das "Cristotecas" onde jovens dançam ao som de música *tecno* e *plays backs* com temas católicos. Esta reflexão se desdobra na avaliação sobre qual será a resultante desse processo: uma capitulação do discurso religioso à lógica mercadológica, consumista e individualizante do meio virtual, como aparece nos textos de Brenda Carranza (2005) e André Ricardo Souza (2005), ou uma estratégia de emprego

---

[2] A primeira formulação deste tipo foi feita pela socióloga Brenda Carranza na sua Tese de doutoramento, fruto de uma extensa pesquisa nas formas contemporâneas do catolicismo, onde demonstra de forma muito convincente a ação de um "catolicismo midiático", comandando um processo de (re) institucionalização da Igreja no país. Esta "recatolização midiática", segundo ela, apresenta-se como a "versão religiosa" da sociedade de consumo, do rejuvenescimento, da subjetividade no indivíduo, do culto do corpo, do espetáculo e do entretenimento (Carranza, 2005). Eu parto desta mesma formulação para explorar outros significados e possibilidades do conceito.

dos meios midiáticos e estímulos consumistas a serviço da causa religiosa, no artifício de "estar na mídia sem ser da mídia", baseado no aforismo evangélico "estar no mundo sem ser do mundo", segundo a formulação de Antônio Braga (2004). Entre estas duas soluções propostas, é possível encontrar uma terceira, que as articule em uma nova direção. É o que se procurará demonstrar nas páginas seguintes.

Da carência ao investimento nos meios de comunicação de massa

Faz parte de um consenso dentro de uma sociologia do catolicismo contemporâneo a ideia de que a Igreja católica por muito tempo "ficou de costas" para os modernos meios de comunicação de massa. No entanto, é possível que tal fato não se deva a uma negligência desta instituição, que sempre procurou moldar as sociedades à sua imagem e semelhança nas chamadas "teocracias" e "cristandades", assim como nas diversas "concordatas" assinadas com os Estados nacionais modernos visando garantir a manutenção de sua influência naquelas sociedades.

Na verdade, por trás do absenteísmo neste domínio da modernidade por excelência, que são os meios de comunicação de massa e os hábitos de consumo e estilo de vida que eles visam forjar, havia toda uma incompatibilidade de visão de mundo entre a Igreja e a sociedade de consumo moderna, que para ela significava o lugar da promiscuidade moral e de valores supérfluos, contra os quais se bateu por muito tempo.

Portanto, houve todo um percurso por parte da Igreja, que foi de uma postura de "*condenação* aos MCM [meios de comunicação de massa] até chegar à sua *bênção*" na feliz expressão de Carranza (2005, p. 194, grifo meu).

No Brasil a Igreja católica sempre se colocou como bastião de uma mentalidade conservadora contra as inovações surgidas na sociedade de consumo. Um arcebispo em Minas Gerais, no início do século XX, invectivava em uma circular para o clero contra o cinema "tão horrendamente degenerado" e a moda das "saias curtas nas meninas e mocinhas, cousa mais frequente, e muito incoviniente e, até indecente" (*apud* Pereira 2000, p. 70-71).

Na década de 70, quando se deu o *boom* das telecomunicações no país, setores da alta hierarquia da Igreja viam a televisão como uma antagonista no campo da difusão de valores morais enquanto seu setor "progressista" considerava este veículo de comunicação como fator de alienação (Della Cava & Montero 1991, p. 24).

Apenas no final dos anos 90 surge dentro da Igreja católica no Brasil uma consciência de sua insuficiência na utilização dos meios de comunicação de massa[3], como indica este documento da CNBB citado por Ari Pedro Oro: "Na Igreja (...) ainda não há suficiente sensibilidade para a Comunicação. Não se tem consciência de sua importância para a evangelização (Documento da CNBB, n. 48, 14)" (Oro 1996, p. 100). Esta nova orientação provém do próprio Vaticano, em uma "Exortação Apostólica" do Papa João Paulo II, ele próprio, como tantas vezes assinalado, responsável por inserir o catolicismo dentro de um formato midiático (Souza 2005, p. 129-37; Carranza 2005, p. 73-83). Dentro dessa perspectiva de ocupar os espaços dos meios de comunicação para a evangelização da Igreja, o texto papal assim se posiciona:

> "Hoje [se coloca] a exigência de testemunhar o Evangelho através dos meios de comunicação. Estes meios alcançaram uma capacidade de irradiação mundial, graças a tecnologias potentíssimas capazes de atingir qualquer ângulo da terra. As pessoas consagradas, sobretudo quando operam neste campo por carisma institucional, devem adquirir um conhecimento sério da linguagem própria destes meios, para falar eficazmente de Cristo ao homem de hoje..." (*apud* Oro 1996, p. 100, nota 17).

---

[3] Uma linha de interpretação para a opção da Igreja católica pelos meios de comunicação de massa é aquela que explora a influência dos evangélicos e pentecostais tanto como concorrentes quanto como inspiradores desta opção (Oro 1996; Carranza 2005; Souza 2005). Neste texto, porém, por questão de tempo e de foco, ela será dispensada, mesmo que com algum prejuízo para a análise.

Dentro da Igreja, foi sem dúvida o movimento da Renovação Carismática Católica aquele que melhor atendeu o chamamento papal para esse estilo de "nova evangelização", através do projeto Lúmen que visou incrementar o uso dos meios de comunicação de massa dentro do contexto católico.

Iniciativas emblemáticas desse movimento são a TV Canção Nova e a TV Século XXI, que, ao lado da Rede Vida – esta última, dentro da orientação e controle da Igreja institucional, por intermédio da Conferência Nacional dos Bispos do Brasil (CNBB) – representam a definitiva inserção da igreja católica na esfera midiática.

A comunidade Canção Nova, criada pelo padre Jonas Abib à frente de um grupo de jovens católicos em fins dos anos 70, na busca de definição do seu "carisma" inspira-se, para tal finalidade, na Encíclica *Evangelii Nuntiandi*, cujo tema é a evangelização no mundo contemporâneo, particularmente no segundo artigo com o título "a utilização dos meios de comunicação". Nesse sentido, a Canção Nova adquiriu, em 1980, uma emissora de rádio de ondas médias (AM) em Cachoeira Paulista. Em 1989 inaugurou sua transmissora de TV e a partir daí só tende a crescer, constituindo uma rede de Rádio e TV espalhada por todo o território nacional e que pode ser acessada no Paraguai, Uruguai, Europa e norte da África (Braga 2004, p. 113-14).

Diferentemente das outras parceiras católicas, a Canção Nova não veicula inserções publicitárias na sua programação – exceção os produtos para evangelização da própria Comunidade – numa postura de não submeter-se "às regras do mercado" e de buscar uma "autonomia diante das demandas exteriores que possam entrar em confronto ou (...) gerar desconforto em relação à visão de mundo e ao ethos cançãonovista" (Braga 2004, p. 114).

A TV Século XXI, embora com afinidades carismáticas com a Canção Nova, possui, ao contrário da segunda, uma estratégia de *marketing* e de mercado bem definida. É dirigida pelo padre jesuíta Eduardo Dougherty, de reconhecida competência na área administrativa e de marketing, além de contar com a colaboração de Antônio Miguel Kater Filho, o mais destacado dos "marketeiros" católicos (Braga 2004, p. 114).

Segundo a pesquisa de Souza (2005), pode-se constatar no final da década de 90 o irromper de grandes celebrações de massa promovidas pela Igreja católica com ampla cobertura na mídia. Se considerarmos que em meados desta década, diante da criação da Rede Vida em 1995, a CNBB apontava para o aprimoramento dos "seus próprios meios de comunicação, colocando-os efetivamente a serviço da evangelização e prepara[ação de] seu pessoal para torná-lo mais apto a comunicar melhor (Documento da CNBB, n. 45, 99)" (*apud* Oro 1996, p. 107), assiste-se agora ao coroamento e êxito desta estratégia catequética através dos meios de comunicação, tendo no Padre Marcelo Rossi e no cantor-compositor Roberto Carlos os principais astros desta confluência entre espetáculo/mídia e ato religioso (Souza 2005, p. 53).

Em 1998 o programa dominical do Faustão na Rede Globo e, em seguida, o de Gugu Liberato na Rede SBT transmitem ao vivo a missa do padre Marcelo, com entrevistas simultâneas do presbítero. Essas transmissões elevam os índices de audiência destes programas acima de suas médias e tornam o Padre Marcelo um *pop-star* da TV que doravante vai assegurar para si uma presença destacada na mídia (Souza 2005, p. 52), seja ela televisiva, radiofônica, cinematográfica ou editorial (Carranza 2005). Em 1999, o jovem sacerdote participa de um programa televisivo do Gugu numa praia de João Pessoa onde comandou uma multidão de banhistas a cantarem e dançarem suas músicas, já bastante divulgadas em CDs. Este evento leva Souza ao seguinte comentário: "algo inimaginável no catolicismo alguns anos atrás" e a especular sobre essas recentes interações entre sagrado e profano (2005, p. 56)

Mas é na fórmula dos grandes show-missas que a combinação entre mídia e religião adquire sua plenitude. Iniciados em 1999 no Santuário do Terço Bizantino, estes show-missas tiveram outras versões de 1999 a 2002 no espaço mais amplo do Aeródromo de Interlagos, sempre com número crescente de público e de audiência (Souza 2005, p. 53-61). Os eventos foram antecedidos por vinhetas exibidas durante a programação da Rede Globo na semana anterior aos mesmos e nos telejornais desta emissora. O modelo do espetáculo-religioso tem seguido o mesmo esquema: primeiramente uma missa com a presença de autoridades eclesiásticas e cantores de confissão católica como Roberto Carlos e Agnaldo Rayol, entoando canções dentro da liturgia, e em seguida o show propriamente dito comandado pelo padre Marcelo. Nele figuraram cantores, duplas e bandas da música popular brasileira, como Chitãozinho e Xororó, Sandy e Júnior, Sérgio Reis, Agnaldo Rayol, *Fat Family*, Daniel, Roberta Miranda, Joana, Bruno e Marrone, Rick e Renner, assim como o próprio Padre Marcelo com suas conhecidas *performances* do "Iê-iê-iê de Jesus" e do "Vira do Senhor" (Souza 2005, p. 53-61).

Por seu lado, também a hierarquia eclesiástica tem participado ativamente, consentindo, participando e promovendo este esforço de inserção do catolicismo na evangelização de massa via mídia. É notória a presença de arcebispos e bispos, como Dom Fernando Figueiredo, Dom Heitor Sales, Dom José Maria Sobrinho e Dom Eugênio Salles nestes eventos – pelo menos na parte mais comedida dos mesmos, a missa – como também a sua promoção em estádios de futebol, parques de exposição, municipais e estaduais, com a participação não apenas de cantores populares, mas do próprio pessoal eclesiástico envolvido com esta nova modalidade de sacerdócio: os padre-cantores. Estes, além de Marcelo Rossi, os padres, Zezinho, Antonio Maria, Zeca, Jorjão e Jonas Abib (Souza 2005, p. 53-61; p. 63-75).

Fruto desse processo que se inicia na década de 90, as devoções católicas encontram-se hoje na sua grande maioria articuladas às novas tecnologias da linguagem televisiva, virtual e cibernética (Lopes, 2003) e a estilos da vida moderna.

Segundo Silveira (2004), o culto aos santos está presente na Internet em *sites* de diversas dioceses e ordens religiosas. E uma prova da opção da Igreja católica pela linguagem virtual para praticar seu "culto dos santos" foi a consagração pelo papa João Paulo II de Santo Isidoro de Sevilha como o padroeiro da Internet. Mas é nos *sites* dos movimentos ligados a RCC que o fenômeno ganha toda a sua dimensão.

O portal da Comunidade Canção Nova termina com o *link* intitulado "Santo do Dia", com uma pequena imagem, biografia e oração do santo comemorado pela Igreja. Além disto, traz *links* especiais que podem incluir uma história detalhada da vida dos santos, peregrinações virtuais, testemunhos em tempo real, via sacra *on line*, salmo virtual declamado ou musicado, velas virtuais acesas (Silveira 2004). A pesquisa de Mabel Pereira (2004) constata a existência de devoções a santos católicos em "altares virtuais" que recebem "visitas" de seus fiéis, que deixam virtualmente nestes *sites* velas, incensos, pedidos de graça e votos de agradecimento. Assiste-se a um processo de imbricação destas práticas religiosas com estilos e *ethos* da vida laica moderna: das técnicas corporais das "aeróbicas de Jesus", dos "show-missas", dos trio-elétricos de oração, das bandas de *rock*, dos "barzinhos de Jesus".

Todo esse formato "ultramoderno" envolvendo um conteúdo conservador de oposição aos costumes mundanos como "sexo livre" antes do casamento, uso de preservativos, homossexualismo etc. Toda uma ênfase de recusa ao "pecado" combinada com uma lógica moderna subjetivista, como o lema "por hoje não vou mais pecar" (PHN) adaptado do lema (subjetivista) dos "Alcoólicos Anônimos" ou com dizeres em camisetas como "virgindade: uma opção". No texto de Silveira (2004) são mostradas apropriações da linguagem virtual e da terminologia juvenil como estilos da evangelização carismática, como o *site* da Canção Nova com uma sala de bate-papo virtual onde a conversa é pontuada por expressões "Jesus é maneiro", "só Jesus manda bem" e os *nicknames* dos internautas são "sódejesus", "orandoporvc", "anjointernauta", "amadopordeus" etc.

Da mesma forma, até a austera e ascética Toca de Assis – comunidade de inspiração carismática de jovens "neo-franciscanos" que se retiram da vida burguesa para viver junto aos pobres, vestidos em andrajos medievais e tonsurados – incorpora-se a uma sensibilidade de comunicação difundida nos meios jovens que é o *quiz*. Em sua revista

"Toca", ao comemorar os dez anos de consagração das primeiras irmãs "toqueiras", a matéria da entrevista segue o estilo *quiz*, com perguntas tipo *ping-pong* como: comida preferida, música, filme, fato engraçado, uma frase etc., com respostas "espirituais" embutidas nestes conteúdos prosaicos (Portella 2007, p. 138).

Tudo isso entremeado pela experiência místico-carismática dos "batismos" e "repousos" no Espírito, que se dão pela irrupção de um *boom* de mística (Steil, 1999), não mais restrito a poucos eleitos, profetas e místicos da Igreja como Santa Teresa D'Ávila ou São João da Cruz, mas um fenômeno de massa, onde qualquer um pode ser tocado pelo "dom" de orar em línguas, "repousar no Espírito", curar e profetizar. Todas essas experiências e eventos divulgados por uma tecnologia "de ponta" das FMs, TVs a cabo e *sites* de *internet*.

Capitular ou utilizar a mídia em prol da religião

A partir de um estudo do fenômeno do Padre Marcelo Rossi que se desdobra numa ampla discussão sobre as articulações do catolicismo com a mídia na sociedade contemporânea, Carranza defende um ponto de vista bastante instigante sobre esta questão. Sua análise utiliza-se de um diversificado leque de autores do campo da sociologia da cultura e da teoria da comunicação, como Theodor Adorno, Max Horkheirmer, Stuart Hall, Edgar Morin, Martin-Barbero, Manuel Castells, Guy Debord etc., para avaliar o uso por parte do catolicismo tradicional da mídia moderna e demonstrar que não se fica impune à lógica do mercado, mesmo que se queira "sacralizá-lo" e utilizar-se dele para fins santos, pois a mídia:

> "... não é puro 'instrumento neutro' a serviço de quaisquer interesses, ela é, em si mesma, uma instituição produtora de sentidos com uma lógica própria de interpretação e construção da realidade (...) portanto sua apropriação como meio evangelizador não a isenta dessa lógica" (Carranza 2005, p. 192).

Dessa maneira, para Carranza, a mídia almeja dessa relação com o catolicismo apenas mais um público alvo e nicho de mercado (2005, p. 192-193). Neste particular não se pode esquecer a observação de Souza de como os índices de audiência dos programas televisivos que transmitiam as missas do Padre Marcelo elevaram-se na pontuação do IBOPE (2005, p. 52).

Portanto, segundo Carranza, não basta a Igreja querer "batizar" o conteúdo profano da mídia, pois "no momento em que se participa [do uso dos MCM (meios de comunicação de massa)] se é integrado na sinergia do próprio meio, entrando nas suas exigências e disso ninguém escapa" (2005, p. 226). Se de fato é a lógica do consumo que articula e organiza toda a estrutura da cultura midiática, como então evangelizar por meio da mídia sem se deixar afetar pela lógica e cultura que a gera? (2005, p. 392). Desta forma, para a autora, a Igreja termina sofrendo "a síndrome do feitiço contra o feiticeiro" (2005, p. 394), pois como não é possível "sacralizar" os meios de comunicação de massa, separá-los de sua lógica e cultura, estas terminam englobando a cultura religiosa, submetendo-a aos ditames da primeira. Na verdade, ocorre neste caso o que a música de uma conhecida banda de *rock* brasileira já preconizava: "o papa é pop, [mas] o pop não poupa ninguém!"

Os dados que se seguem, provenientes da pesquisa de Souza (2005), são exemplos eloquentes desta "colonização" que a lógica midiática e o *marketing* efetuam por sobre o domínio da religião quando dioceses católicas realizam campanhas publicitárias com inserção na mídia e com *outdoors*, assessoradas pelo já citado "marketeiro" católico Antônio Kater Filho, autor do livro "O Marketing aplicado à Igreja Católica". Estas campanhas visam enquadrar o trabalho pastoral em planos de metas e de "qualidade total", usando técnicas para identificar necessidades de um público alvo (*target*) e extrair deste um resultado (2005, p. 108-110). Aqui a religião perde sua motivação e dinâmica própria, embalada no compromisso e na gratuidade – o dízimo é obtido não (apenas) pela exortação religiosa, mas por uma técnica externa que busca atingir sub-repticiamente este público –, para se converter à lógica das estratégias mercadológicas.

Uma apropriação teórica distinta do mesmo fenômeno é a que realiza Braga (2004) ao estudar a TV Canção Nova (2004), quando aponta para uma "prática de consumo não consumista" de bens e artigos religiosos (CDs, camisetas, bonés) através da Canção Nova, pois este circuito de consumo estaria subordinado a um "projeto divino", ainda que a compra seja para uso próprio e para a satisfação. Segundo seus promotores da Canção Nova, ele "faz parte da missão de levar Deus às pessoas" (2004, p. 122). Funcionaria neste caso a dinâmica da preeminência do sagrado por sobre a razão secular, como na decisão de não fazer inserções publicitárias (de bebidas alcoólicas, cigarros, e outros objetos de prazer) contrárias à sua mensagem religiosa – enquanto pecaminosas e diabólicas –, ou na decisão de entregar a gerência dos negócios da TV à "providência divina". Desta maneira, a linguagem de marketing passa por uma "conversão" que a liberta do consumismo e hedonismo enquanto veículo de propagação religiosa. Embora aplicado apenas ao fenômeno "Canção Nova", este argumento de Braga aproxima-se do de Silveira (2003), quando analisa as "festas de santo" dos jovens carismáticos, e também do de Eliane Oliveira (2004), que estuda as comunicações entre a RCC e a Nova Era, ambos apontando nestes eventos um movimento de "sacralização do profano" (2004, p. 89).

Observa-se também que, mesmo nos eventos constituídos dentro do formato dos meios de comunicação e mídia, um fio "religioso" se encontra constantemente atravessando esta configuração, a despeito do revestimento secularizador que o recobre. O show-missa é comandado pela figura necessária de um padre e todas as suas *performances* guardam o *label* "de Jesus", e o estoque simbólico dos programas radiofônicos e televisivos é todo de matriz católica como bênçãos, sacramentos, apelos ao "sangue de Jesus", ao "coração de Maria" e ao Espírito Santo. Convém lembrar que nos intervalos dos filmes do padre Marcelo realiza-se atos religiosos como: pregações de Dom Fernando Figueiredo, missas e bênçãos coletivas a profissionais e figurantes pelos dois sacerdotes (Carranza 2005, p. 41, nota 42).

No entanto, para uma análise do fenômeno em toda a sua complexidade, tem-se de reconhecer nele a presença de uma "via de duas mãos" (ideia de *bidireção* que será desenvolvida adiante) ou também a presença de uma dinâmica de empréstimos e influências mútuas entre os dois pólos da relação: religião e midia. Neste sentido, até mesmo Carranza reconhece a realidade do "entrecuza[mento] de maneira complexa [de] tantas dimensões" em torno deste fenômeno (2005, p. 395) e admite que "se o religioso é transformado no entretenimento espetacular (...) nos *shows missas* e nos *megaeventos* do Padre Marcelo, observa-se que na mídia televisiva é *o entretenimento que se transforma em religioso*, mostrando mais um vez a complexidade da interação entre mídia e religião" (2005, p. 308, grifo meu). Em outra passagem do seu texto, sobre a presença do padre Marcelo na TV, a autora observa que "nela o entretenimento adquire feições de religiosidade" (2005, p. 314).

Dentro desta perspectiva, evoca-se aqui a interpretação de Carlos Steil em um texto sobre o turismo da época natalina nas cidades de Gramado e Canela – neste particular a questão da mídia e religião não mais sob a hegemonia do catolicismo, mas de um "sagrado difuso" – em que ele observa que pela mediação do mercado, indivíduos turistas-religiosos obtêm uma experiência de espiritualidade. Isto se dá por meio de "um sagrado ancorado na religião do *self*, nas formas destradicionalizadas, onde as mercadorias, o lazer, o espetáculo se tornam instrumentos indispensáveis para produzir significados espirituais e morais" (2003, p. 13). Mesmo nesse fenômeno pode-se divisar uma presença católica (através do seu clero), que guarda com a situação uma posição ambígua entre condenar o conteúdo da mensagem e recuperar, por outro lado, o estilo pelo qual é veiculada:

> "Curioso notar que, ao mesmo tempo que o mercado é apontado pelo padre como elemento deturpador do sentido de natal, justamente uma prática de mercado – o marketing – é proposta [por ele] como instrumento de uma possível recuperação do sentido sagrado da festa: *marketing de fé*.

Isto nos faz pensar que o próprio clero estaria reconhecendo a necessidade do mercado como mediação para o sagrado. E que talvez, mais do que a natureza da mediação, o que incomoda aos agentes religiosos seja a perda do monopólio institucional sobre a mediação do sagrado" (2003, p. 12).

Alternativas provisórias aos impasses e dilemas da relação da Igreja/catolicismo com modernidade/sociedade de consumo

O fundo dessa questão está no que Carranza definiu como dilemas entre a Igreja católica e a modernidade (2005, p. 192), ou seja, as ambiguidades da Igreja com respeito à sociedade moderna na sua postura de condenação e confronto em relação ao sistema de valores secularizados e modernos (condenação do aborto, da eutanásia, dos preservativos como método de contracepção e de proteção contra a AIDS, das experiências com células-tronco, do homossexualismo, a defesa da virgindade, do celibato etc.), ao mesmo tempo em que busca os veículos modernos "de ponta" para a divulgação de suas ações de evangelização e presença no mundo.

Uma alternativa de interpretação para este dilema situa-se na condição *pós-tradicional* deste fenômeno, no sentido que lhe emprestou Anthony Giddens (2001), da *reflexividade*. Ou seja, na medida em que a tradição (no caso a tradição católica) necessita justificar sua presença para se legitimar dentro da lógica da modernidade, ela perde seu caráter de dimensão dada, fundada em si mesma e então já se configura como inserida em contexto pós-tradicional. Desta maneira, vê-se que este "catolicismo midiático" e carismático acessa, sim, a tradição, mas pela via da escolha e da experiência subjetiva e não mais por uma imperiosa imposição atávica.

No entanto, a irrupção da reflexividade à maneira carismática-midiática não leva necessariamente à *destradicionalização* (Steil 2003, p. 29-51), mas a uma *convivência* e *negociação* entre *autonomia* e *tradição*. Percebe-se aqui, então, uma *composição* entre patrimônio tradicional e subjetividade reflexiva que se reflete nas frases estampadas em camisetas e bonés "da cultura pop" envergadas por jovens carismáticos: "Castidade: Deus quer, você consegue!" (Carranza, p. 178).

Por fim, um outro caminho fecundo para se enfrentar esses dilemas que o fenômeno do "catolicismo midiático" nos coloca pode ser a reflexão que Colin Campbell (2001) propõe no seu livro ao estabelecer uma relação entre duas dimensões aparentemente contraditórias: "a ética romântica e o espírito do consumismo moderno". À maneira weberiana, ele pretende demonstrar "afinidades eletivas" entre certas ideias e visões de mundo (da ordem dos sentimentos e sensações) de um lado, e ações sociais (de caráter utilitário, econômico) de outro, a princípio díspares entre si. Procura ver a ética romântica na sua faceta idealista e altruísta e o consumismo traduzido em expressões egoístas e hedonistas numa relação *tensa* e *complementar*.

Numa análise historicista que cobre do século XVII ao XX com foco na Europa, Campbell postula que, seja entre os puritanos ou deístas e românticos do século XVII, uma preocupação idealista e moral em desenvolver sentimentos de bondade e benevolência desembocou em fruição destes mesmos sentimentos como "autocongratulação", "autoadmiração", enfim, egoísmo e autossuficiência (p. 297-298). Mas também considera, noutra direção, que um estilo estético da época em que as pessoas imaginavam-se encarnando em personagens e papéis equivalentes a ideais de perfeição ensejava que, no prazer da contemplação desta autoimagem, as mesmas se sentissem encorajadas na crença de que possuíam qualidades semelhantes. E desta forma procuravam uma "conduta de confirmação" desta imagem em ações concretas de benevolência (2001, p. 297-300), enfim, partia-se do prazer e chegava-se a uma atitude moral!

Desta forma, para Campbell, numa análise de cunho *bidirecional* (2001, p. 204), as duas formas são apresentadas como "inextricavelmente associadas" (p. 302), de sorte que impulsos éticos e "espirituais" são experienciados como um hedonismo de componente narcísico e desejos de prazer são vividos como realização de ideais sublimes. Como afirma o autor:

"... as preocupações hedonísticas levavam ao idealismo consigo mesmo e as de cunho ético criavam oportunidades de hedonismo" (2001, p. 302).

"... se o romantismo (...) tornou possível o hedonismo moderno, então o espírito do hedonismo (...) também operou para dar origem a erupções de fervor romântico" (2001, p. 302).

Portanto, prazer e egoísmo, sentimentalismo e altruísmo estão mutuamente interpelando-se e influenciando-se.

Por um lado, um aperfeiçoamento moral pode ser desenvolvido – como um recurso simbólico – através do consumo de produtos, quando o indivíduo converte predominantemente um produto em significados e imagens altruístas (2001, p. 284). Por outro, caso prevaleçam interesses materialistas e utilitários, até os produtos culturais românticos, como poemas, romances e música podem servir como meros instrumentos de "recreação e lazer", com fins de "superar o tédio" (2001, p. 303).

Desta maneira, para Campbell, "os românticos, às vezes, podem ter ajudado o comercialismo, [e] os interesses comerciais podem inadvertidamente também ter agido com o fim de promover o romantismo" (2001, p. 303).

Concluindo, se se toma, então, de forma *bidirecional* o fenômeno que está se observando, do catolicismo conservador em sua expressão midiática, vê-se, de um lado, o desenvolvimento de determinadas lógicas e práticas do meio secularizado em nome de um ideal religioso/espiritual redundar em realidades onde o "espiritual", o "interior" resultam colonizados por essa ordem materialista, utilitária e pragmática. E, de outro lado, vê-se como que a partir de recursos e artefatos do meio técnico do consumo pode-se chegar a processos "imaginativos" que se passam no plano do indivíduo e proporcionam um prazer de cunho "espiritual".

Enfim, ofertas de "cultura de massa" em programas radiofônicos, televisivos e virtuais que falam ao "interior" dos seus consumidores podem proporcionar um estilo raso e superficial e gerar simplesmente um modismo, quando um ideal de vida se expressa apenas em hábitos banais, formas de lazer e recreação. Por outro lado, podem igualmente levar a um processo na direção da formação de uma "identidade", de um *self*, que se expressa como uma consciência moral diante de si e do mundo.

Referências bibliográficas

AMARAL, Leila. *Deus é pop: sobre a radicalidade do trânsito religioso na cultura popular de consumo*. In: Paulo D. Siepierski & Benedito M. Gil (orgs.). *Religiões no Brasil: enfoques, dinâmicas e abordagens*. São Paulo: Paulinas, 2003, p. 97-108.

ANTONIAZZI, Alberto. *O Catolicismo no Brasil*. In: *Sinais dos Tempos: Tradições Religiosas no Brasil*. Caderno do ISER n. 22, Rio de Janeiro, ISER, 1989, p. 13-35.

BERGER, *O Dossel Sagrado*. São Paulo: Paulus, 1985.

BRAGA, Antônio Mendes C. *TV Católica Canção Nova: 'Providência e Compromisso' X 'Mercado e Consumismo*. In: Religião e Sociedade, vol.24/1, 2004, p. 113-123.

CAMBELL, Colin. *A ética romântica e o espírito do consumismo moderno*. Rio de Janeiro: Rocco, 2001.

CARRANZA, Brenda. *Movimentos do Catolicismo Brasileiro: cultura, mídia e instituição*. Tese de Doutoramento, Universidade Estadual de Campinas, 2005.

DELLA CAVA, Ralph; MONTERO, Paula. *E o verbo se faz imagem: Igreja católica e os meios de comunicação no Brasil 1962-1989*. Petrópolis: Vozes, 1991.

GIDDENS, Anthony. *Em defesa da sociologia: ensaios, interpretações e tréplicas*. São Paulo: UNESP, 2001.

LÉVI, Pierre. *Cibercultura*. São Paulo: Ed. 34, 1999.

LOPES, José Rogério. *Imagens e Devoções no Catolicismo Brasileiro. Fundamentos Metodológicos e Perspectivas de Investigação*. In: *REVER* n. 3, 2000. Site www.iesb.br/sipec/revista.

OLIVEIRA, Eliane Martins. *O mergulho no Espírito Santo*: interfaces entre o catolicismo carismático e a Nova Era *(o caso da Comunidade de Vida no Espírito Canção Nova)*. In: Religião e Sociedade, vol.24/1, 2004, p. 85-112.

ORO, Ari Pedro. *Avanço Pentecostal e Reação Católica*. Petropolis: Vozes, 1996.

ORO, Ari Pedro; STEIL, Carlos Alberto. *O comércio e o consumo de artigos religiosos no espaço público de Porto Alegre*. In Patrícia Birman (org.). *Religião e Espaço Público*. São Paulo: CNPQ/Pronex, Attar Editorial, 2003, p. 309-331.

PEREIRA, Mabel S. *Orientações episcopais por meio de escritos pastorais: circular resrvfada de Dom Silvério Gomes pimenta (12919) e carta pastoral de Dom Justino José de Santa'Ana (1949)*. In MIRANDA, Beatriz V. Dias; PEREIRA, Mabel S. (orgs.). *Memórias Eclesiásticas: documentos comentados*. Juiz de Fora: Edições UFJF, 2000, p.65-74.

_____. *O Culto dos Santos Católicos no Brasil: permanências e novas combinações*, 2004 (Mimeo).

PORTELLA, Rodrigo. *Vinho Velho em Odres Novos: a Toca de Assis e as novas sensibilidades religiosas*. Projeto de Qualificação, Programa de Pós-Graduação em Ciência da Religião, Universidade Federal de Juiz de Fora, 2007, 156 p.

SILVEIRA, Emerson J. Sena. *A 'posse do Espírito': Cuidado de si e salvação. Uma análise do imaginário da Renovação Carismática Católica*. In: *Rhema*, v. 6 n. 23, 2000 [a], p. 143-169.

_____. Tradição e modernidade: um estudo dos rituais, subjetividades e mito de origem da Renovação Carismática Católica. (dissertação de mestrado), Juiz de Fora: Univ. Federal de Juiz de Fora, ICHL, Dep. Ciências da Religião. 2000 [b].

_____. *O 'Pop' no espírito. Festa, consumo e artifício no movimento carismático/pentecostal*. In: Mabel Salgado Pereira & Marcelo Ayres Camurça (orgs.). *Festa e Religião: imaginário e sociedade em Minas Gerais*. Juiz de Fora: Templo Editora, 2003, p. 137-158.

_____. *Católico.com: a presença dos carismáticos na Internet.* In: XXIV Reunião Brasileira de Antropologia, Olinda, Pernambuco, junho de 2004 (Mimeo).

SOUZA, André Ricardo. *Igreja in Concert. Padres cantores, Mídia e Marketing.* São Paulo: Annablume, FAPESP, 2005.

STEIL, Carlos. *Peregrinação e Turismo: o Natal em Gramado e Canela. XXII Reunião Anual da ANPOCS,* GT Religião e Sociedade 16, 1998 (Mimeo).

_____. *A Igreja dos Pobres. Da Secularização à Mística.* In. *Religião e Sociedade* n. 19/2, 1999, p. 61-76.

_____. *Peregrinação, Romaria e Turismo Religioso: raízes etimológicas e interpretações antropológicas.* In: Edin Sued Abumanssur (org.). *Turismo Religioso. Ensaios antropológicos sobre religião e turismo.* Campinas, SP: Papirus, 2003, p. 29-51.

A RCC NA UNIVERSIDADE: TRANSFORMANDO O CAMPO DE CONHECIMENTO EM CAMPO DE MISSÃO

Carlos Eduardo Procópio[1]

Introdução

Este capítulo busca apresentar algumas condições propícias ao desenvolvimento de um projeto de evangelização católico-carismático nas universidades brasileiras. Procurando identificar as principais raízes dessa evangelização, num primeiro momento se fará uma breve reflexão acerca dos contextos da universidade e da Renovação Carismática Católica (RCC), para, em seguida, apresentar uma análise do surgimento e do desenvolvimento do Movimento dos Grupos de Oração Universitários (GOUs). Por fim, será apresentado o modo como a RCC, por meio dos GOUs, "negocia" com a universidade a transformação desse campo de conhecimento em um campo de missão.

---

[1] Mestrando em Ciência da Religião da UFJF, graduado em Ciências Sociais, com especialização em Ciência da Religião pela mesma universidade. Pesquisador desde 2004, vinculado ao Núcleo de Estudos em Religião, Cultura e Sociedade (NERCS), do Programa de Pós-Graduação em Ciência da Religião (PPCIR/UFJF). Agradeço o convite para fazer parte desta publicação. A Brenda Carranza e a Marcelo Camurça agradeço, ainda, pelas sugestões e críticas às versões anteriores deste trabalho.

Contextos

Se por um lado o *modus operandi* da universidade oscila entre um modelo que visa a formar uma elite dirigente que venha a ditar os rumos da sociedade e um modelo que vai no sentido de atender as exigências de um mercado capitalista que demanda mão de obra qualificada, por outro, a Igreja Católica, na tentativa de retomada das posições hegemônicas no âmbito social, tem levado a RCC a procurar inserção nesse espaço. Com isso, esta tenta dupla negociação com esses modelos presentes na universidade, e procura, com isso, ampliar suas fronteiras de influência e consolidar seu projeto de renovação.

As redefinições no interior da universidade que levaram à valorização e à necessidade de se ampliar o exército de mão-de-obra especializada (Almeida 2004, p. 4) tiveram como marco as mudanças ocorridas com a reforma universitária, implementada a partir da década de 1970. Esta ampliou o ensino superior no país, massificando o acesso a ele e criando novas demandas que não mais se resumiam à formação de uma elite dirigente. Nesse sentido, às preocupações com a vida social, política, econômica e cultural do país difundidas nesse modelo de universidade, são incorporadas outras em torno da qualificação profissional para o exercício de funções especializadas no mercado de trabalho.

À medida que a qualificação para esse mercado vai ganhando importância, o potencial de transformação social presente no jovem universitário vai perdendo espaço na universidade, apesar de permanecer em meio a alguns poucos movimentos organizados. O universitário que se via protagonista da vida política e social do país é relativizado, e passa a compreender a formação em nível superior como mais uma função a ser desempenhada na sociedade de mercado. Nesse contexto, os universitários vão deixando de se envolver com grupos políticos e religiosos voltados para ações concretas de transformação da realidade respaldadas em conteúdos programáticos; ações estas que perdem espaço para a busca por aperfeiçoamento profissional (Almeida 2004, p. 5). Apesar desse cenário, a participação voltada à transformação da realidade permanece como um vetor importante para a militância do universitário, levando-o a compor as malhas de organizações políticas e religiosas empenhadas nessas ações[2], mesmo que seu conteúdo utópico perca gradualmente significado, face a esse novo modelo mais pragmático.

Loriza Almeida afirma que aí desabrocham novas formas de compromisso social e político (2004, p. 10), nas quais os universitários têm seus problemas agravados pelas "dificuldades de inserção profissional, readquirindo cada vez mais relevo outros problemas associados ao consumo de droga, à delinquência etc." (Pais 1993, p. 26). Nesse sentido, os espaços de sociabilidade construídos fazem das manifestações dos universitários "ações concretas (...), sinalizando para aspectos comuns da comunidade estudantil e universitária" (Almeida 2004, p. 13).

Nesse contexto aparecerão variadas formas de organização entre os estudantes universitários, que procurarão responder às problemáticas colocadas pelo meio em que estão inseridos, lançando mão tanto de novas formas de ação quanto resgatando antigas expressões consagradas nesse mesmo meio. Dentre essas formas de organização os GOUs se colocarão como uma resposta católica-carismática, negociando diretamente com as potencialidades do próprio meio universitário.

A Renovação Carismática Católica

Enquanto expressão de um projeto de renovação espiritual e social católico, e ao mesmo tempo em que fornece uma comunidade emocional para os sujeitos modernos por meio dos grupos de oração (Carranza 1998, p. 52), a RCC propõe um programa de renovação da sociedade motivado

---

[2] Os exemplos atuais dessas organizações na Universidade são os numerosos grupos ligados a partidos e correntes de esquerda, e também os grupos ligados à Igreja Católica que, além do GOU, conta com a Frente Universitária Lepanto.

por aquilo que Brenda Carranza chama de utopia reinstitucionalizadora. Esta é "permeada pela nostalgia das capacidades da igreja de ser referência decisiva dos comportamentos e das consciências dos indivíduos modernos" (Id. 2004, p. 125).

Procurando ter influência sobre a vida moderna, a RCC tenta inserir-se nos mecanismos que determinam seus rumos. Visando à ampliação das bases comunicacionais, a RCC está na mídia, por meio da qual a mensagem cristã pode ser levada (Carranza 2006, p. 85-86). Ela está na política, e procura compor um programa respaldado em valores e projetos cristãos para os candidatos ligados à própria RCC (Silveira 2005, p. 5). E ela está na universidade procurando explorar as potencialidades próprias desse meio, ou seja, a formação de um contingente de lideranças para a sociedade e a formação de profissionais qualificados para atividades de ponta no mercado de trabalho.

Tanto a mídia, a política e a universidade, como a própria RCC se configuram como sistemas cognitivos, cada qual com suas próprias visões de mundo. Estas visões são as formas com que esses sistemas cognitivos se apresentam no cotidiano, sendo seu ethos, seu estilo. Esse estilo é caudatário do conjunto de experiências acumuladas pelo sistema, e será responsável pela composição normativa que abrange o conjunto de sentidos presentes no sistema (Velho 1994).

Todavia, o conteúdo desses sistemas, ou seja, sua visão de mundo e província de significado, muda na relação com outros sistemas que, compartilhando visões de mundo e significados semelhantes, se influenciam mutuamente. Contudo, seria simplista demais admitir que essa influência mútua possa se dar *ad infinitum*. O fato de os sistemas se desenvolverem num mesmo campo de possibilidades contribui para influências mútuas, mas esse campo é demarcado por pontos de refração e por pontos de abertura, onde a influência será permitida (Luhmann 1998).

Para sua inserção na mídia, na política e na universidade, a RCC precisa "negociar" com realidades específicas; negociação esta que se torna possível à medida que os sistemas em questão possuam aberturas cognitivas que permitam a penetração de um no outro. Tais aberturas são forçadas pelos próprios sistemas que precisam se relacionar com outros ao seu redor. No caso da RCC pode-se falar da abertura cognitiva do próprio movimento que teve que se render aos valores da mídia, da política e da universidade para aí conseguir desenvolver suas atividades.

A RCC tenta ganhar espaço no meio universitário com a finalidade de, por um lado, resgatar a potencialidade militante e engajada do jovem universitário e, de outro, colocar em questão um modelo de ética profissional. Em ambos os casos, funcionado como um fator motivacional que permitirá o desenvolvimento de uma evangelização católica-carismática na universidade, visando a influenciar tanto na formação de um contingente de lideranças para seus projetos quanto na formação de futuros profissionais qualificados e éticos.

Surgimento dos GOUs

A RCC se insere nas universidades brasileiras por meio dos Grupos de Oração Universitários (GOUs) que, organizados a partir do Projeto Universidades Renovadas (PUR), tentam promover a evangelização católica-carismática, negociando com o cotidiano do ambiente universitário, ao mesmo tempo em que oferecem uma comunidade emocional aos estudantes nos intervalos entre aulas e pesquisas.

Enquanto comunidade emocional, os GOUs pretendem oferecer uma experiência íntima e profunda com Deus como ponto de partida para o desenvolvimento de uma religiosidade católica-carismática. Nesse sentido, o GOU se colocaria como uma família e procuraria socializar os universitários que, ao chegarem de suas cidades para cursarem o ensino superior, se sentissem deslocados à medida que se deparassem com outros estilos, a princípio, não condizentes com o seu estilo original de vida (Alvarenga 2002, p. 58; Gabriel 2005, p. 72-73).

Nos GOUs essa religiosidade leva também ao engendramento de compromissos, principalmente o de adequação nas atitudes e estilo de vida. Como será mostrado adiante, as consequências dessa experiência irão se refletir tanto na configuração de um estilo católico-carismático de militância quanto num modelo de profissional baseado numa ética religiosa.

Os primeiros GOUs surgiram durante a década de 1980. Desde então, a preocupação de seus participantes tem sido criar tanto espaços de fuga da racionalidade imperante nas universidades quanto espaços que possam pensar essa racionalidade conjugada a bases religiosas (Santos 2004, p. 50). Naquela época, o universitário que assumia sua fé católica-carismática, ainda que renunciasse a seu mundo, agia de forma propositiva sobre ele. Todavia, a organização desses grupos se restringia ao âmbito de cada universidade em que se faziam presentes. Somente em 1994 é que um movimento organizado em torno dos GOUs pôde ser configurado.

A partir dos GOUs que foram surgindo, outras atividades foram sendo desenvolvidas. Na Universidade Federal de Viçosa (UFV), por exemplo, os integrantes do GOU organizaram um retiro de carnaval nomeado SEARA, e que, desde 1989, congrega centenas de católicos-carismáticos, principalmente universitários. O GOU da UFV já contava com uma significativa experiência de evangelização universitária, pois, desde 1982, se mantinha firme em sua proposta de promover a religiosidade carismática naquela universidade.

O SEARA estava na pauta do GOU como uma das propostas para esse programa de promoção da religiosidade católica-carismática. Realizado no *campus* da UFV, o objetivo era "proporcionar momentos comuns de reavivamento espiritual e anúncio querigmático, mas sem deixar de lado a formação em áreas específicas" (Santos 2004, p. 54).

À medida que criava espaços de formação por meio de seminários temáticos, o GOU possibilitava a aproximação dos participantes com o projeto de renovação da Igreja e da sociedade, pretendido pela RCC. Em 1994, um desses seminários de formação foi organizado em torno do tema "RCC e Universidade", que acabou lançando as bases sobre as quais se constituiu o movimento de evangelização universitária com grupos de estudantes, que ficaria conhecido como Projeto Universidades Renovadas (PUR).

Foi por meio da figura de um ex-universitário da UFV, Fernando Galvani (também conhecido como Mococa)[3], que o movimento Grupos de Oração Universitários pôde ser configurado (Ibid., p. 59). Mococa estudou em Viçosa e, aí, participou do começo da experiência do grupo de oração da universidade, contribuindo com a organização e consolidação do SEARA. Seu envolvimento levou-o a desempenhar funções de liderança na RCC local e, depois, na equipe de jovens da RCC nacional, e foi seu empenho também que possibilitou a implementação do seminário "RCC e Universidade" naquele SEARA, em 1994 (Santos 2004, p. 59).

A implementação desse seminário resultou da conjugação de quatro eventos principais: 1) a experiência pessoal de Mococa que o levou à "revelação" da presença católica na universidade; 2) o desmantelamento da Equipe Nacional de Jovens da RCC, que já pensava um programa de evangelização universitária; 3) o apelo dos bispos na Conferência Episcopal Latino-Americana, em Santo Domingo, para que se evangelizassem as universidades; e 4) a relevância da universidade na gênese da própria RCC.

A "revelação" recebida por Mococa (ocorrida no primeiro semestre de 1990) teve origem numa reflexão que fazia sobre uma passagem do livro dos Atos dos Apóstolos, quando contemplava, ao mesmo tempo, um quadro que retratava Jerusalém e o *campus* da UFV. Essa atitude contemplativa levou-o a estabelecer comparação entre a universidade e Jerusalém, e entre os universitários católicos-carismáticos e os apóstolos dos primeiros tempos do cristianismo (Ibid., p. 59-60). O relato bíblico dizia: "Expressamente vos ordenamos que não ensinásseis nesse nome. No entanto, enchestes Jerusalém com a vossa doutrina, querendo fazer recair sobre nós o sangue desse

---

[3] O apelido é em razão de Fernando Galvani ser oriundo da cidade de Mococa, localizada no interior paulista (Santos 2004).

homem" (At 5,28). Para Mococa, tanto os universitários católicos-carismáticos quanto os apóstolos eram perseguidos naqueles espaços onde a falta de fé imperava, o que não foi, entretanto, razão suficiente para que os apóstolos e nem os universitários abandonassem suas iniciativas de disseminação da mensagem cristã. Ivna Santos afirmou que Mococa "foi levado a vislumbrar a universidade cheia da doutrina de Jesus [sendo] ali, naquele dia e num momento de oração, que o senhor iniciava a convocação aos universitários católicos a renovarem as universidades" (Ibid., p. 61). A divulgação dessa mensagem foi potencializada por outros três fatores que justificariam e dariam legitimidade ao projeto de evangelização na universidade.

O fim da Equipe Nacional de Jovens da RCC, em 1993, foi decorrente da organização, a partir do Conselho Nacional da RCC, de um projeto de evangelização católico-carismático chamado "Ofensiva Nacional", que converteu as equipes de jovens em projetos para atuação nas mais diversas áreas da sociedade (Carranza 2000, p. 45). A Equipe Nacional de Jovens foi incorporada ao Projeto Marcos – que passaria a se chamar Secretaria Marcos –, responsável pelo trabalho com a juventude.

O desmantelamento da equipe de Jovens, segundo Santos, foi "um banho de água fria" para Mococa (2004, p. 62), já que esperava um maior interesse da RCC pela universidade, que não foi diretamente contemplada na re-estruturação efetuada pelo Conselho Nacional. Mococa queria que a universidade fosse olhada com zelo, não só porque a RCC nasceu de uma experiência no meio universitário, mas também porque a Igreja Católica se mostrava interessada nesse meio e reclamava ações propositivas de seus fiéis sobre ele.

Em 1992, em Santo Domingo[4], os bispos já haviam se mostrado interessados na evangelização universitária, o que refletia uma posição da Igreja que "pedia,

---

[4] A IV Conferência Geral do Episcopado Latino-Americano realizada em Santo Domingo, na República Dominicana, em outubro de 1992, foi convocada por João Paulo II e teve como tema "Nova evangelização, Promoção humana, Cultura cristã", sob o lema: "Jesus Cristo ontem, hoje e sempre". Esse encontro foi realizado no contexto da celebração dos 500 anos do início

insistia e convocava católicos-carismáticos a se organizarem num grande mutirão de evangelização nas universidades, sobretudo, porque são nestes locais que se encontram os formadores de opinião, de cultura, das leis, os profissionais que se formam para áreas específicas de atuação na sociedade" (Santos 2004, p. 63).

O reconhecimento da necessidade de um maior empenho para a evangelização universitária soma-se ao fato de a RCC ter nascido numa universidade, o que leva Mococa a atribuir valor salutar a essa experiência. Investir na evangelização universitária seria poder divulgar a mensagem cristã e o projeto da RCC na sociedade, a partir do papel que o profissional que passou pela universidade desempenha (ibid., p. 63). É provável que Mococa houvesse pensado que o rápido crescimento da RCC tenha se dado, também, graças às atividades, ao status e ao engajamento dos universitários e ex-universitários que estavam em Duquesne, além, é claro, do *sopro do Espírito*.

O seminário "RCC e universidade" realizado no SEARA, em 1994, a partir do trabalho sobre aqueles quatro eventos, possibilitou a organização de uma agenda para a evangelização universitária, visando à implementação de GOUs nas universidades e a divulgação de um projeto católico-carismático para a vida universitária e profissional. Em consequência disso, esse encontro propiciou tanto a formação de um organismo central de assistência aos GOUs, o Projeto Universidades Renovadas (Ibid., 2004, p. 75), quanto o estímulo para se dialogar com a própria RCC em termos de inserção daquele movimento em sua estrutura organizativa.

---

da evangelização no Novo Mundo. Três seriam os seus objetivos: celebrar Jesus Cristo, ou seja, a fé e a mensagem do Senhor crucificado e ressuscitado; prosseguir e aprofundar as orientações das conferências anteriores realizadas em Medellín e Puebla; definir uma nova estratégia de evangelização para os próximos anos, respondendo aos desafios do tempo. A mensagem dos bispos dirigida aos povos da América Latina diz expressamente que a Nova Evangelização foi a ideia central de todo o trabalho da Conferência. Todos os fiéis, especialmente os leigos e jovens, são convocados para a Nova Evangelização. A IV Conferência Geral do Episcopado Latino-Americano quis traçar linhas fundamentais de "um novo impulso evangelizador, pondo Cristo no coração e nos lábios, na ação e na vida de todos os latino-americanos". É nesse contexto que a proposta de evangelização nas universidades ganha fôlego (CELAN 2007, p. 1-4).

Em 1995, o Movimento dos GOUs foi integrado por meio do PUR à Secretaria Marcos, responsável pelo trabalho com a juventude e transformada em Secretaria Lucas em 1998, por decisão do Conselho Nacional da RCC. Em 2003, o PUR foi convertido em Ministério Universidades Renovadas (MUR). Apesar de ter conseguido inserção na estrutura da RCC, o PUR/MUR mantém uma relação relativamente tensa com a organização do movimento católico-carismático, na medida em que deseja enfaticamente empossar seus membros dos cargos de direção desse movimento (Gabriel 2005, p. 61-62).

Além das iniciativas surgidas nas universidades a partir dos seus 661 GOUs espalhados por todos os estados do país, com exceção de Roraima, encontros nacionais, estaduais, regionais e retiros também fazem parte da estrutura do PUR/MUR (cf. www.pur.com.br). O primeiro Encontro Nacional de Estudantes Católicos Carismáticos, o ENUCC, realizado em 1996, imprimiu uma característica importante a todos os encontros e atividades do movimento dos GOUs: pequena centralidade nas lideranças nacionais, com valorização das unidades locais, o que possibilitou maior inventividade e autonomia com relação às atividades que se pretendem desenvolver, ainda que conjugados a um único projeto de renovação.

Desenvolvimento do Movimento dos GOUs

O objetivo do Movimento dos GOUs é promover a evangelização católica-carismática nas universidades. Para isso, os GOUs negociam com as forças da própria universidade, procurando penetrar as matrizes fornecedoras de sentido, propondo um estilo católico-carismático de ser universitário. Tais matrizes concordam tanto com a valorização da potencialidade transformadora do jovem universitário, imprimindo-lhe um sentido de militância, quanto com uma formação qualificada voltada ao exercício "profissional de ponta".

Desde sua origem, os GOUs e seu movimento se preocuparam em justificar e legitimar sua presença na universidade. Interagiam com a universidade na medida em que participavam na vida universitária por meio da política estudantil e de atividades de assistência e consultoria, deixando sua marca nos lugares por onde passavam. Em decorrência disso, conseguiram projetar-se em outros meios, tanto profissionais quanto religiosos, dando continuidade à função missionária realizada na universidade (Santos 2004, p. 49).

Resgatando a importância que a Igreja atribui à universidade, o Movimento dos GOUs consegue reforçar na sua esteira um sentimento de militância pautada na defesa e na ampliação do projeto católico de influenciar na sociedade, e encontra no ambiente universitário um espaço para difundir esse sentimento. Além de conscientizar os jovens universitários sobre sua relevante participação nas transformações da sociedade (Almeida 2004, p. 2-3), esse sentido de militância mantém entre eles a percepção de que fazem parte de um seleto grupo de indivíduos que conseguem chegar à universidade e que, por isso, devem assumir funções importantes na sociedade. É isso, aliás, o que explica o engajamento de muitos universitários em movimentos de inflexão política e social.

Num passado recente da Igreja Católica, esse sentido de militância potencializado no meio universitário, também foi utilizado por outros movimentos. Na década de 1900/1910 existiu a União Católica, que se configurou como uma reabertura "dos meios intelectuais ao catolicismo" (Beozzo 1984, p. 17), restringindo suas atividades, entretanto, à publicação da "Revista Social". Na década de 1920, surge o Centro Dom Vital, dirigido por Jackson de Figueiredo, e a Associação de Universitários Católicos (AUC), da qual fez parte Alceu Amoroso Lima. Ambos os organismos agiam não apenas por meio das Revistas "A Ordem" e "A Vida" (ibid., p. 21), mas tiveram muitos de seus quadros projetados na vida política do país. De acordo com Frater Matos, nessa época "a militância católica no Brasil adquiriu características de conquista" (1998, p. 194), levando a Igreja Católica a ter suas bases sociais e políticas novamente potencializadas.

Sob a regulação da Ação Católica, a partir da segunda metade da década de 1930, o meio universitário foi alvo das atividades da Juventude

Universitária Católica (JUC), que iniciou suas atividades em 1943, conheceu sua organização, expansão e consolidação na década de 1950, e entrou em crise com a hierarquia da Igreja Católica e se desfez na década de 1960 (Beozzo 1984, p. 35). A proposta da JUC era transformar a realidade brasileira, direcionando as ações de seus militantes para atividades ligadas à formação acadêmica das classes desfavorecidas, via MEB (Movimento de Educação de Base), e para atividades que visavam a debater e propor soluções relacionadas ao futuro da nação (Souza 1984; Costa 2007).

Após esse período, a militância católica ficou restrita às Pastorais Universitárias (Beozzo 2004, p. 133), que não chegaram às bases e efervescência dos movimentos precedentes. Uma militância mais incisiva estava presente nas Pastorais da Juventude (Sofoati, 2004), composta por muitos universitários. Hoje, ao lado do movimento dos GOUs, pode-se encontrar, ainda, a Frente Universitária Lepanto, outro movimento católico que marca presença no meio universitário[5], e é inspirado nas ideias do incisivo e polêmico Gustavo Corção.

Tanto no Movimento dos GOUs como em outros movimentos do passado e de hoje, aquele sentido de militância vai levar em conta um *telos* a ser alcançado, que na prática funciona "como apelo congregador e identitário para o fortalecimento e coesão" (Camurça 2006, p. 176). Esse *telos* se projeta para a realização de um fim último, que visaria uma redefinição estrutural. No Movimento dos GOUs esse fim seria o estabelecimento de uma "civilização de amor", pensada para ser realizada neste mundo.

---

[5] Criado em 1998 e nascido do anseio de jovens em defender a doutrina católica nas universidades, onde essa é mal compreendida e duramente criticada, busca implementar discussões sobre temas históricos, filosóficos, religiosos e políticos, correlacionando-os aos fatos atuais. Esse movimento propõe diálogo com os demais universitários e convida-os a enfrentar juntos os dias vindouros para geração atual. Pretende fazer história, afirmando e proclamando que a Pós-modernidade – como chamam os dias atuais – não será a era do caos e da anarquia, mas o tempo da restauração da Civilização Cristã, sem a qual o mundo soçobrará. A linha desse movimento pode ser considerada conservadora, já que faz constantes alusões à retomada de uma civilização cristã (Frente Universitária Lepanto, 2008).

A preocupação com a formação para o mercado de trabalho tem relação direta com as transformações que vêm ocorrendo na estrutura universitária, levando o universitário a mesma preocupação, se lhe apresentando "como desafio a necessidade de aquisição de outros conhecimentos além daqueles oferecidos pela própria universidade, que crie condições de competitividade no mercado de trabalho" (Almeida 2004, p. 5).

No que tange à profissionalização qualificada orientada para o mercado de trabalho presente nas universidades, as buscas recaem sobre a concorrência por uma vaga nesse mercado cada vez mais competitivo (Ibid., p. 5), onde os cursos são muitas vezes escolhidos pela sua viabilidade de empregabilidade (Carrano 2002, p. 144).

Essa configuração é compelida por disposições e atitudes de uma sociedade de mercado que estimula sua reprodução. Atitudes essas vinculadas à sedução pela propaganda de mercadorias, à supervalorização de uma identidade pessoal que seja flexível e compatível com as relações de trabalho atuais, e à ênfase nas satisfações a curto prazo, opondo-se àquelas que exigem projetos a longo prazo (Freire 2004, p. 76). Tudo isso configuraria, para Jurandir Costa Freire, uma nova disposição psicossocial para os sujeitos que estariam cada vez mais suscetíveis à adoção de posições utilitárias, individualistas e desenraizadas, sendo qualquer opção e posição adotadas apenas provisoriamente, cujo fim seria uma realização de si descompromissada (Costa 2004, p. 79).

A consequência disso no meio universitário é a concorrência que se instaura no seu interior, fazendo emergirem valores ligados ao niilismo, ao hedonismo e à permissividade (Silva 2001). Nesse sentido, aparecem na universidade disputas onde cada estudante estaria preocupado consigo mesmo, chegando "a adotar um comportamento sem regras, que muitas vezes implica desonestidade e individualismo" (Alvarenga 2002, p. 122), visando a facilitar seu acesso ao capital simbólico que o projetaria a cargos e funções privilegiadas no mercado de trabalho.

Um dos efeitos desse processo, tanto na universidade quanto na sociedade, é a perda de compromisso com a ideia do "bem comum", dando lugar a "uma cultura do imediato, do descompromisso consigo, com o outro e com o devir de todos" (Costa 2004, p. 85).

Contudo, no bojo desse contexto, resistências podem ser percebidas na medida em que "muitos começam a buscar refúgio [em outros espaços] que os afastem dos ideais de satisfação que dominam o imaginário do mercado e do consumo" (Ibid., p. 86). Ainda que não haja intencionalidade, essas atitudes "criam focos de contestação ao modo de vida hegemônico, pelo simples fato [dos sujeitos] redefinirem seus ideais de felicidade" (Ibid., p. 86).

Uma parcela do próprio mercado de trabalho valoriza "o perfil de profissionais com facilidade de relacionamentos, comunicabilidade, envolvimento com trabalhos voluntários" (Alvarenga 2004, p. 131-132). Nesse contexto, propondo um perfil profissional ético e compromissado com o outro, o Movimento dos GOUs coloca-se no fluxo dessa tendência, ao mesmo tempo que critica aquela situação de comportamento permissivo.

Um sonho de amor para o mundo

A busca por uma "civilização de amor" para este mundo indicaria, como o conceito de "fazer a revolução", critérios objetivos para militância (Camurça 2006, p. 177), e cujo enredo também acompanha as intervenções e os atos realizados pelos participantes do Movimento dos GOUs. Aqui, há convicção numa promessa teleológica em torno de uma sociedade melhor, configurando uma maneira indelével de ser católico-carismático, "caracterizada pela adesão e pela fidelidade à sua doutrina, [que pode ser] só comparada às dos mártires cristãos ou às religiões de inspiração messiânica" (ibid., p. 178).

O valor atribuído pelos participantes dos GOUs à teologia da graça, pensando o hoje como consequência do ontem e o amanhã consequência do hoje, mostra a valorização de uma concepção "etapista" para a constituição dessa "civilização de amor". Como se referiu Marcelo Camurça aos movimentos comunistas, e que para os GOUs também é valido, "de forma alguma se pode fruir simplesmente o tempo, pois a meta final se apresenta no horizonte como o objetivo a ser alcançado, marcando o cotidiano não como algo em si, mas como um momento parcial de um futuro a ser realizado" (ibid., p. 180).

Essa ideia de civilização de amor é potencializada pela certeza de que, depois de formados, os universitários possam assumir cargos de liderança na sociedade. No Movimento dos GOUs coloca-se a questão de que "não é segredo que a formação das lideranças da sociedade está diretamente ligada à vida acadêmica. A grande maioria dos que estarão à frente de um povo é cultivada e preparada para a realidade na estufa da universidade" (Pereira 2003, p. 50). Assim, uma vez que um universitário católico-carismático assumir alguma função de liderança depois de formado, deve empenhar-se na ampliação e consolidação do projeto da RCC de renovar a sociedade, não somente espiritual, mas também estrutural.

A construção dessa "civilização de amor" nasce no imaginário dos membros dos GOUs a partir do lema "um sonho de amor para o mundo". Esse lema surgiu durante o primeiro ENUCC, fazendo alusão ao relato do "sonho" de Mococa anunciado no SEARA, em 1994. Intrínseco ao Movimento dos GOUs, esse sonho está relacionado a algo que possa impulsionar o homem para a construção de uma realidade fundada nos valores do amor cristão, que levaria o homem à felicidade.

Para ser realizado, esse "sonho" pretende desenvolver um espírito missionário no universitário, no momento em que este passa a entender que existe um "plano de Deus" para sua vida e profissão. Quanto mais compreender esse plano, tanto mais o universitário acreditará que "ao se inserir no campo profissional, divulgará os fundamentos da doutrina [assumindo] a tarefa de testemunhar em seu espaço profissional a presença de Deus em sua vida [tornando-se] uma referência de comportamento" (Alvarenga 2004, p. 120).

Esse "plano de Deus" que fomenta o "sonho" nos GOUs está estreitamente ligado ao programa de evangelização católico-carismático. Tal programa vislumbra tanto uma ofensiva de reinstitucionalização católica como referência cultural (Carranza 1998, p. 48), implicando disputas com outras expressões religiosas (Prandi 1998, p. 97; Mariz e Machado 1994, p. 28), quanto a criação de espaços de sociabilidade que venham a permitir uma experiência religiosa que leve à redefinição do comportamento e do estilo de vida (Mariz e Machado 1994 p. 32; Silveira 2000[b]).

Uma vez motivado pelo "sonho" anunciado nos GOUs, o universitário volta sua ação à execução do "plano de Deus" de instituir uma "civilização de amor". Nesse momento, o Movimento dos GOUs, com seu sentido de militância e impulsionado pelo seu conteúdo utópico, permite que as orientações sejam estabelecidas a partir da transformação de conduta decorrente da transcendentalização da realidade, buscando "abalar, seja parcial ou totalmente, a ordem de coisas que prevaleça no momento" (Manheim 1976, p. 216).

Esse sentimento de militância certamente cairia no vazio se não existissem mecanismos com forte poder de atração, e que proporcionassem ao movimento uma identidade própria e *sui generis*, caracterizando seu compromisso com a doutrina e a agenda dela decorrentes. O Movimento dos GOUs, tal como ocorreu entre os movimentos comunistas, conjuga essa problemática no sentido de não deixar esvaziar seu conteúdo, construindo argumentos e exercitando uma memória coletiva em seus participantes.

Exercitar a memória coletiva seria colocar os sentidos em relação com o passado, objetiva e subjetivamente, a partir do estabelecimento de uma "linha crente". Essa linha crente era definida, de acordo com Danièle Hervieu-Léger, "por meio da transmissão e perpetuação da memória de um acontecimento fundador original" (1996, p. 10). A função dessa memória era fundamentalmente normativa e que se "expressa[va] (...) através da constituição de uma memória 'verdadeira', processo que se tornou central para a configuração de grupos sociais (Camurça 2003, p. 252).

Com o apogeu do processo de modernidade, essa memória entra em crise (Hervieu-Léger 1996, p. 13) relacionada à "sua transmissão e do passado como referência para explicar o presente" (Camurça 2003, p. 253). Assim, uma memória será construída pelo próprio sujeito que deseja estar engendrado (Hervieu-Léger 1996, p. 13), na medida em que quer "reconhecer-se fazendo parte de uma linhagem, com uma realidade que se aceita dada e se assume. [Nesse sentido], trata-se de desejar inserir-se numa linhagem, como um *construto* que se planeja e se elabora" (Camurça 2003, p. 254).

Visando evitar a diluição de sua memória, as instituições e os grupos sociais, sejam religiosos ou políticos (no caso das organizações comunistas), "esforçam-se através da aplicação de recursos simbólicos que lhes são próprios, em reconstruir uma 'linha de crença' de continuidade [chamada] de 'efeito de linha' ou 'reinvenção da linhagem'" (ibid., p. 258).

Os movimentos comunistas, quando engendravam um agir em torno da ideia de revolução (Camurça 2006, p. 177), faziam constante alusão aos êxitos das revoluções socialistas (soviética, cubana, chinesa, entre outras) realizadas como meio de criar, via resgate de uma memória, uma comunidade fortalecida e orientada para os fins desejados (ibid., p. 197). Nesse sentido, as práticas desses movimentos estariam relacionadas a leituras da realidade pautadas na teoria do materialismo histórico, a publicação de jornais e panfletos no sentido de instigar a sociedade para a insurreição popular, além da participação em campanhas eleitorais e organização de manifestações e mobilizações voltadas para o êxito do projeto revolucionário (ibid., p. 182).

No Movimento dos GOUs, a ideia de "civilização de amor" ocupa o lugar da ideia de revolução presente nos movimentos comunistas. Nesse caso, a memória resgatada está alocada nas experiências dos apóstolos do primeiro século e também nas comunidades formadas em torno dos santos católicos e religiosos que contribuíram para a defesa e o crescimento da Igreja. O apelido luquinhas[6], usado para designar todos os participantes do Movimento dos GOUs, reforça essa memória motivando os participantes

---

[6] Apelido decorrente do fato de o movimento dos GOUs estar organizado em torno da Secretaria Lucas.

a serem universitários, profissionais e evangelizadores, a exemplo de São Lucas que teria sido, além de médico, evangelista e testemunha de Cristo.

O "sonho" dos GOUs aciona o potencial diploma universitário conjugado a um ideal missionário. O imaginário do universitário católico-carismático é composto pela evidência de que o diploma leva seus portadores a posições privilegiadas na sociedade, sobretudo as de liderança (Gabriel 2005, p. 51). Uma vez consciente desse "sonho" de realização de uma "civilização de amor", o universitário visaria a influenciar as áreas estratégicas da sociedade que certamente ocupará quando formado.

Na prática, o "sonho" dos GOUs serviria como "base de formação para um corpo carismático de ponta: uma elite carismática política e religiosa" (Gabriel 2005, p. 83-84), contribuindo, assim, para a configuração de um contingente leigo, uma elite dirigente laica, um corpo intelectual (Silva 2001, p. 99) que, no limite, contribuiria para ampliar o projeto católico-carismático de renovação. O sonho da renovação proposta nos GOUs começaria pela potencialização de profissionais especializados, respondendo, assim, à "necessidade social de formação de um corpo de fiéis carismáticos profissionais que darão suporte especializado nas mais diferentes áreas ao desenvolvimento da RCC" (Gabriel 2006, p. 92).

Os primeiros efeitos da militância imanente aos GOUs podem ser vistos pelas iniciativas desse movimento ao pleitear funções de direção na RCC. Eduardo Gabriel afirma que "o destino dos universitários carismáticos ao sair da universidade, tendo passado pelo GOU, é inserir-se nas posições de liderança da RCC" (2005, p. 51). Segundo o autor, "não se trata de um desejo por uma simples aproximação na forma de atividades de evangelização, mas almejam um lugar de ponta em áreas estratégicas da RCC" (Gabriel 2005, p. 61-62) o que causa tensões com a hierarquia desta.

Uma outra consequência está atrelada ao desenvolvimento de grupos de fé e política, que têm como um dos objetivos o mapeamento das atividades a serem desenvolvidas e das propostas que deverão ser defendidas pelos universitários católicos-carismáticos na universidade, quando da sua participação nos diretórios e centros acadêmicos, e na sociedade, quando da sua participação em campanhas eleitorais. A intenção é salvaguardar os valores cristãos e colocar-se de forma incisiva nos debates sobre variadas questões, sobretudo as que vão de encontro aos princípios da moral católico-carismática, como o aborto, o homossexualismo, a eutanásia.

Aqui se dá uma aproximação com as prerrogativas institucionais da Igreja. Emerson Silveira afirma que "as posições políticas da RCC tendem a não se expressar por explícito, institucional ou direcionado a esta ou àquela ideologia partidária, ou este ou àquele candidato. Ao contrário, tendem a ser diluídas nos pronunciamentos oficiais da Igreja, acompanhadas (...) pelos diretores espirituais" (2005, p. 3). Mesmo que nos GOUs possam ser encontrados universitários ligados aos mais diversos partidos, é certo que estão muito bem afinados quando o assunto é defender os interesses da Igreja.

Contudo, a defesa da moral católica não se faz simplesmente por um mero exercício proselitista no nível do discurso. Para convencer outros universitários de que seus argumentos são plausíveis e legítimos, os membros dos GOUs lançam mão de fundamentos científicos e humanistas que venham corroborar suas proposições referentes ao tema em debate. Assim, acabam perfazendo-se atores incisivos na esfera pública da universidade, minando as empreitadas das forças contrárias aos ideais católicos de civilização, fazendo uso dos elementos presentes na própria universidade[7].

Um bom exemplo disso é o debate realizado entre membros do PUR sobre a questão do aborto. Os argumentos usados para deslegitimar essa prática estavam ligados primeiro a uma sistematização científica de que o aborto pode acarretar problemas à saúde da mulher, e que a vida começa já no momento em que o óvulo é fecundado. Em seguida passaram a usar

---

[7] Sobre o processo de participação em esferas públicas, o leitor pode debruçar-se sobre os trabalhos de Jürgen Habermas (2003) e Sérgio Costa (2002). Já sobre os modos com que os sujeitos buscam estruturar suas argumentações visando o convencimento de outros, o trabalho de Raul Magalhães (2002) é o mais elucidativo.

argumentos humanistas. Visto que a vida começaria já na fecundação, passaram a indagar sobre o direito inexorável de qualquer ser humano à vida, direito que deveria ser defendido.

Assim, a preocupação do militante dos Movimentos dos GOUs é a de formar para si uma consciência crítica que o subsidie na justificação da sua fé e de seus valores, também a partir de outros pressupostos. Ariana Pereira afirma que para o Movimento dos GOUs "não basta ter todas as respostas da Igreja na ponta da língua. É necessário ter as respostas científicas dentro da cabeça (...) não [havendo] valor em ser doutor da Igreja se não se é bom na mesma medida cientificamente e profissionalmente" (2003, p. 60).

Ética profissional

No interior dos GOUs se assume a ideia de profissão como vocação, no sentido empregado por Max Weber (2004), propondo um modelo de profissional que não se renda à sociedade reconhecida como espaço de corrupção moral, política, econômica, e que faça deste mundo um lugar de demonstração da graça recebida. Desse modo, podem-se compreender as razões pelas quais os GOUs defendem uma ação evangelizadora que possa "promover o surgimento de um profissional mais humano e ético" (Nóbrega 2006, p. 18).

Tal ética "é entendida como comprometimento do indivíduo com os princípios morais de comportamento, com a honestidade, a justiça, a solidariedade, o envolvimento profissional em termos de prestação de serviços especializados e de relacionamentos" (Alvarenga, op. cit., p. 121-122). O que se coloca em jogo para esse universitário católico-carismático é a promoção do "bem do irmão e da sociedade como fundamental no exercício de suas atividades" (Nóbrega 2006, p. 18).

O tipo de profissional projetado pelos GOUs tem de ser exemplar, voltado para a sociedade (Rosa 2007, p. 23-25), colocando-se atentamente diante dos problemas cotidianos (Santos 2004, p. 198) e ter a "capacidade de exercer suas atividades tendo como base a ética cristã" (Rosa 2007, p. 51). Propondo um perfil profissional marcadamente compromissado com a ética e a moralidade que, necessariamente, envolve o outro, o Movimento dos GOUs age sobre o universitário levando-o a projetar-se como profissional voltado para o mundo, agindo no sentido de transforma-lo pela sua prática renovada (Alvarenga 2002, p. 31).

Esse profissional é absorvido pela fatia do mercado que demanda comprometimento com o outro no desenvolvimento do trabalho. Na medida em que nos GOUs coloca-se a proposta de vivência ética da profissão, fazendo com que o outro seja englobado na dimensão do trabalho profissional, "abre-se a possibilidade de pensar a religião também como uma forma de qualificação profissional, [pois] confere ao sujeito uma visão mais humanista e solidária" (ibid., p. 132).

De acordo com Peter Beyer, umas das funções da religião na sociedade moderna, que é a de comunicar o "sagrado", está diretamente relacionada com o seu desempenho, ou seja, com a aplicação que a religião venha a ter na resolução de problemas que estejam dentro dos sistemas alheios ao religioso. Para o autor, a religião tende a oferecer um serviço que seja útil a todos, lançando mão de normas e valores que venham a ser coletivamente comprometidos (1998, p. 400). A ética profissional proposta pelo movimento dos GOUs acaba se tornando uma aplicação religiosa efetiva, como diria Beyer (1998, p. 402), e tenta suprir os déficits existentes na esfera da vida profissional.

Ademais, esse tipo de profissional é factível em cada universidade onde os GOUs desenvolvem ações sociais e projetos de extensão, bem como assistência e consultoria estudantil. As ações sociais e os projetos de extensão estão ligados ao desenvolvimento de cursinhos populares e atendimento social e jurídico a comunidades carentes (Rosa 2007, p. 115). Já a assistência e consultoria estudantil, voltadas à comunidade universitária, resumem-se no apoio com aulas particulares e grupos de estudo, em disciplinas acadêmicas nas quais os estudantes apresentem dificuldades (Alvarenga 2002, p. 58).

Uma transformação na percepção dos jovens universitários dos GOUs está ligada a mudanças em suas ambições profissionais. Alguns que entraram na universidade visando a acumular conhecimento para ocuparem cargos rentáveis tiveram suas perspectivas redirecionadas para o desenvolvimento de atividades que pudessem contribuir para a melhora da sociedade e do próximo. Um exemplo disso é a experiência do próprio Mococa que, ao entrar na faculdade de veterinária, queria especializar-se em reprodução de animais puro sangue e que, ao passar pela experiência dos grupos de oração na sua universidade, decidiu aplicar seus conhecimentos no melhoramento genético de rebanhos nas regiões mais pobres do país (Santos, 2004).

Ao sair da universidade, o profissional ético e compromissado consegue encontrar espaços onde pode manter e reforçar suas perspectivas em termos profissionais. Esses espaços são, por exemplo, os Grupos de Partilha de Profissionais (GPPs) (Santos, p. 228), criados com o intuito de ser uma extensão dos GOUs, apesar de se constituírem mais como um ponto de referência para tratar os problemas dos profissionais católico-carismáticos em seu *metier*, que uma central articulada e munida de conteúdo programático de evangelização como o Movimento nas universidades.

Conclusão

Este capítulo pretendeu apresentar de forma breve os motivos e os modos pelos quais a RCC faz uso da universidade a fim de introduzir e promover seu projeto de renovação, negociando, para isso, com as forças da própria universidade.

Longe de intentar esgotar a reflexão sobre o tema, demonstrou-se que não basta à RCC ocupar o meio universitário com seus grupos de oração, mas, sobretudo, há que se repensar esse meio em bases católico-carismáticas, o que poderá viabilizar a transformação de um campo de produção de conhecimento em campo de missão.

O relativo êxito das atividades dos GOUs está, como foi apontado, de um lado, na negociação que faz a partir do sentido de militância presente nas universidades. Esse sentido de militância no Movimento GOUs está voltado para a realização de um *telos* católico-carismático. Essa dimensão motivacional transforma o campo do conhecimento da universidade em campo de missão na medida em que valoriza a condição do jovem universitário enquanto agente de mudança, estendendo sua capacidade de transformação aos espaços de liderança vislumbrados pelo universitário, uma vez que introjeta uma crença num *status* dirigente que seria consequência natural do fato de se ter cursado o ensino superior.

De outro lado, o profissional portador de uma ética cristã contribui para transformar o campo universitário em campo de missão quando faz da religião um complemento da sua formação acadêmica. No âmbito trabalhista, esse profissional daria prioridade às atividades ligadas à melhora do outro e da sociedade, recusando portar-se ou fazer parte de qualquer atividade que venha de encontro aos seus preceitos religiosos. Acompanhando uma tendência alternativa do mercado de trabalho, esse profissional não só consegue se realizar profissionalmente como também estimula outros profissionais a buscarem o mesmo estilo de vida. Isso motiva milhares de estudantes a colocarem a religião como complemento e diferencial frente ao mercado de trabalho, acompanhando suas constantes mudanças.

Assim, ambas as dimensões são partes da proposta da RCC de reinstitucionalização católico-carismática na sociedade. De um lado pela transformação da sociedade a partir do posicionamento profissional exemplar no mundo do trabalho, que coloca o jovem universitário como modelo e referência a ser seguido, e, de outro, pelas posições ocupadas na vida profissional que, quando lideranças, respaldam essas transformações por meio de estratégias que venham a valorizar um direcionamento cristão nos seus projetos.

Por fim, apesar de não ter sido intenção deste trabalho, vale apresentar algumas limitações acerca dessa proposta de reinstitucionalização católica por meio do Movimento de GOUs. Como acontece com os movimentos comunistas após a queda do Muro de Berlim, a utopia que motiva a militância dos universitários católicos-carismáticos pode perder o sentido quando estes não conseguem atingir, como pretendido, as posições de liderança na sociedade, ou quando suas perspectivas de transformação do mundo se apresentam sem influência no seu entorno. Mesmo as transformações via ética profissional poderão reduzir o potencial de reinstitucionalização pela RCC, quando os universitários católicos-carismáticos pretenderem da religião somente uma forma de autoaperfeiçoamento e não um elemento motivador que os leve a transformar a sociedade a partir dos valores da RCC e da Igreja.

Referências bibliográficas

ALMEIDA, Loriza Lacerda. *A juventude universitária e a nova sociabilidade: continuidade ou ruptura?* In: Congresso Luso-Brasileiro de Ciências Sociais, 16 a 18 de Setembro, GT Espaços, Territórios e Urbanidades. Coimbra, 2004, p. 1-15.

ALVARENGA, Elizabeth Gomes. *A religiosidade de universitários católicos carismáticos em Viçosa*. Dissertação (Mestrado em Extensão Rural) – UFV, Viçosa, 2002.

BEYER, Peter. *A privatização e a influência pública da religião na sociedade global*. In: FEATHERSTONE, Mike (org.). Cultura global: nacionalismo, globalização e modernidade. Petrópolis: Vozes, 1998.

BEOZZO, José Oscar. *Cristãos na universidade e na política*. Petrópolis: Vozes, 1984.

CAMURÇA, Marcelo. *Revolução e imaginário no ideário comunista*. In: SALGADO, Gilberto. Cultura e instituições sociais. Juiz de Fora: Ed. UFJF, 2006.

_____. *A sociologia da religião de Daniele Hervieu-Léger: entre a memória e a emoção*. In: TEIXEIRA, Faustino. Sociologia da religião: enfoques teóricos. Petrópolis: Vozes, 2003.

CARRANO, Paulo Cesar Rodrigues. *Jovens Universitários*. In: SPÓSITO, Marillia Pontes (coord.). Juventude e escolarização (1980-1998). Brasília: MEC/Inep/Comped, 2002.

CARRANZA, Brenda. *Renovação Carismática Católica: origens, mudanças e tendências*. In: ANJOS, Márcio Fabri dos. Sob o fogo do espírito. São Paulo: Paulinas, 1998.

_____. *Renovação carismática católica: origens, mudança e tendências*. Aparecida: Santuário, 2000.

_____. *Catolicismo em movimento*. In: Religião e Sociedade, Rio de Janeiro, v. 1, n. 24, p. 124-146, 2004.

_____. *Catolicismo midiático*. In: TEIXEIRA, Faustino; MENEZES, Renata. As religiões no Brasil. Petrópolis: Vozes, 2006.

CELAN, Conferência Geral do Episcopado da América Latina e do Caribe. *IV Boletim da Assessoria de Imprensa da CNBB*. Brasília, n. 14, 20 mai. 2007.

COSTA, Marcelo Timotheo. *Operação cavalo de tróia: a Ação Católica Brasileira e as experiências da Juventude Estudantil Católica (JEC) e da Juventude Universitária Católica (JUC)*. In: FERREIRA, Jorge; REIS, Daniel Aarão (Orgs.). As Esquerdas no Brasil: Revolução e Democracia 1964. Rio de Janeiro: Civilização Brasileira, 2007.

COSTA, Sérgio. *As cores de Ercília*. Belo Horizonte: Ed. UFMG, 2002.

GABRIEL, Eduardo. *A evangelização carismática católica na universidade: o sonho do grupo de oração universitário*. Dissertação (Mestrado em Ciências Sociais) – CECH/UFSCAR, São Carlos, 2005.

Frente Universitária Lepanto. Entrevista de Frederico Viotti à Revista Catolicismo, out. 2002. Disponível em: <*http://www.lepanto.com.br/EntrevistaLep.html*>. Acesso em 3 jan. 2008.

FREIRE, Jurandir Costa. *Perspectivas da juventude na sociedade de mercado*. In: NOVAIS, Regina; VIANNUCHI, Paulo (Orgs.). Juventude e sociedade: Trabalho, educação, cultura e participação. São Paulo: Editora Fundação Perseu Abramo/Instituto Cidadania, 2004.

HABERMAS, Jürgen. *Mudança estrutural na esfera pública*. Rio de Janeiro: Ed. Tempo Brasileiro, 2003.

HERVIEU-LÉGER, Danièle. *Catolicismo: el desafio de la memória*. In: Sociedad y religión, n.14/15, 1996, p. 9-28.

LUHMANN, Niklas. *Complejidad y modernidad: de la unidad a la diferencia*. Madri: Trotta, 1998.

MANHEIM, Karl. *Ideologia e utopia*. Rio de Janeiro: Ed. ZAHAR, 1976.

MAGALHÃES, Raul Francisco. *Retórica e o problema da ação coletiva*. In: *Teoria e Sociedade*. n. 9, 2002, p. 8-37.

MARIZ, Cecília; MACHADO, Maria das Dores. *Comparando carismáticos e pentecostais*. In *Comunicações do ISER*, n. 45, 1994, p.24-34.

MATOS, Frater. *A militância católica em Minas, entre 1922-1936*. In RHEMA, v. 4, n. 16, 1998, p. 191-197.

NOBREGA, Adilson Rodrigues. *Carisma e razão: um olhar sobre as práticas católicas carismáticas de estudantes nas universidades cearenses*. In: 25ª Reunião da ABA, 11 a 14 de Junho, Grupo de Trabalho Religião em espaços públicos: escolas, universidades e prisões, Goiânia, 2006, p. 1-20.

PAIS, José Machado. *Culturas juvenis*. Lisboa: INCM, 1993.

PEREIRA, Ariana. *Há fé na terra da razão*. Trabalho de Conclusão de Curso (Graduação em Comunicação Social) – FAAC-UNESP, Bauru, 2003.

PRANDI, Reginaldo. *Um sopro do espírito*. São Paulo: Ed. USP, 1998.

ROSA, Alessandra Cristina. *A Renovação Carismática Católica no espaço laico: um estudo sobre o Grupo de Oração Universitário (GOU)*. Dissertação (Mestrado em Ciência da Religião) – ICH, UFJF, Juiz de Fora, 2007.

SANTOS, Ivna Sá dos. *Dai-lhes vós mesmos de comer: um livro histórico testemunhal do Projeto Universidades Renovada*. Belo Horizonte: Itapuã Editora e Gráfica, 2004.

SILVA, Bernadete França Albano. *Grupo de Oração Universitário (GOU) na Universidade Católica de Goiás: uma análise sociológica*. Dissertação (Mestrado em Ciências da Religião) – UCG/Goiânia, 2001.

SILVEIRA, Emerson José Sena da. *Tradição e modernidade na RCC: um estudo dos rituais, subjetividades e mito de origem* 2000. Dissertação (Mestrado em Ciência da Religião) ICH/ UFJF, Juiz de Fora.

_____. *A posse do espírito: cuidado de si e salvação*. In Rhema, Juiz de Fora, v. 6, n. 23, p. 143-169, 2000[b].

_____. *Terços, "santinhos" e versículos: a atual relação entre os carismáticos e a política*. In: *7ª Reunião da ABHR*, 4 a 7 de Maio, Belo Horizonte, 2005. p. 1-10.

SOUZA, Luiz Alberto Gómez de. *A JUC: os estudantes católicos e a política*. Petrópolis: Vozes, 1984.

SOFIATI, Flávio. *Jovens em movimento: processo de formação da Pastoral da Juventude do Brasil*. Dissertação (Mestrado em Ciências Sociais) – CECH-UFSCAR, São Carlos, 2004.

VELHO, Gilberto. *Projeto e Metamorfose: Antropologia das Sociedades Complexas*. Rio de Janeiro: Jorge Zahar Editor, 1994.

WEBER, Max. *Ética protestante y el Espíritu Capitalista*. Buenos Aires: Ediciones Libertador, 2004.

TARÔ DOS SANTOS E HERESIAS VISUAIS: UM CATOLICISMO *NEW AGE*?

Emerson José Sena da Silveira[1]

O consumo simbólico como invasão da experiência religiosa

Na sociedade ocidental e industrializada, as teorias tradicionais sobre o papel da religião diziam que esta tenderia a individualizar-se, perdendo, assim, sua proeminência como índice social de produção de sentido, significado e normalização do comportamento (Martelli 1995). Houve a ruptura entre a moral religiosa, o comportamento social e o mundo da cultura, operada pela modernidade, compreendida como a força secularizante e desmitificadora. Tal rompimento se dá em vários níveis, com destaque para o da linguagem simbólica e o do comportamento institucional; por um lado, desvincula-se a sacralidade, produzida pela religião, de imagens e símbolos coletivos e individualmente experimentada nas so-

---

[1] Antropólogo, Mestre e Doutor em Ciência da Religião pela Universidade Federal de Juiz de Fora (UFJF). Pós-doutorando (CNPq) na UFJF – Área do conhecimento: Antropologia Urbana. Professor Universitário (FMS; FACSUM). Publicou os livros *Por uma sociologia do turismo* (Editora Zouck, 2007) e, em coautoria com José Maria da Silva, *Apresentação de trabalhos acadêmicos: normas técnicas* (3ª ed., Editora Vozes, 2008). Co-organizador, com Reinaldo Dias, e coautor do livro *Turismo religioso: ensaios e reflexões* (Editora Alínea, 2003). Atua em diversas linhas de pesquisa, religiosidade católico-carismática ("terapias religiosas", consumo, mídia, política); relação turismo/religião católica e outras.

ciedades; e, por outro lado, retira-se da Igreja e das instituições religiosas o poder de normalização do comportamento social coletivo.

A partir das décadas de 1960 e 1970, multiplicaram-se fenômenos "neorreligiosos", como o surgimento de seitas e de religiosidades multifacetadas (a *New Age*), a ressurgência de novos estilos de vida e de crença em religiões tradicionais (catolicismo com o carismatismo) e o protestantismo (com o neopentecostalismo ou pós-pentecostalismo). Tais fenômenos impuseram, às teorias secularizantes, uma reavaliação, afetando também as teorias da modernidade (Martelli, 1995). Grande parte da expansão de novos modos do ser e estar religiosos são simultâneos à produção de novos arcabouços teóricos da compreensão do cenário religioso do fim de século.

Esta simultaneidade relaciona-se ao modo de consumo estabelecido na sociedade moderna ocidental. O consumo torna-se "estilo", identidade individual e coletiva (Albuquerque 2001). Um exemplo disso é o consumo de objetos como livros, vestuários e artefatos associados à religiosidade *New Age* que marcam, de fato, um outro modo pelo qual a cultura de consumo se reapropria da simbologia religiosa. As imagens e símbolos associados à religiosidade passam, então, a irromper da própria modernidade, ou seja, a religião assume modos de ser que a fazem ser concebida como moderna e pós-moderna, particularmente a partir de dois elementos: a decisão e escolha pessoais e o *marketing* aplicado ao conteúdo religioso de igrejas e de credos. Cresce o número de livros e editoras que publicam temáticas religiosas e próximas à religião (o gênero da autoajuda). Assim, segundo Leila Albuquerque (2001), observa-se que

> ... [com] o crescimento da consulta a horóscopos, mapas astrológicos, cartas do Tarô, crença em anjos e bruxas e a popularização da psicologia junguiana. [...] desenvolveu-se um mercado voltado para as coisas místicas, esotéricas, orientais e naturais, como lojas, cursos, workshops, feiras, congressos, livros especializados e especialistas.

TARÔ DOS SANTOS E HERESIAS VISUAIS: UM CATOLICISMO *NEW AGE?* 109

Isso se tornou patente em ambientes urbano-industriais, nas capitais e nas cidades de porte médio, de forma global. Daniela la Pietra (2000, p. 1), analisando praticantes de tarô em Buenos Aires, inclusive católicos, afirma:

> ... Católicos que se sentem ortodoxos, por exemplo, começam a consumir bens de salvação dentro da ampla e heterodoxa oferta religiosa atual: produz-se então uma prática religiosa sincrética que não põe em questão a ortodoxia de seus fiéis. É comum encontrar pessoas de um catolicismo tradicional que assistem a mesas de bruxaria e/ou são assíduos esotéricos, leem a carta natal por computador etc. A maior parte parece identificar-se com uma instituição religiosa; porém, paralelamente segue um caminho muito pessoal experimentando novas formas de devoção. Entram novas formas de consumo estilo "supermercado", espécie de autosserviços simbólicos onde cada um encontra a devoção ou a prática que requer suas necessidades imediatas (tradução livre).[2]

Por outro lado, na esteira da expansão da religiosidade *New Age* (Amaral, 2000), há pontos de contato (Camurça, 1998) com a tradicional família religiosa católica. Nestes pontos, cujo atrito ocasiona tensões (a repetida condenação da Igreja Católica à manifestação *New Age*), evidenciam-se duas dimensões: a da linguagem religiosa – presente nos símbolos e imagens – e a das atitudes. Tendo em vista este contexto, analisaremos o livro "Tarô dos Santos", de Robert Place, ligado à manifestação *New Age* e a sua lógica pós-moderna (Amaral 2000), mas expresso dentro do simbolismo tradicional católico.

---

[2] Católicos que se sienten ortodoxos, por ejemplo, comienzan a consumir bienes de salvación dentro de la amplia y heterodoxa oferta religiosa actual: se produce entonces una práctica religiosa sincrética que no pone en cuestión la ortodoxia de sus fieles. Es común encontrar personas de un catolicismo tradicional que, sin embargo, asisten a mesas de brujería, y/o son asiduos esotéricos, se leen la carta natal por computadora, etc. La mayor parte de la gente parece identificarse con una institución religiosa; pero, paralelamente sigue un camino muy personal experimentando nuevas formas de devoción. Se abre paso entonces, a formas de consumo estilo "super-mercado", especie de autoservicios simbólicos donde cada cual encuentra la devoción o la práctica que requieren sus pequeñas necesidades inmediatas.

O "Tarô católico" na ótica de uma leitora católico-carismática

Procurando observar a recepção "local" destas novas influências, analisa-se, objetivamente, o livro "Tarô dos Santos", e sua recepção por parte de uma leitora (católica e participante da RCC), domiciliada em Juiz de Fora (Minas Gerais), uma cidade de médio porte, palco de transições, híbrida nas influências recebidas. "Localizada", por assim dizer, entre a "tradição" dos costumes morais mineiros e folclore regional (Folia de Reis, Congados e Reizados) e a modernização socioeconômica oriunda das grandes metrópoles.

Do local, vai-se à pergunta: Porque esse livro foi escolhido como objeto de análise? O livro mencionado suscitou diversas reações de alguns leitores católicos, tanto em sua condenação quanto em sua aprovação.

O livro "Tarô dos Santos" impôs um estranhamento de imediato. Algumas indagações surgiram: Trata-se de uma identidade cristã-católica associada a um instrumento (Tarô) de adivinhação e "iluminação" tido como elemento esotérico e ligado a *New Age*? Ou, então, uma simples justaposição de símbolos cristãos e esotéricos? Ou ainda uma "heresia" pós-moderna no cenário católico? E ainda, por que, entre seus leitores, existem ministros da Eucaristia participantes da Renovação Carismática Católica que leem Tarô? A partir desse estranhamento e da forma como o livro é apresentado, analisa-se a relação entre a tradição, expressa nas grandes narrativas religiosas acionadas pelo discurso do autor do referido livro, e as fronteiras identitárias, expressas na estética do Tarô e do modo como é lido e interpretado.

Para essa investigação, empreendeu-se a busca de um(a) leitor(a) do livro, escolhido(a) a partir de suas experiências religiosas. O foco na individualidade (o leitor e sua experiência) não exclui a dimensão coletiva da leitura, já que qualquer leitor está inserido em redes de relacionamentos e de contatos em que temas relacionados ou similares aos assuntos abordados pelo livro em questão se cruzam, sendo debatidos, rechaçados ou relativizados.

Em outras palavras, o leitor participa de atividades religiosas, possui amizades com quem comenta suas percepções, suas impressões, e dialoga a respeito do que lê. Parte-se do pressuposto que, ao travar contato com o texto, o leitor traz para o objeto de leitura as suas experiências (Lima, 2003). Por sua vez, todo texto é polifônico, ou seja, é composto de inúmeras vozes que permeiam o discurso escrito e não escrito (Lima, 2003). A própria modernidade e a tradição são "vozes", por vezes altissonantes, por outras, dissonantes nos textos. Ressalta-se que não interessa aqui discutir a veracidade do livro "Tarô dos Santos", mas o "efeito" de verdade, a performance da legitimidade que pode ser e é produzida por sua leitura.

Apresentando o livro e o leitor

O Tarô, em geral, do qual o "Tarô dos Santos" de Robert M. Place seria uma derivação, é um instrumento de iluminação, de busca do divino e de contato com o sagrado cujas origens históricas podem ser identificadas na Idade Média, por volta de 1400. Esse dispositivo é usado nas chamadas correntes religiosas esotéricas, muito diversas entre si, mas que possuem um pressuposto comum: o homem como ser autônomo, fonte do sagrado e do divino (Place, 2003).

Na pesquisa sobre o tema de "Tarô dos Santos", percebe-se a sua gradativa e crescente importância em alguns setores. Existem portais esotéricos como o da revista Planeta, acessados por uma média mensal de 30 mil "internautas", cujas páginas eletrônicas são dedicadas às mais diversas artes de adivinhação, entre elas o Tarô, que não só recomenda aquela obra como também a reproduz em versões eletrônicas. Em muitos catálogos (impressos e eletrônicos) de editoras e de serviços esotéricos, sobressaem livros e profissionais ligados à prática do Tarô, inclusive o "Tarô dos Santos".

É nesse contexto que se analisam o livro de Robert Place e sua leitura por parte de uma fiel católica. A seguir há uma enumeração sucinta das principais características do livro. Inicialmente, chama atenção a tradução do título original em inglês. Uma tradução mais "fiel" seria *Um Livro Gnóstico dos Santos*, porém com menor "*sex appeal*" comercial. Trata-se de um livro mostrando a criação de um novo tipo de baralho de Tarô, escrito e desenhado pelo norte-americano Robert M. Place, ilustrador, artista e – segundo o prefácio da obra – especialista em tradição mística ocidental e em história do Tarô.

Place simplesmente criou, poder-se-ia dizer, um "tarô católico", a partir do qual, na imagem e na argumentação, desenha-se uma interessante relação entre religião e modos de leitura, feita de androginias e similitudes, e nas quais a sincronia do mito intercala-se à diacronia da temporalidade. A sincronia revela-se na meta implícita do livro, que é "ser" um instrumento de orientação e meditação que combine a sabedoria espiritual dos santos católicos com os símbolos arquetípicos contidos no Tarô. Já a diacronia se inscreve nas ações e nas periodizações históricas adotadas e narradas por Place para contar a história do "Tarô dos Santos", inevitavelmente ligada ao catolicismo, mas sempre passível de (re)interpretações.

Em uma rápida contextualização da situação desse livro em termos de vendagem e de consumo, pode-se afirmar que inúmeros portais de editoras e livrarias o tem divulgado, obtendo um relativo sucesso. Entre sites e portais que o vendem, cita-se *Somlivre.com*, *Americanas.com*, *Siciliano.com*, *Submarino.com* e o portal da editora do livro, a Ediouro, em que liderou por mais de um mês a listagem dos mais vendidos. Entre estes sites, o *Submarino.com* possui uma forte presença global, tanto na América do Norte quanto nas outras Américas e Europa.

Segundo dados dessas lojas virtuais, já foram vendidos cerca de dois mil exemplares do livro, a maior parte na região Sudeste do Brasil. Outro dado interessante é a existência de casas especializadas em São Paulo que oferecem, entre outros serviços esotéricos, consultas de Tarô, entre elas do "Tarô dos Santos" (de Place), com hora marcada e tarólogos – os especialistas em leitura de Tarô.[3]

---

[3] O site http://www.evoe.com.br/tarot.htm apresenta a casa, horários e exemplares de cartas de Tarô, inclusive do "Tarô dos Santos", usados para ilustrar o site da Casa Evoé.

TARÔ DOS SANTOS E HERESIAS VISUAIS: UM CATOLICISMO *NEW AGE*? 113

Apresenta-se, a seguir, uma pequena exposição descritiva do livro, que é dividido em sete capítulos, além da introdução e das recomendações finais. Na introdução, o autor descreve seu processo de descoberta e envolvimento com o Tarô. Place, através de sonhos premonitórios, acabou por conhecer diversos tipos de baralhos de Tarô, criando tipos como o Tarô dos Anjos, o Alquímico e o dos Santos. Ainda no primeiro capítulo, o autor demonstra sua erudição na abordagem da história do Tarô, que teria sua origem na Itália, em 1430, em plena Renascença, espalhando-se posteriormente por toda a França e outros países (Place 2003). O desenvolvimento do Tarô chega a Marselha, onde emerge o baralho padrão de Tarô, adotado por Place e outros estudiosos do tema (Naiff 2002; Kaplan 1989).

Os estudos modernos sobre o tarô começam no final do século XIX (Naiff 2002; La Pietra 2000), em meio a uma nova onda de penetração das práticas e filosofias orientais. O primeiro tarô moderno foi chamado Rider-White, criado por Arthur Edward White e desenhado por Pamela Smith (Kaplan, 1989), editado em Londres (1910), por uma empresa chamada Rider e Cia.

A grande inovação em relação aos baralhos mais antigos voltados apenas para os iniciados em "artes ocultas", da qual Place é caudatário, foi a apresentação de figuras simbólicas e breves palavras que "explicam" o significado dos arcanos. Com isso, a fronteira entre estudo científico e prática ritual se tornou tênue, aumentado o consumo e a leitura por parte de pessoas não-iniciadas em algum tipo de ordem esotérica religiosa (Tavares, 1993).

Este Tarô moderno, no padrão de Marselha (Place 2003; Kaplan 1989), é um baralho de 78 cartas, divididas em dois tipos: "arcanos menores" (56 cartas) e "arcanos maiores" (22 cartas). Os primeiros correspondem ao baralho comum, com seus tradicionais naipes (ouros, copas, paus, espadas); já o segundo grupo corresponde a uma série de 22 figuras emblemáticas e numeradas, exceto uma, similar à carta "coringa" no baralho comum.

Place, ao apresentar a história do tarô de seu ponto de vista, revisa as "teorias" e narrativas sobre a origem do Tarô e menciona a mitologia grega e a egípcia. A rede de associações construída articula deuses egípcios, gregos, místicos cristãos e gnósticos. Em algumas teorias, o Tarô é identificado ao livro de Thot (deus egípcio da lua e da sabedoria), comparado posteriormente ao deus Hermes. Na época de Alexandre, o Grande, essa correspondência entre Thot e Hermes, na esteira da expansão da cultura helênica, deu origem à fusão entre os dois deuses, originando Hermes Trimegistus. Esse deus teve muitos seguidores, que escreveram tratados e textos místicos, conhecidos como "Hermética", no qual haveria um tipo de conhecimento modificador da pessoa, chamado de "gnose". Assim,

> ... nos termos cristãos, os entes que os hermetistas chamavam de deuses podem ser comparados aos anjos, e os heróis místicos que se juntavam à classe divina através da experiência da gnose seriam santos. Muitos dos primeiros cristãos também se empenharam em alcançar a gnose, considerando que essa experiência iria fazê-los uno com Cristo. [...] chamamos esses cristãos místicos de gnósticos (Place 2003, p. 25).

Nos capítulos subsequentes, Place aborda os diversos tipos de baralhos de Tarô e suas figuras. Sua análise permite perceber que elementos filosóficos e cristãos imbricaram-se no baralho. Por exemplo, nos arcanos maiores, das 22 cartas, três se inspiram nas famosas virtudes teológicas (Fé, Esperança e Caridade) que, por sua vez, remontam às tentativas da Teologia Patrística (teologia católica dos séculos II e IV) de cristianizar a cultura grega, particularmente a herança aristotélica e platônica.

Há uma interessante relação entre os baralhos, de um modo geral, e as corporações medievais, como a dos entalhadores, escultores, ilustradores, encarregados de talharem os moldes das cartas e fazerem o baralho.

A partir da introdução do papel na Europa, por volta de 1300, e da invenção da imprensa por Guttenberg, passa a existir, segundo Place, uma forte expansão de jogos impressos, entre eles os baralhos de diversos tipos e, dentre estes, o Tarô (Kaplan 1989). Com essa expansão, surgiram novos ofícios ou se revigoraram antigos, como os impressores e os artistas religiosos, que abasteciam um crescente mercado de romeiros e peregrinos em busca de figuras, imagens e relíquias de santos. Eles eram os mesmos que fabricavam as cartas. Daí a presença de figuras religiosas em cartas de baralho daquela época.

Ao passar para o segundo capítulo, empreende-se uma interpretação sobre a relação entre místicos, gnósticos e santos. Place identifica um modelo mítico transversal a esses três grupos citados acima, que seria a crença de que o ser humano é formado simultaneamente "pelo divino e pela matéria". Place divide os gnósticos em diversos grupos. Muitos prosperaram entre os séculos I e V (era Cristã), depois de serem perseguidos pela ortodoxia oficial da Igreja católica como hereges. Entre as ideias que esses grupos dissidentes possuíam, consideradas heresias, estavam, por exemplo, a crença de que o cosmo se dividia em dois deuses, o do bem e o do mal, e de que Cristo era, na verdade, a personificação da inteligência universal.

Ao abordar os santos, Place é rigoroso: "Muitos dos primeiros santos eram simplesmente heróis pagãos ou deuses que foram cristianizados para que seus cultos persistissem" (2003, p. 45). Após o Concílio Vaticano II, cujo objetivo manifesto foi "modernizar" a Igreja, muitos deles foram suprimidos do calendário católico. Esse movimento de *aggiornamento* impôs toda uma nova postura das igrejas em face da liturgia e dos santos, cuja vida foi objeto de investigação histórica. Tal investigação, feita pelo Vaticano, constatou que muitos deles eram lendas e mitos "cristianizados".

Assim, é citada no livro a reforma litúrgica feita pelo Papa Paulo VI que, em 1968, removeu datas associadas a esses santos, entre os quais: Santa Bárbara, São Jorge e São Cristóvão, cujas popularidades permanecem ainda hoje. A presença de santos lendários seria a prova de uma outra presença, profunda e mística, que seria a força do inconsciente ou da imagem arquetipal, inscrita nas diversas culturas humanas.

Em relação à parte que vai do terceiro ao sétimo capítulo, o livro propõe uma interpretação *místico-católica-new age* do Tarô. Explana cada carta do baralho e termina com a proposta de algumas formas de leitura. Durante a exposição, Place faz associações entre o título das cartas do Tarô e as tradições esotéricas, passando por equivalências entre gravuras e seus significados. Cada carta relaciona-se a um santo ou santa, com abundantes citações históricas e referências à hagiografia[4] cristã, e contém uma explicação do significado no Tarô Clássico ou de Marselha (Place 2003, p. 24).

Place invoca a colaboração de Carl Jung em longas referências, particularmente a teoria dos arquétipos, à qual vincula as imagens do Tarô, que seria, portanto, uma forma de acessar a simbologia do inconsciente coletivo, um instrumento ao mesmo tempo místico e legítimo. Uma teoria defendida por outros psicólogos junguianos, que veem uma perfeita articulação entre o tarô e os arquétipos (Nichols, 1997). Mas, se o livro é apresentado dessa forma, como os leitores o tomam e como o leem? Conforme já mencionado, tomei como "caso" uma leitora de confessada fé católica, frequentadora de grupos carismáticos, mas com algumas características diferentes que são descritas a seguir.

Inês é o nome fictício da leitora que encontrei durante a pesquisa por meio de uma extensa rede de contatos em que ouvia comentários, esporádicos, sobre ela. Inês tem 54 anos, é dona-de-casa, divorciada, possui o segundo grau, atua em pastorais, frequenta grupos de oração e é voluntária em projetos sociais. Além disso, é ministra da Eucaristia em uma paróquia da Zona Norte de Juiz de Fora, consulta cartomantes regularmente e lê cartas de tarô de forma casual.

A leitora foi selecionada por representar um caso paradigmático: ela se autoafirma católica, é ministra da Eucaristia e participante de grupos de oração carismáticos. Sobre as práticas esotéricas de Inês, embora ela mantenha discrição, circulam boatos. De qualquer forma, uma ministra da Eucaristia que consulta cartomantes e "lê" tarô se torna uma preocupação para a direção do movimento carismático, motivo de abundantes comentários sobre a "contaminação" (o "perigo" das "modernas heresias") na Igreja.

---

[4] É uma biografia religiosa dos santos, destacando fatos e fenômenos de suas experiências religiosas.

Inês nasceu em uma família que veio de uma localidade perto de Muriaé, cidade mineira. Filha de uma benzedora, sua família defrontou-se com imensas dificuldades financeiras, até que vendeu a sua "roça" e veio morar em Juiz de Fora. Ao contar os percalços passados até completar o segundo grau, Inês fala com orgulho, pois, entre os sete irmãos, apenas ela concluiu o segundo grau. Para Inês, o interesse pela leitura – que é feita aos poucos, depois do trabalho, com livros emprestados ou retirados das poucas bibliotecas públicas a que tem acesso – surgiu com os folhetos de novena distribuídos por missões populares da Igreja Católica. Tal interesse ampliou-se com a leitura de romances populares do gênero "Julia" e "Sabrina", já na época em que passa a morar em Juiz de Fora. Por fim, entra em contato com revistas católicas, livros de autoajuda e autores como Paulo Coelho.

Cresceu observando a mãe em seu ofício de benzedora e em cultos religiosos, como sessões de Umbanda. No entanto, afirma que sua mãe "não perdia" um "domingo, um dia de santo, uma festa". Diz que, com sua mãe, aprendeu a reverenciar a Virgem e Jesus. Muito discreta, como se autodescreve, Inês foi indicada para ser ministra da Eucaristia na paróquia onde reside atualmente. Aceitou o convite e lá está a distribuir a comunhão. Mas não comenta com outras pessoas da própria igreja o que gosta de ler e fazer, pois, segundo ela, "tem muito católico que não enxerga com bons olhos". Ela também diz gostar de ir a consultas com cartomantes, pois uma tia exercera o ofício da cartomancia. Essa tia ajudou-a muito a superar determinados obstáculos de sua vida. Atualmente, divorciada, mãe de dois filhos, Inês desfruta de uma condição financeira bem melhor do que aquela da infância.

Leitura e trajetória: alternando-se leituras do "Tarô dos Santos"

O livro pode ser interpretado como um texto que está situado de maneira polissêmica no tabuleiro das identidades religiosas e intelectuais, sem que se possa determinar de maneira cartesiana, portanto, moderna, a que gênero pertence.

De qualquer forma, há reações suscitadas pela leitura do livro. Aliás, a situação de pluralidade interpretativa do livro pode ser estendida também à forma como a leitura é exercida atualmente, bem como à maneira de estudá-la e teorizá-la. Segundo Robson Lima

> A evolução do conceito de leitor é acompanhada pela evolução do conceito de leitura. São conceitos amalgamados e interdependentes. Dessa interação nasce a noção de sujeito-leitor. O sujeito-leitor está inserido no processo histórico de construção de sentidos, interpretando as suas relações com o mundo [...] O leitor produz linguagem e é produzido por ela [...] Ler não é descobrir um único sentido, mas saber que o sentido descoberto no processo da leitura poderia ter sido outro. O leitor é, também, autor do texto lido (2003, p. 115).

Essa concepção de leitor e leitura contemporânea é concomitante aos questionamentos que pensadores, adeptos da ideia de pós-modernidade, realizaram sobre as grandes narrativas (Lyotard 1984). Entre as novas ideias estaria a da existência de múltiplos universos (multiversos) e a de um sujeito descentrado, despojado de seu caráter racional e único, cartesiano e essencialista.

Tal sujeito é, na verdade, emotivo e múltiplo, vivendo um constante trabalho de autoconstrução, atravessado por múltiplas vozes e dimensões (Hall, 1992). O leitor, na ótica da modernidade, exerceria, ao ler, uma exegese interpretativa, dirigida pelo significado do texto. Mas, desde uma ótica pós-moderna, o leitor é parte do texto que lê, produz junto com o texto um significado cambiante e mesclado às experiências de si mesmo.

Tanto em uma concepção quanto em outra, o exercício da leitura pressupõe uma determinada maneira de interpretar símbolos, expressões, figuras e até mesmo cores e tons, ainda mais em um livro que lança mão de muitos recursos visuais.

Contudo, os carismáticos tendem a rechaçar e a "demonizar" literatura e práticas associadas (ou que assim pareçam) ao esoterismo ou *New*

Age (Silveira, 2000). Isso foi confirmado por Inês, que convive e participa de movimentos e pastorais. Ela própria afirmou que frequenta grupos de oração carismáticos. Para ela a Bíblia "fala": é preciso "experimentar tudo, mas ficar com o que é bom". Essa leitora orgulha-se de tal relacionamento, dizendo: "Minha vida se parece com esse livro, vai pegando tudo que há de bom e comendo para sair coisa nova [...] mas tem muita gente que torce o nariz e fala até contra essas coisas, que para mim são sagradas [...] os carismáticos, por exemplo, embora eu adore ir a grupos de oração e conheça outros que, como eu, se tornam abertos às boas influências".

Em sua fala, ela recorre constantemente a um "tempo primordial", algo que o "Tarô dos Santos" faz, como se "por baixo" e "por dentro" da história humana houvesse uma outra dimensão, uma "tradição atemporal". Toda ordem tradicional comporta a "verdade formular", que seria um corpo de ritos e conhecimentos relacionados à tradição, e os guardiões dessa verdade. Por outro lado, a tradição é uma forma de manipular o tempo, em que passado e presente se tornam unos e, nesta unicidade, o futuro já está dado (Giddens, 2001).

Mas a modernidade também se afirma como um momento de irrupção do novo no tempo, de superação do antigo e de uma projeção e uma aceleração constante ao futuro. Se a tradição retém o futuro no passado, a modernidade rompe o elo entre passado e futuro, fazendo do presente uma possibilidade do que virá. No entanto, a própria modernidade reconstrói alguns laços da tradição, especialmente os laços da nacionalidade e da família que, na contemporaneidade, têm sido questionados e erodidos por condutas e fenômenos transnacionais (Giddens, 2001). Uma outra categoria, paralela à de tempo, mas essencial para caracterizar o espaço do tradicional, seria a repetição.

A tradição repetiria *ad infinitum* uma "verdade" e, por isso, o ritual seria o veículo de sua reinvenção, através do qual instaura-se e perpetua-se o "tempo primordial" (Giddens, 2001). A própria modernidade se percebe como uma revolução perpetuada, ou autoperpetuada, sem a transcendência da religião, mas que reinventa o significado da transcendência, desvinculando-a da religião e da crença em entes sobrenaturais e divinos.

Inês afirma: "Foi Jesus mesmo que colocou as coisas boas, inclusive esse Tarô". O critério da antiguidade também guia sua percepção: "A Igreja é boa porque reuniu muitas coisas antigas e valiosas". Inês tende a associar à categoria "moderno" o significado de dissolução dos costumes: "Hoje em dia os mais novos dizem que é moderno e rejeitam os valores antigos, já não querem saber do que se passou, mas a riqueza também tá lá". Ao concluir sua fala, lembra a Eucaristia, da qual é ministra. Diz que fica na igreja porque se sente bem, mas ela se diz "turista de religiões". Inês concorda que a sabedoria está dentro, e elementos como Tarô são apenas equipamentos para mergulhar na sabedoria divina.

A partir da percepção individual, argumenta-se que o texto liberta algo que o leitor trazia, de maneira silenciosa, depreendendo-se dali a energia e a força para diferenciar ou transportar-se a outro lugar (Petit, 2001). Essa liberação só é possível pois há uma reapropriação que Inês faz de sua vida, de suas experiências religiosas e do próprio livro. Por isso, é importante perceber que a ministra da Eucaristia já tinha o costume de consultar cartomantes, vendo a leitura desse livro como uma redescoberta da própria fé, daquilo que há de mais tradicional no catolicismo, que é a devoção aos santos. Na verdade, durante a leitura, Inês disse ter obtido a "revelação" de que "Jesus também fala por outros meios. Esse tarô católico se tornou um grande sinal para mim".

Impressionou-a muito o sonho do autor antes de inventar o Tarô dos Santos. Segundo Place, a sugestão de escrever um Tarô com figuras de santos partiu de uma amiga. Resistiu à ideia dessa amiga, mas foi convencido a fazer o baralho quando sonhou.

> No sonho decidi observar melhor as ruínas de uma igreja. A porta e a janela estavam encobertas por tábuas, mas uma janela à esquerda tinha algumas tábuas soltas. Entrei e lá tinha destroços. [...] de aspecto gótico,

quase nada restou. [...] abri caminho para chegar ao altar [...] percebi que havia alguma coisa atrás do altar e comecei a cavar. [...] encontrei um cadáver [...] Parecia que estava lá há séculos. O corpo estava escuro e esquelético. [...] decidi levá-lo para casa. [...] resolvi guardá-lo na geladeira [...] o corpo se recusava a ficar no lugar em o colocava, contaminando tudo. Desesperado [...] coloquei-o em uma panela grande sobre o fogão e acendi o fogo. Enquanto esquentava, ele começou a se derreter numa gosma preta [...] ia subindo pela panela até que transbordou [...] Tentei impedir que derramasse [...] no chão [...] cobrindo as minhas mãos com a gosma escura [...] me perguntei qual seria o gosto dessa maluquice nojenta [...]. Coloquei o dedo grudento e negro na boca e, para meu espanto, senti o sabor do mais excêntrico chocolate. Quando acordei, comecei a perceber que o cadáver era os restos mortais de um santo que havia sido sepultado no altar. Porém, estava confuso pelo corpo ter se transformado em chocolate [...] foi assim até que me lembrei que o nome, em latim, para a árvore do cacau, origem do chocolate, é Theobroma, que significa "a comida de Deus" (Place 2003, p. 4).

O sonho parece ser uma metáfora da reapropriação dos símbolos cristãos que Place realiza e que chamou tanto atenção de Inês. No discurso do livro, a tradição acaba sendo "resignificada", ela se torna expropriada da questão moral. Os santos se tornam "arquétipos" de iluminação, instrumentos de meditação, para acessar o próprio eu e construir o próprio caminho.

De acordo com Inês, as imagens que alternam igrejas, cadáveres e transformação em chocolate tiveram um impacto profundo. Ao ler essa passagem, lembrou-se de sua vida, na qual tinha que aproveitar de tudo, até mesmo ir ao fim da feira separar legumes. Ao final, lembrou a Eucaristia e afirmou que o processo de transformação no sonho de Place era o mesmo da Eucaristia.

Todavia, na forma como se recebe e se lê o discurso escrito e as imagens impressas no livro, o leitor atribui o sentido ao texto, de forma sempre polissêmica. Algumas teorias da recepção (ISER, 1978) propõem que o efeito estético é o resultado do impacto que a obra causa no leitor. A construção livre do sentido não seria mais que a busca pelo efeito.

Nesse sentido, o livro "Tarô dos Santos" trabalha com duas estéticas simultâneas e interdependentes: uma estética visual, com cores, tons e simbologias inscritas nas cartas; e uma outra estética, mais sutil, a estética da retórica.

No livro e nesta forma de leitura colocada por Inês, dissolve-se o laço ontológico e moral da tradição católica, e lança-se, portanto, o catolicismo em um âmbito estético. Mas, ao mesmo tempo em que se dissolvem os laços da ligação da moral tradicional católica com os símbolos católicos, propõe-se uma outra forma de perceber e produzir uma ética. Place lança a tradição em um contexto errante ou *New Age* (Amaral 2000), no qual é o leitor-peregrino – no caso, a católica Inês – que constrói sua própria apropriação da religiosidade.

Iluminação mística: os santos "católicos" e o Tarô "esotérico"

A hibridização parece ser um termo adequado para condensar o significado do livro. Parece haver uma alquimia semântica: transformam-se símbolos em uma estética *New Age* católica. Uma heresia visual e pós-moderna? Poder-se-ia dizer que a heresia já conteria em si, ao subverter a ortodoxia, uma atitude "pré-pós-moderna"? A constante busca de combinações e experiências tem sido descrita como uma das características fulcrais da religiosidade no mundo moderno e pós-moderno, atitudes já identificadas pelos próprios pós-modernos (Hall, 1992) em outros tempos e personagens, entre eles as heresias. Dir-se-ia que a pós-modernidade dissolveu o laço entre o tempo e o espaço, cria uma totalidade aberta e simultânea, contida em si mesma sem separar itens, ideias, objetos e presenças. As imagens do Tarô contêm a presença de um significado que, aos olhos de Place, suplanta o tempo e o espaço.

As artes e as literaturas, imbricadas pelo consumo, tornam-se um campo privilegiado de combinações religiosas com os avatares da modernidade. Por isso a crescente produção de livros de autoajuda, a profusão de imagens que evocam o sagrado, o místico, o exótico e as descrições de anjos, cabalas, entre outros aspectos. Pablo Semán já havia estudado a peculiar combinação de catolicismo e *New Age* que Paulo Coelho faz em sua vida e obra. Tanto Place quanto Paulo Coelho afirmam suas raízes católicas e suas experiências. Eles redescobrem a "linguagem simbólica do cristianismo" (2003, p.149).

Mas o que estaria por trás dessa alquimia de símbolos (cristãos e gnósticos) feita no livro "Tarô dos Santos"? Segundo Eric Voegelin (1968), a alquimia desses símbolos decorre de uma imanentização ou uma des-transcendentalização do signo e do significado contidos em determinados símbolos religiosos (por exemplo, os símbolos cristãos como o cordeiro, o báculo episcopal) que transformam esses mesmos signo e significado em outros sentidos de ordem religiosa ou secular.

Voegelin, a partir de uma série de exemplos interessantes de imanentização simbólica, cita a militância marxista, tida como força da modernidade, plena do ideário moderno. A imanentização estendeu-se à totalidade do símbolo cristão. Como resultado, haveria o misticismo ativo de um estado de perfeição a ser atingido através da transfiguração revolucionária da natureza do homem, empregado em discursos seculares políticos ou ordens religiosas gnósticas e esotéricas.

A concepção de uma Idade Moderna que se seguiria à Idade Média é por si própria um dos símbolos criados pelo movimento gnóstico que, para todos os fins, seria uma forma de religiosidade oriunda de diversas influências históricas. O livro de Place enfatiza esse modo de ver, privilegiando fases e estados presididos por forças míticas e simbólicas.

Inês chamou a atenção para a articulação de Place entre a gnose e a simbologia cristã. Uma articulação feita com erudição, expropriando essa simbologia dos significados atribuídos pelo magistério da Igreja, ou seja, uma "des-juridificação" do modo de ler a tradição católica.

Nessa articulação, é proposto um outro modo de ver a tradição católica, uma forma pós-moderna de absorver e interpretar o que o catolicismo denotaria como uma expressão simbólica de "verdades arquetípicas". Com uma apropriação e resignificação da teoria dos arquétipos de Jung, Place opera uma metafísica no próprio texto, ou seja, o santo e a tradição católica seriam, na verdade, a expressão de uma outra realidade mais profunda, mística, regulada e abafada pela burocracia de Roma.

Caso um católico não quisesse ler a parte relacionada ao Tarô, mas apenas a relacionada à hagiografia e iconografia dos santos, teria dificuldades em distingui-lo de outros livros católicos sobre o tema. Por outro lado, um antropólogo poderia ler nele uma excelente introdução teórica ao simbolismo do Tarô. Uma androginia epistemológica que o faz cambiante e caleidoscópico.

O livro tem um fio condutor, já que pode ser lido como um tipo de especulação gnóstica. A especulação gnóstica age dotando o homem e seu raio de ação intramundano com o significado da realização escatológica (Voegelin, 1968). Assim, o objetivo de Place ao escrever e ensinar a ler o tempo (passado, presente, futuro) em um "Tarô católico" é dotar o homem e sua ação como realização escatológica na história, permeando as tradições religiosas, como o catolicismo. Interessante perceber que essa autonomia do texto é ligada ao modo moderno de ler, surgido no final da Idade Média e que teria como uma das consequências um dos princípios norteadores da Reforma Protestante, que seria a livre-interpretação da Bíblia, de fato e de direito.

Por isso, Inês se refere ao livro como uma luz sobre sua vida, parte de um processo no qual a tarefa seria redescobrir forças divinas adormecidas nela e levar outras pessoas a redescobrirem "Deus ou deuses" dentro de si. Voegelin chama a gnose moderna de uma tarefa mística de autossalvação. O "Tarô dos Santos" realiza a construção de um sistema em que há equivalências, por um lado, e fusões, por outro. Nos "arcanos maiores", o nome dos santos é justaposto ao título original da carta do tarô de Marselha.

Observe-se a correspondência entre as cartas e os santos: O Louco/São Francisco; O Mago/São Nicolau; A papisa/Santa Maria Madalena;

TARÔ DOS SANTOS E HERESIAS VISUAIS: UM CATOLICISMO *NEW AGE*? 125

A Imperatriz/Santa Helena; O Imperador/São Constantino; O Papa/São Pedro; Os Amantes/São Valentino; O Carro/São Cristóvão; A Justiça/ São Miguel; O Eremita/Santo Antão; A Roda da Fortuna/Santa Catarina; A Força/São Jerônimo; O Enforcado/Santa Blandina; O Martírio/Santo Estevão; A Temperança/São Bento; O Diabo/Santa Margarete; A Torre/Santa Bárbara; A Estrela/Santa Tereza; A Lua/Santa Maria; O Sol/Cristo; O Julgamento/São Gabriel; O Mundo/Santa Sophia (Place 2003, p. 23-30).

Na construção do "Tarô católico", percebem-se equivalências e fusões entre símbolos, histórias e hagiografias. Cada página em que se inicia a exposição das cartas do Tarô, no caso, os "arcanos maiores", é numerada com numerais romanos (exceto "O Louco", que corresponde, no baralho comum, ao coringa) (seguido do nome do santo (a) e do título original da carta no baralho de Tarô. A ilustração da carta vem em seguida. Abaixo dela, trechos de passagens bíblicas, filósofos e místicos cristãos. Após, segue uma pequena exposição hagiográfica, terminando com a enumeração de possíveis significados no Tarô.

As figuras das cartas estão emolduradas e apresentam um fundo colorido, rosa, magenta ou preto, sobre o qual surgem as figuras religiosas. As imagens mais usadas são santos, santas, objetos cerimoniais católicos (a estola, o cálice, o báculo episcopal) e algumas passagens bíblicas (a morte de Abel, a anunciação do anjo Gabriel, entre outras) e da história do catolicismo. Logo abaixo das figuras, colocam-se frases ou palavras. No caso dos "arcanos maiores", o nome do santo ou santa é escrito em letras maiúsculas e abaixo, em letra menor, o significado original da carta no Tarô de Marselha. Abaixo, colocam-se, a título de ilustração, duas cartas.

Figura 1 – Duas cartas do "Tarô dos Santos":
Fonte: Robert Place 2003, p. 107, 120.

Na primeira carta, o oito de paus apresenta um "fato histórico": São Martinho recusa ao bispado de Tours na França, escondendo-se, mas é descoberto e obrigado a aceitar o cargo eclesiástico. Logo em seguida, Place oferece uma possível interpretação: moderação das paixões ou mesmo a recusa em viver de acordo com o potencial da pessoa. O báculo, símbolo do pastor, representa a carta "oito de paus". Existem oito báculos cruzados (quatro do lado direito e quatro do lado esquerdo).

A segunda carta apresenta uma figura importante para os esotéricos: Maria Madalena, apóstola e mulher de Jesus. À figura de Maria Madalena são dedicadas cinco páginas, em que se aborda a tradição cristã e a gnóstica, e comenta-se a carta escolhida para representá-la: a Papisa. Essa é uma das cartas com que Inês se identifica, pois, segundo ela: "Na carta não temos o preconceito contra a mulher, ela é a escolhida de Cristo e uma sacerdotisa". A origem dessa carta estaria ligada à lenda da papisa Joana. A Igreja não ordenava e não ordena mulheres, mas, até 1545 (Concílio de Trento), existiram ordens religiosas que se dedicavam à educação de mulheres. Consta da lenda que uma mulher, oriunda dessas ordens, entrou disfarçada de homem no clero, tornando-se papa.

Place oferece uma versão "histórica" para essa lenda: no século XIII, um místico gnóstico teria profetizado que, em 1300, uma mulher se tornaria papisa e iniciaria um novo cristianismo. Esse místico gnóstico foi influenciado pelas visões e profecias de um monge cistercense, Joachim de Fiori. Ele conseguiu fundar uma seita que, em 1300, elege uma mulher chamada Manfreda como papisa. Ricos seguidores da nobreza italiana começam a financiar essa seita (Place, 2003), desaparecida sob a Inquisição Católica.

Entretanto, alguns anos depois, uma parenta de Manfreda, uma nobre italiana, financiou a pintura de um dos mais antigos baralhos de Tarô conhecidos. Na carta acima, retomam-se elementos cristãos: o túmulo, as letras gregas alfa e ômega, para em seguida oferecer a pista interpretativa: essa carta está relacionada a uma forte experiência mística interior.

Dispondo o texto e a imagem com o intuito de produzir similitudes, ou o "desejo de semelhança", Place escreve um livro no qual informações históricas, datas, referências eclesiásticas, filosóficas, católicas, esotéricas e a religiosidade *New Age* formam um sistema que funde catolicismo e esoterismo.

O híbrido nos modos de ler e a ressurgência da religião

Para situar a leitura do livro e a interpretação da leitora no contexto da relação de rupturas e combinações entre modernidade e religião, é preciso também perceber que a própria modernidade mudou a forma como a leitura era feita por grupos e pessoas. Essa transformação trouxe confrontos com um modo de ler praticado, por exemplo, pela religião católica na Idade Média; nos mosteiros ou em volta das igrejas, tais práticas de leitura eram exercidas. A partir do surgimento da modernidade (ou de um dos tipos de modernidade), mudou-se a exegese dos textos e, portanto, rompeu-se com uma forma de entender e interpretar símbolos visuais e escritos (Jauss 1978), apesar de, ainda hoje, a leitura coletiva ser exercida em grupos de estudos dos mais diversos tipos e formas (Lewgoy 2004).

Traçando uma homologia entre o texto e a leitura exercida sobre ele, Inês consulta habitualmente oráculos baseados no Tarô, não apenas para descobrir algo, mas para buscar conselhos, para se descobrir, daí a identificação que sentiu durante sua trajetória e a leitura do livro de Place. A leitora Inês vê o trabalho da religião e da busca religiosa como um trabalho de autossalvação, portanto gnóstico. Inês diz que a hóstia consagrada é uma "porta para dentro dela mesma" e que, ao ler as cartas do Tarô dos Santos, ela pensa "a hóstia como abertura e poder. As cartas do Tarô abriram uma outra trilha para mim, mas pena que não posso compartilhar isso com muita gente". Inês vai ainda mais longe ao afirmar: "me sinto uma verdadeira sacerdotisa quando distribuo as hóstias consagradas".

Interessante perceber a ideia de progressão ressaltada por Inês e no livro que ela lê. Essa noção é derivada do triunfo da representação gnóstica do tempo. Para comprovar tal análise, cita-se o consenso de serem, os arredores de 1500, o marco inicial da modernidade moderna (Voegelin 1968).

Na verdade, ela pode ser rastreada no ano de 800, quando um contínuo feixe de símbolos (por exemplo, a teoria de três eras, do Pai, do Filho e do Espírito Santo, criada pelo monge e profeta Joaquim de Fiore) desdobra-se, produzindo a imanentização a partir de símbolos cristãos. Existem pelo menos três tipos de imanentização: teleológica (Marx e Hegel), axiológica (Reforma Protestante) e ativista (militantes marxistas), esta última considerada a "ala esquerda do gnosticismo" (Voegelin 1968).

A própria classificação usada por historiadores e filósofos tornou-se prisioneira da representação gnóstica, o que já seria uma "imanentização" radical (Voegelin, 1968). No entanto, as informações históricas, as percepções e os símbolos usados pela leitora e pelo livro "Tarô dos Santos" (Place 2003) ligam-se a declarações e a crenças de ordem mágica e mítica, como a crença de Inês na Eucaristia.

A forma de perceber o tempo, a diacronia e, assim, a própria percepção de história linear, bases das quais emerge a concepção de modernidade, seria um empreendimento gnóstico. Mas é preciso frisar que a oposição entre modernidade e antiguidade é portadora de uma ambivalência (Le Goff, 1991). Um dos sentidos radicados nessa ambiguidade será o de que a modernidade e a religião, particularmente a religião cristã na vertente católica, são dimensões excludentes e conflituosas.

Porém, na atual contemporaneidade da relação entre sociedade e religião, deixa-se entrever um sentido oposto: a religião irrompe dentro das próprias formas e linguagens da modernidade. Daí a polêmica: será a atual configuração da religião o resultado de um avanço da secularização ou ressurgência da religião? Mas essa própria forma de perguntar é ainda uma forma de separar as fronteiras em traços cartesianos e modernos, uma forma recusada pelo pensamento pós-moderno (Hall 1992).

Talvez uma saída do impasse esteja no uso do conceito de reflexividade. Ela pode ser entendida como trabalho de autossalvação, portanto, uma moderna gnose na qual a força principal é o processo, empreendido pelo sujeito, de pensar e repensar sua trajetória, adesões, imagens e significados (Giddens 1991).

Por outro lado, a reflexividade entendida como um "trabalho gnóstico" faz perceber que a penetração do gnosticismo na cultura ocidental se intensifica a partir do surgimento e expansão da escrita, constituindo-se, esta prática, em um lócus privilegiado da reflexividade. A imprensa torna o texto legível aos olhos, dispondo-o segundo uma lógica não mais auditiva, mas, sobretudo, visual eleita pela modernidade como o foco da produção cultural (marketing, consumo e estética) (Babo 2004). Isso faz a leitura transitar de um espaço exterior e público, portanto de um ato coletivo, para um espaço interior, um ato privado, com a emergência do individualismo burguês (ISER, 1978).

O livro, tal qual chega até o presente momento, é revelador de uma prática individualizante de leitura (Babo 2004). A prevalência da leitura visual permite ao leitor uma maior mobilidade e circulação no espaço geográfico da escrita. No livro "Tarô dos Santos", as imagens e os dizeres que inauguram cada "arcano maior", as cores e os tons permitem ao leitor construir sua própria performance de cunho religioso ou espiritual, sendo mais próximo a uma experiência religiosa (revelação) ou psicológica (arquétipos).

A leitura do "Tarô dos Santos" estabelece um jogo de captação, adivinhação, decifração ou conjetura, o que exige uma posição interrogativa e ativa do sujeito, uma atitude de antecipação a partir da perspectiva de um aumento de ritmo de apreensão. Uma reflexividade que torna a religião um elemento de autoconstrução na busca pela identidade empreendida na contemporaneidade por diversos grupos sociais, entre eles a classe média em geral.

Algumas considerações

A criação e a divulgação do "Tarô dos Santos" têm dois movimentos. O primeiro (Bultman *apud* Merquior, 1972) é a eticização (norma de comportamento) de temas gnósticos. De acordo com a gnose, o pneuma é uma centelha luminosa reavivada pela Revelação, uma ideia que correspondente à noção cristã de um espírito divino conferido ao batizado (Merquior 1972). O apóstolo Paulo, crítico dos Coríntios de tendência gnóstica, "moralizou a significação da 'centelha divina' ou pneuma, ou seja, o pneuma não atua como força mágica, e sim como norma de comportamento" (Merquior 1972, p. 63). O segundo movimento seria a dispersão do significado, com o ressurgimento da busca pelo sentido a partir do "re-encantamento" do mundo.

Por outro lado, pode ser sugerido um terceiro movimento: a comutação entre fronteiras e significados. Otávio Velho (1998), partindo da reflexão antropológica, coloca a gnose e seus desdobramentos no arcabouço cultural da modernidade e na teoria do conhecimento ou epistemologia como uma performance dialógica que permite um trânsito entre distintas fronteiras.

Atravessando essas questões, é preciso lembrar a tensão entre a leitura como ato e atitude individual e escrita (baseada no *graphen*), que seria uma experiência moderna inscrita na história a partir do século XIX, e a leitura como um ato e atitude coletiva e oral (baseada no *phonon*), polifonia de vozes coletivas, cujo referencial histórico pode ser identificado na Idade Média. A leitura transformou-se em:

> Espaço exterior e público, acto de compreensão colectiva — interiorizou-se totalmente, tornando-se um acto privado, com a emergência e imposição do individualismo e o culto da subjectividade. A leitura colectiva, praticada por exemplo nos meios urbanos entre os séculos XVI e XVIII é, para Roger Chartier, um fazer colectivo que implica uma elaboração do sentido em comum (Babo, 2004, p. 12).

A modernidade, portanto, impôs, sobretudo, um olhar "objetificante", um olhar que codifica os corpos, a oralidade e a simbologia, reduzindo-os a simples objetos de observação. Esse dispositivo exegético da modernidade é o contraponto ao dispositivo exegético existente antes da "revolução da leitura", na Idade Média (Babo, 2004; Burker e Porter, 1997). No dispositivo medieval, o leitor era um ator que, através da internalização do texto, encarnava o Outro.

Na proposta de Place, agrega-se tanto a polifonia do(s) outro(s), que as imagens do Tarô evocam, quanto a busca individualizada. Esses "outros" seriam, entre as múltiplas possibilidades, os santos e santas, portanto, a própria tradição católica, fornecedores de uma chave interpretativa ao alcance de leitor médio, religiosamente flutuante ou firmemente ancorado em determinada religiosidade.

A visão, poderosa "divindade" moderna, operou um deslocamento da linearidade temporal da fala para a espacialização da escrita (Babo 2004; Burke e Porter 1997). Como uma espécie de superfície, a escrita permite o retorno e a repetição da leitura. Daí a possibilidade de criação de percursos individualizados de leitura, portanto, modernos.

O Tarô dos Santos constitui, assim, um híbrido entre tradições (cristã e gnóstica, por exemplo) separadas por fronteiras canônicas no nível da instituição, mas submetidas a interpretações de sujeitos descentrados. O dispositivo moderno de dicotomizar é substituído pelo dispositivo holístico de fundir, num mesmo espaço e tempo, substâncias inconciliáveis.

A substituição do dispositivo moderno pelo holístico feita na prática e na competência da *literacia* (modo de interpretação), distinta dos processos técnicos de decifração (alfabetização), seria um fenômeno da ordem do consumo cultural (Babo, 2004; Burke e Porter, 1997). A *literacia* implica, para além da aquisição de técnicas de apreensão do texto, um "modo de estar em sociedade", que é, acima de tudo, uma via para a compreensão do mundo e da ordem das coisas (Burke e Porter 1997).

A escrita praticada hoje é a representação da fala. O deslizamento da *phonè* (som) para o *grafein* (grafia) inaugurou uma nova possibilidade de entendimento do discurso escrito, dentro do qual, paradoxalmente, a leitura assume uma postura negativa da visibilidade, isto é, a leitura só é possível se a letra perder a sua visibilidade (Babo 2004; Pêcheux 1969).

A legibilidade implicaria uma operação em que o ver nem esgota a operação de leitura, nem se sobrepõe à condução da letra para o sentido que esta transporta. Dessa forma, é por ele (livro) não se impor como letra visível que é um condutor de múltiplos significados que se vão desdobrando em outros, em um processo interminável, de tal forma que, entre a vida do leitor e a leitura, estabelecem-se vínculos éticos. A "materialidade do *grafein* desmaterializa-se, e é essa a sua condição de legibilidade" (Babo 2004, p. 13). A legibilidade seria construída a partir da crença na legitimidade dos símbolos e na articulação destes ao entendimento ou à previsão de eventos e acontecimentos passados, presentes ou futuros.

Na modernidade moderna, a condição de legível restringe-se a determinados atributos do discurso. Neste contexto (entre o século XIX e início do século XX), a "racionalidade objetificante", um dos atributos do discurso considerado intelectualmente legível, colocou as igrejas cristãs num paradoxo: ao mesmo tempo em que ocorre um processo de desmitificação (por exemplo, as investigações do Vaticano II sobre os santos para retirar todo o mito do "corpus" da fé), a própria religiosidade é vista (pela modernidade) como uma forma ultrapassada, ou a ser superada, de ler/compreender (legibilidade) o mundo e suas relações.

No baralho do Tarô dos Santos, o código visual e o código escrito se imbricam e exercem uma influência mútua, mediada pela leitura e pelos leitores, como no caso de Inês. No código escrito se inscreve a memória dos significados que os especialistas, ou tarólogos, e os leitores atribuem às cartas e que se tornam "grandes narrativas", abarcadoras de comportamentos e atitudes. Essa memória é criada e acessada pela postura reflexiva do escritor e dos leitores. Por outro lado, a reflexividade, entendida como um trabalho gnóstico, ajuda a perceber um fato: a penetração do gnosticismo se deu a partir do surgimento e expansão da escrita, constituindo a leitura individual, um lócus privilegiado de reflexividade.

No livro "Tarô dos Santos" o código visual e o código escrito veiculam uma memória de significados que se torna performática, ao se vincular às biografias das pessoas que o consultam. Com isso, o indivíduo articula imagem e letra, realiza a resignificação da própria vida, expressa um processo sincrônico e diacrônico, hibridiza as fronteiras identitárias e falseia a atribuição inequívoca e unívoca de identificação religiosa.

A leitura do livro trouxe para Inês inúmeras oportunidades de "rever a vida, as atitudes, ver coisas que os outros não veem". Por isso, Inês não vê descontinuidades entre o tarô, sua vida pastoral católica e sua vida pessoal, afinal, segundo ela, "o espírito está onde quer que o coloquemos". Dessa forma, a "literacia", feita por Inês (e o próprio livro), impõe um deslizamento de significados/símbolos/significantes e forma um híbrido entre a tradição esotérica e a tradição católica, deslizamento do qual nem a RCC escapa.

Referências bibliográficas

ALBUQUERQUE, Leila Marrach B. *Oriente: fonte de uma geografia imaginária*. REVER, *Revista de Estudos da Religião*, São Paulo: PUC, n. 3, p. 114-125, 2001.

AMARAL, Leila. *Carnaval da alma: nova era, comunidade e sincretismo*. Petrópolis: Vozes, 2000.

BABO, Maria Augusta. *As implicações do corpo na leitura*. Texto avulso. ISCT, Portugal: Universidade Nova de Lisboa, 2004.

BURKE, Peter; PORTER, Roy (orgs.). *História social da linguagem*. São Paulo-Cambridge: Editora Unesp-Cambridge University Press, 1997.

CAMURÇA, Marcelo Ayres. *Sombras na Catedral: A Influência New Age na Igreja Católica e o Holismo da Teologia de Leonardo Boff e Frei Beto*. In: *Numen*, Juiz de Fora: v. 1, n. 1, p. 85-125, 1998.

GIDDENS, Anthony. *As conseqüências da modernidade*. São Paulo: Unesp, 1991.

_____. *A vida em uma sociedade pós-tradicional*. São Paulo: Unesp, 2001.

HALL, Stuart. *The question of cultural identity*. In: HALL, Stuart et al. *Modernity and its futures*. Politic Press/Open University Press, 1992.

ISER, Wolfgang. *The act of reading*: a theory of aesthetic response. Baltimore: Johns Hopkins, 1978.

JAUSS, Hans Robert. *Pour une esthétique de la réception*. Paris: Gallimard, 1978.

KAPLAN, Stuart R. *Tarô Clássico*. São Paulo: Pensamento-Cultrix, 1989.

LA PIETRA, Danila V. *El Tarot en la Ciudad de Buenos Aires: la búsqueda de sentido através de prácticas mágicas*. Tesis. Instituto de Investigación en Ciencias Sociales Facultad de Ciencias Sociales, Universidad del Salvador, 2000.

LE GOFF, Jacques. *El orden de la memoria*: el tiempo como imaginario. Barcelona: Ediciones Paidos Iberica, S.A., 1991.

LEWGOY, Bernardo. *Etnografia da leitura num grupo de estudos espírita*. In: Horizontes Antropológicos, jul./dez. vol. 10, n. 22, p. 255-282, 2004.

LIMA, Robson Rodrigues de. As teorias da leitura aplicadas ao texto. *Rev. PEC*, Curitiba, v. 3, n. 1, p. 113-119, jul. 2002-jul., 2003.

LYOTARD, Jean-François. *The Postmodern Condition*. Manchester: University Press, 1984.

MARTELLI, Stefano. *A religião na sociedade pós-moderna*. São Paulo: Paulinas, 1995.

MERQUIOR, José G. *Genealogia da solidão e a erosão da conduta interativa sob a influência da gnose moderna*. Rio de Janeiro: Forense, 1972.

_____. *O antigo "etos" cristão e a superação da gnose no cristianismo antigo*. Rio de Janeiro: Forense, 1972.

NAIFF, Nei. *Tarô, Ocultismo e Modernidade*. Vol 1. São Paulo: Elevação, 2002.

NICHOLS, Sallie, *Jung e o Tarô: uma jornada arquetípica*. São Paulo: Cultrix, 1997.

PÊCHEUX, Michel. *Analyse automatique du discours*. Paris: Dunod, 1969.

PETIT, Michèle. *Lecturas del espacio íntimo al espacio público*. México: Fondo de Cultura Económica, 2001.

PLACE, Robert M. *Tarô dos Santos*. 2ª ed. Rio de Janeiro: Ediouro, 2003.

SEMÁN, Pablo. Notas sobre a pulsação entre Pentecostes e Babel: o caso de Paulo Coelho e seus leitores. In: VELHO, Otávio (org.). *Circuitos infinitos*: *comparações e religiões no Brasil, Argentina, Portugal, França e Grã-Bretanha*. São Paulo: Attar Editorial, 2003.

SILVEIRA, Emerson J. Sena da. *A "posse do Espírito": cuidado de si e salvação*. In: *RHEMA, Rev. Filosofia e Teologia*, Juiz de Fora, v. 6, n. 23, p. 143-170, 2000[a].

_____.*Tradição e modernidade: um estudo dos rituais, subjetividades e mito de origem da Renovação Carismática Católica*. Dissertação de mestrado, Juiz de Fora: Universidade Federal de Juiz de Fora, ICHL, Dep. Ciências da Religião, 2000 [b].

_____. *O 'Pop' no espírito: festa, consumo e artifício no movimento carismático e pentecostal*. In PEREIRA, Mabel S.; CAMURÇA, Marcelo. *Festa e religião*: *imaginário e sociedade em Minas Gerais*. *Juiz de Fora*: Templo Editora, 2003, p. 137-158.

TAVARES, Fátima R. G. *Mosaicos de Si. Uma abordagem sociológica da iniciação no Tarot*. Dissertação. (Mestrado em Sociologia). *Programa de Pós-Graduação em Sociologia, Instituto de Filosofia e Ciências Sociais*, UFRJ, 1993.

VELHO, Otávio. *Ensaio herético sobre a atualidade da gnose*. Horizontes Antropológicos, 1998, ano 4, n. 8, p. 34-52.

VOEGELIN, Eric. *Science, Politics and Gnosticism*. Washington: Regenery Gateway, 1968.

Segunda Parte

NOVAS COMUNIDADES, NOVOS ESTILOS DE VIDA NA (PÓS-) MODERNIDADE

6

NOVAS COMUNIDADES CATÓLICAS: POR QUE CRESCEM?

Brenda Carranza[1]
Cecília Loreto Mariz[2]

Tradição reinventada

Desde muito cedo o cristianismo registrou as mais diversas experiências de grupos que, atraídos pelo desejo de oração e contemplação, abraçavam o ideal de vida em comum, compartilhavam bens materiais e simbólicos, submetendo-se às disciplinas da austeridade e ascetismo. Quer com o objetivo de alcançar a santidade, quer com a missão de disseminar o Evangelho, ou ambos. A história do monacato atesta as múltiplas facetas que ao longo dos séculos sedimentaram esse ideário de vida comunitária como patrimônio do cristianismo.

Na mesma proporção que a cultura cristã perfilava o Ocidente, as múltiplas experiências de vida comunitária, vertebrada pela renúncia dos bens

---

[1] Brenda Carranza é professora pesquisadora convidada da Pontifícia Universidade de Campinas – PUC-Campinas. Sua área de concentração de pesquisa é catolicismo contemporâneo, mídia e juventude. É membro do Instituto Nacional de Pastoral da Conferência Nacional dos Bispos do Brasil – INP/CNBB. Publicou recentemente o capítulo intitulado "O catolicismo midiático" em *As religiões no Brasil: continuidades e rupturas*, Faustino Teixeira e Renata Menezes (orgs.), Vozes, 2006.

[2] Cecília Mariz é professora de Sociologia na UERJ e pesquisadora CNPq. Tem publicado sobre religião, em geral, e catolicismo e pentecostalismo, em particular. Atualmente desenvolve projeto apoiado pelo CNPq sobre as comunidades de vida no Brasil.

materiais (pobreza), da autonomia pessoal (obediência) e da atividade sexual (castidade), configuravam o imenso arsenal da espiritualidade medieval e moderna. Na primeira, séculos XII-XIII, destacam-se as Ordens mendicantes (franciscanos), a de pregadores (dominicanos) e as que defendiam com armas o cristianismo (templários); já na segunda, séculos XVI-XIX, as Congregações religiosas como jesuítas, salesianos, irmãs da Caridade, entre outras, responderam a uma nova racionalidade da Igreja e da sua missão no mundo.

Os tempos mudaram. Perante uma iminente descristianização e descatolização da sociedade, no final do século XIX, emerge o catolicismo social que, sob o marco doutrinal da Encíclica *Rerum Novarum* (Leão XIII, 1890), previu a reorganização da base social do catolicismo. Assim, florescem no século XX associações laicais e *movimentos eclesiais*, cuja novidade seria a incorporação dos leigos nos quadros de retransmissão da tradição e na missão de evangelizar, dantes tarefa reservada ao clero (Della Cava, 1992). Das muitas agrupações que proliferaram no século passado podem ser mencionadas, grosso modo, Ação Católica, Vicentinos, Congregação Mariana, Cursilhos de Cristandade, entre outros. Com origens históricas e incidências socioeclesiais diferentes, esses movimentos se expandem com ênfase na participação do leigo. No final da década de 1960, surgem as CEBs e a Renovação Carismática Católica (RCC). Com origem em contextos sociais diversos e inspirados de forma distinta pelo Vaticano II, esses movimentos rompem com o modelo dos movimentos eclesiais acima citados na medida em que pretendem a transformação da Igreja Católica como um todo, redefinindo seja o tipo de atuação do leigo, seja a espiritualidade.

A pentecostalização católica proposta pela RCC se destaca por oferecer ao leigo um contato direto com o sagrado e o sobrenatural através dos dons do Espírito Santo. Desta forma agrega milhões de católicos seduzidos pela novidade de vivenciar a manifestação dos dons do Espírito Santo na glossolalia (falar em línguas), na cura e na libertação de todos os males, na experiência pessoal de encontro com Deus focada na emoção. A modernização performática de danças, músicas, cantos e expressões corporais fizeram da oração e do louvor um elemento poderoso de atração dos fiéis oriundos de todas as camadas católicas, configurando um novo catolicismo de massas que apostava na cultura midiática como meio de reinstitucionalizar os afastados da Igreja (Carranza 2005).

Essa "torrente espiritual" – que cai em terreno de franco enfraquecimento da renovação de quadros vocacionais da Igreja católica –, levantaria distintas reações na Igreja e no campo religioso brasileiro e, concomitantemente, fermentaria no interior da RCC formatos singulares de agregação religiosa: as *Novas Comunidades*. Sob o influxo da espiritualidade carismática elas retomariam o ideário de vida comunitária cristã, espelhadas na utopia da neocristandade e identificadas com a preocupação da hierarquia de perder a cada censo seu rebanho para os pentecostais protestantes. De tal modo que, enquanto surgia uma RCC organizada burocraticamente na geografia eclesial, por meio de secretarias, conselhos e representantes, as *novas comunidades*[3] nasciam, estruturavam-se e disseminavam seu ideal, nos anos 70 e 80, época de franca pujança da Teologia da Libertação.

Apesar dos prognósticos de alguns que viam a RCC como um movimento passageiro na Igreja, seja pela sua euforia, seja por ser basicamente liderada por leigos, a RCC não só surpreendeu alguns setores da Igreja ao consolidar-se como um modo de ser Igreja, mas instigou os estudiosos por inovar formas de agregação religiosa alternativas à vida comunitária das tradicionais Ordens e Congregações. Se no âmbito eclesial as comunidades novas podem incomodar por serem um dos polos que mais atrai para si vocações leigas ao celibato e à vida sacerdotal, na esfera acadêmica

---

[3] O fenômeno das "novas comunidades" é internacional. As primeiras surgiram nos Estados Unidos, onde são chamadas de *"covenant communities"* (Csordas, 2007, p. 296). Martine Cohen (1998) e Jean Séguy (1999) descrevem as "nouvelles communautés" na França, entre as quais se destacam Emanuel e Beatitudes. Segundo Thomas Csordas (2007, p. 296-2977), os fundadores do principal organismo burocrático internacional da RCC (o International Communications Office, atualmente denominado International Catholic Charismatic Renewal Service ou ICCRS) eram membros de uma das primeiras novas comunidades dos Estados Unidos, The Word of God.

elas instigam o pesquisador a perscrutar as rupturas e as continuidades com a sociedade mais ampla e com o catolicismo, em particular.

Qual é a especificidade das *novas comunidades*? Por que elas crescem mais em relação às congregações religiosas tradicionais? Qual o papel do leigo e da mulher nelas? Que tipo de experiência oferecem? O que buscam os jovens e o que encontram nessas comunidades? A que lógica cultural respondem as propostas comunitárias? Quais os conflitos que enfrentam no ambiente intraeclesial? São inovadoras do catolicismo ou conservadoras do mesmo? Essas e outras questões alinhavam este texto que, a seguir, parte de um breve esboço sociológico sobre as *novas comunidades*, em sequência discute alguns aspectos essenciais na compreensão de suas dimensões e impactos sociorreligiosos e, finalmente à guisa de conclusão retoma as perguntas para oferecer algumas reflexões.[4]

Novidade limiar

Em geral, nos documentos religiosos e na organização da Igreja junto às pastorais, tem-se colocado numa mesma categoria os "novos movimentos" e as "comunidades novas" (Subsídios 2005, p. 13-16). No entanto, sociologicamente é necessário destacar que são grupos que se distinguem bastante quanto ao seu surgimento e à sua organização. Os chamados "novos movimentos" são associações internacionais criadas na Europa, em sua maioria antes do Vaticano II. Embora sejam chamados "novos", esses movimentos não são necessariamente mais recentes do que os demais movimentos leigos que atuam na Igreja católica atual.

Apesar da pouca diferença no marco temporal, constata-se certa distância entre as mediações sócio-históricas e perspectivas sociotransformadoras da realidade de um e outro tipo de movimento. No espectro ideológico os chama-

---

[4] Este texto é fruto de um projeto comum de pesquisa de campo. Todos os depoimentos e entrevistas aqui mencionados se baseiam na observação participante realizada durante mais de dois anos pelas autoras.

dos "novos movimentos" alinham-se ao conservadorismo moral e social, alguns com grande influência na Cúria romana. No entanto, sua grande inovação é a proposta de vida consagrada e comunitária para os leigos. Atraídos, seja pela proposta ou pela figura carismática do fundador do movimento, seus membros experimentam um tipo de conversão dentro do próprio catolicismo e vivenciam de maneira radical a fé, mudando o estilo de vida. Além de oferecer formas diversas de consagração a seus membros, esses movimentos inovam por proporcionar formação específica para seus próprios ministros ordenados. Neles é possível encontrar solteiros, homens e mulheres, consagrados a Jesus Cristo e ao movimento, além de casais partilhando ideais de castidade e, até sacerdotes e bispos dedicados ao serviço da comunidade e identificados com seu carisma.

Os "novos movimentos" agregam milhares de leigos católicos procurando estreitar vínculos afetivos e efetivos com a hierarquia (Papa, bispos) a que demonstram incondicional fidelidade. Com forte centralidade organizativa, muitos com sede em Roma, esses movimentos têm como missão atrair os católicos não praticantes, circunscrevendo assim sua ação ao escopo confessional, ou seja, à própria Igreja. Essas organizações têm se caracterizado também por apoiar uma utopia de neocristandade profana que, almejada por alguns setores da Igreja, tem sido o alicerce de expansão dos dois últimos pontificados (Urquhart 2002).

As "novas comunidades" se assemelham em vários aspectos ao catolicismo dos "novos movimentos". Como esses, procuram manter sua autonomia e demarcar fronteiras em relação às comunidades paroquiais, Comunidades Eclesiais de Base, comunidades religiosas e também aos diferentes movimentos religiosos, inclusive à RCC, da qual derivam. Diferentemente dos "novos movimentos", as *novas comunidades*, todavia, não se encontram definidas no Código de Direito Canônico da Igreja, o que não as exime de receberem a aprovação do bispo, na condição de associação de fiéis, na diocese onde foram fundadas (Subsídios 2005, p. 21).

Sem esse consentimento elas correm o risco de serem marginalizadas nos ambientes eclesiais, conforme narra Pe. Roberto Lettieri, sacerdote diocesano de Campinas/SP e fundador da Fraternidade Toca de Assis (1994) que, em menos de uma década, arrebanhou mais de mil jovens seguidores, homens e mulheres espalhados por 110 casas pelo Brasil afora. Essa *nova comunidade* abraça o ideário franciscano de vivência radical da pobreza e tem como carisma cuidar dos moradores em situação de rua. Oriundo do Treinamento de Lideranças Cristãs (TLC)[5] e atribuindo sua experiência de conversão religiosa à RCC, Pe. Roberto desabafa sobre as resistências que a Toca enfrentou:

> ... *No início fomos muito questionados, ridicularizados. Sofri muito. Mas, agora, quero ver quem se atreve a dizer que não somos filhos da Igreja, pois D. Gilberto* [Arcebispo metropolitano de Campinas, na época] *já nos aprovou. Ele gosta de nós e incentiva nosso trabalho...Se alguém não gostar da Toca não posso fazer nada...* (Entrevista, R. L., Campinas, SP, 13/4/1997).

De reconhecida matriz espiritual carismática as novas comunidades, também denominadas de Comunidades de Vida e Aliança (Oliveira 2004, p. 88), estimulam em seus membros, por meios emocionais, a experiência pessoal com Deus, motivam à transformação pessoal através da oração, encorajam o dom de línguas, a cura e a libertação, retomam a centralidade de Nossa Senhora, de alguns santos e o uso da Bíblia. Essa última é objeto do carisma da comunidade Nova Jerusalém fundada em Fortaleza/CE (1981) pelo sacerdote belga Caetano Minetti de Tillesse, que sugere a seus seguidores, homens e mulheres, casados e solteiros, ser uma "geração bíblica, um povo que leia e conheça a Bíblia"[6].

---

[5] O TLC foi criado em Campinas em 1967 pelo Padre Harold Rahn, que, inspirado pelos Cursilhos, propõe um retiro para jovens. Mais detalhes ver http://tlc.org.br/portal/

[6] Na biografia do padre Caetano se conta a sua longa passagem pela vida monástica, cisterciense, na Europa, a chegada ao Brasil após o Concílio Vaticano II em 1968, e sua adesão à RCC em 1975, a qual inspiraria o Instituto Nova Jerusalém (htt://www.comunidadesshalom.org.br/formação/renovação/entrevistape_caetano.html / Acesso em: 18/9/2007.)

Apesar de terem surgido e entre membros da RCC, as *novas comunidades* são organismos totalmente independentes. Estruturando-se com casa matriz, sedes, estatutos, regras, registro civil, coordenação, casas de missões e recursos próprios, algumas comunidades revelam-se verdadeiros impérios espirituais, com empreendimentos financeiros consideráveis, comportando-se como movimentos autônomos em prol da expansão de seu carisma. Ao mesmo tempo, essas comunidades nascem com raízes fortes locais, identificam-se com as necessidades de seu entorno e respondem a elas desde a compreensão do que denominam missão.

Um exemplo dessa complexidade integrada é a Canção Nova, fundada na diocese de Lorena/SP, nos fins dos anos 70, pelo padre Jonas Abib. Com imensa projeção no âmbito eclesial, a Canção Nova tem seu epicentro numa fazenda em Cachoeira Paulista/SP, esta onde acolhe milhares de jovens carismáticos, muitos dos quais engrossam suas fileiras como membros, locados nas mais de 100 casas de formação espalhadas pelo território nacional e em vários países: Portugal, França, Itália, Estados Unidos e Israel. Essa nova comunidade cresceu sob a consigna de fazer dos meios de comunicação social instrumentos de evangelização, consolidados na Rádio e na TV Canção Nova, investimentos sustentados com a colaboração econômica de centenas de simpatizantes.[7] Tida como uma das comunidades que mais cresce, a Canção Nova oferece todas as formas de compromisso religioso a homens e mulheres dispostos a abraçar uma vida em celibato, a casais e vocacionados para a vida sacerdotal, contabilizando sacerdotes formados com os recursos da comunidade, no espírito "canção nova" e a seu serviço.

Nessa diversidade de compromissos religiosos parece residir uma das razões do crescimento das *novas comunidades,* evidenciada na sua capacida-

---

[7] Para manter no ar os programas da TV Canção Nova, a Comunidade conta com diversas estratégias de marketing religioso, entre elas: "Dai-me Almas". Trata-se de uma verdadeira maratona televisiva em que por 24 horas incentiva-se o telespectador a fazer doações para cumprir a meta de arrecadação da despesa mensal da TV.

de interna de incorporar novos adeptos, oferecendo opções de "consagração" – entendida como votos ou compromissos de todos os tipos – àqueles que se identifiquem com sua missão. Esta consagração é a essência da incorporação dos fiéis à comunidade, constituindo-se no vínculo identitário que os solda ao grupo. Nela os membros são reconhecidos e sentem-se parte do grupo que os situa e localiza na sociedade e na Igreja, retirando quaisquer vestígios de anonimato, marca registrada da crise no mundo contemporâneo.

Próximas e distantes

Peter Berger e Thomas Luckmann sugerem pensar a crise da sociedade moderna como uma crise de orientação cultural, na qual as comunidades intermediárias – a Igreja, o Estado, a Família e a Escola, que estabelecem relação entre os indivíduos, as pequenas comunidades e a sociedade – perderam sua capacidade de orientar as aspirações profundas dos cidadãos, fiéis, filhos, alunos. Segundo os autores, quem toma o lugar das comunidades intermediárias são a mídia e o consumo, estabelecendo vínculos de pertença, quer pelo poder aquisitivo, quer pela capacidade de persuasão ideológica (Berger e Luckmann 2004, p. 25-36).

Ora, num mundo de *incertezas líquidas,* no dizer de Zygmunt Bauman (2007), onde tudo pode ser questionado, confuso, cheio de possibilidades de interpretação, muitos passam a procurar o ordenamento perdido, aquele repleto de certezas: a estabilidade. As pequenas comunidades parecem ser o refúgio que alivia no indivíduo a necessidade de reinventar o mundo a todo momento e de ter que se encontrar nele. Assim, esses agrupamentos criam programas, currículos existenciais comprovados pela tradição, nos quais as pessoas espelham seu comportamento e aspiram à autorrealização (Berger e Luckmann 2004, p. 55).

Arrisca-se, portanto, sugerir que as *novas comunidades* no cenário católico cumprem a função de ordenador e de esteio existencial, disponibilizando a seus membros elementos para reconstrução da identidade pessoal. Observa-se ainda que, mediante ritos de iniciação (aspirantado, postulantado) e formação prévia (noviciado), se acompanha e se supervisiona o processo de discernimento vocacional – que não deixa de ser um controle das intenções dos candidatos que, submetidos pela obediência, renunciam à sua autonomia pessoal – dos simpatizantes das *novas comunidades* que se inserem em grupos mais reduzidos, qual sejam as comunidades de Vida e as comunidades de Aliança.[8]

Ambas são constituídas por casais e por solteiros, mas as primeiras exigem dos membros que morem sob um mesmo teto (em geral os homens solteiros têm casas separadas das mulheres solteiras, e por vezes os casais têm certa privacidade residencial) e se submetam a horários e tarefas comuns compartilhando os gastos de subsistência. Esses grupos assumem a responsabilidade de manter a espiritualidade e a estrutura da comunidade, consagrando-se ao seu serviço e empreendimentos. Já as segundas, as comunidades de Aliança, agregam todos os membros que se identificam com o carisma da comunidade, mas exercem suas atividades profissionais fora das estruturas comunitárias, preferindo morar e trabalhar fora, mas estabelecem os mesmos vínculos de pertença que os anteriores.[9]

---

[8] Atualmente as Comunidades de Vida e de Aliança encontram-se organizadas nacional e internacionalmente: FRATER e Fraternidade Mundial (The Catholic Fraternity of Charismatic Covenant Communities and Felllowships) respectivamente. Essa última, fundada desde 1990 e reconhecida em Roma, integra o Pontifício Conselho do Laicato. Já a primeira integra oficialmente comunidades católicas que professem claramente adesão ao Sumo Pontífice, ao Magistério da Igreja e ao episcopado; que expressem o batismo no Espírito Santo, os dons e "graças carismáticas" e a devoção mariana; e que se submetam a "inspeções " por parte da Diretoria da FRATER, atualmente presidida por Monsenhor Jonas Abib (fundador da Canção Nova).

[9] A maneira de conceber os compromissos e modos de vida entre a comunidades de Vida e de Aliança varia entre as *comunidades novas*. A Shalom, por exemplo, tem comunidade de Aliança Residencial (os membros moram juntos) e comunidade de Aliança Externa (a moradia é própria). Há, também, comunidades novas que têm só comunidade de Aliança, como a Comunidade do Bom Pastor (Copacabana) no Rio de Janeiro, ou comunidade de Vida mistas, como a Pantokrator El Shaddai, Campinas/SP, na qual jovens, homens e mulheres, consagrados em celibato, compartilham da mesma casa e das tarefas para sua manutenção.

O leque de estilos de adesão, tanto de jovens quanto de adultos, é constatado na Comunidade Shalom, cujo fundador, o leigo Moysés Louro de Azevedo, vislumbrou a possibilidade de criar a comunidade, em Fortaleza/CE, a partir de um grupo carismático em 1989. Conhecida pelo poder de convocatória, a Shalom reúne milhares de fiéis em seus eventos musicais, shows e celebrações litúrgicas, missas de libertação; promove grupos de oração e inúmeros projetos de socioevangelizadores. No momento com mais de centenas de membros espalhados por dezenas de casas no Brasil e no exterior, inclui Canadá, Uruguai, Itália, Suíça, França, Israel, Argélia; possui dois noviciados da Comunidade de Vida; coordena empreendimentos de rádio e programas de TV (Aguilar 2006, p. 28-35).

Se a consagração é o elo que solda os membros da comunidade, ela é também a pedra de tropeço que as *novas comunidades* enfrentam, perante as formas de vida religiosa tradicional, sobretudo quando apresentam candidatos à vida sacerdotal, formando-os no interior das próprias comunidades (Subsídios, 2005, p.23), uma vez que a formação do clero é de responsabilidade canônica da Igreja Particular (Diocese). Essa nova configuração laical que abrange a incorporação do clero representa, no mínimo, um "estranhamento" no interior da Igreja, sobretudo, porque a autonomia territorial é uma das dimensões mais cultivadas nas *novas comunidades*, propiciando a possibilidade de se constituírem em "igrejas paralelas" (Libânio 2004, p. 70), suspeita levantada outrora pela própria Conferência Nacional dos Bispos Brasileiros (CNBB) sobre os Novos Movimentos (Comissão Episcopal de Doutrina, 1997).[10]

O contato direto com o sagrado oferecido pela experiência com os dons do Espírito Santo explica esse risco e independência. Tal como ocorre no mundo pentecostal protestante, líderes criam comunidades, definem o "ca-

---

[10] Realidade que parece ter-se invertido, haja vista a crescente simpatia episcopal registrada no 1º Encontro Internacional de Bispos interessados nas *Novas Comunidades* da Renovação Carismática realizado no Brasil, em Lavrinhas/São Paulo em 2006, precedido de um outro acontecido em Roma, em 1999, no Seminário de Estudos sobre os Movimentos Eclesiais e as Novas Comunidades.

risma" de sua comunidade e regras respondendo inspirações interpretadas como divinas. A dinâmica de criação das comunidades não difere, portanto, daquela dos grupos de oração da RCC nos quais uma pessoa se sente chamada e encontra outra que também foi tocada por chamado semelhante: o chamado se confirma, criam o novo grupo, este se forma, depois procuram o aval institucional que o legitime. O processo se repete na gênese das novas comunidades: um leigo ou padre sente o "chamado" para organizar a comunidade, com regras e carisma próprio, funda-a, simultaneamente recebe da RCC o estímulo para seu crescimento. Grande maioria de seus membros tem passagem pelos grupos de oração e por último a Igreja local a reconhece.

A catolicidade é muito valorizada nas *novas comunidades*[11], tal como também na RCC; tenta-se, assim, evitar que a vivência dos dons do Espírito Santo resulte em identificação ou hibridismo com igrejas pentecostais, ou ainda em cismas guiados por *"profetas" ou líderes carismáticos*. Há, por vezes, uma preocupação em desenhar esteticamente os contornos identitários que as afastem visualmente dos protestantes. Essa preocupação é observada em algumas das "novas comunidades", e também em alguns dos "novos movimentos". Destacam-se entre os elementos de diferenciação identitária reminiscências medievais do franciscanismo como as da Toca de Assis, com visual despojado marrom e chinelos no pé, ou das Ordens Templárias, com vestes ostentosas de túnicas brancas, botas no pé, estandartes com brasões pontifícios dos Arautos do Evangelho[12], um dos chamados "novos movimentos".

---

[11] Em documento da Frater, divulgado na internet, afirma-se que, para participar dessa associação, a comunidade deve apresentar sinais de "catolicidade", e se explicitam "vida sacramental, devoção mariana, submissão e comunhão ao Magistério da Igreja, amor filial aos pastores e ao Santo Padre, o Papa, etc." (http://www.novascomunidades.org.br/texto.php?id=401 Acesso em: 7 de março de 2008).

[12] Associação brasileira dissidente do Movimento Tradição, Família e Propriedade (TFP), hoje de Direito Pontifício (2001). A Arautos do Evangelho é formada por mais de 30 mil membros, entre leigos, sacerdotes, religiosos e casais, os quais estão presentes em mais de 50 países. Com sede em São Paulo, dedicam-se fundamentalmente à evangelização da família, devotam incondicional obediência à hierarquia e à sacralização do mundo por meio da profissão.

É frequente reconhecer os membros e simpatizantes das comunidades pelo uso de cruzes e crucifixos, que fazem as vezes de símbolos de incorporação na comunidade (a Tao da Toca de Assis, a Shalom, Nova Jerusalém, Pantokrator). Eles também mantêm uma produção específica de figuras da Nossa Senhora (Medjugorje, Desatadora de Nós, Lourdes, Fátima) e a reprodução ilimitada de *souvenirs,* terços, anéis ou pulseiras, bonés, camisetas e outros. Tudo isso não apenas garante uma forma de sobrevivência econômica ou uma distância simbólica dos pentecostais, mas também diferencia entre si as comunidades que criam suas próprias logomarcas comunitárias na Igreja católica, tais como: Sião, Coração Novo, Arca da Aliança, Obra de Maria, Doce Mãe de Deus, Oásis, Nova Aliança, Eis o Cordeiro, Canção Nova, Shalom, Novo Maná, Aliança Sagrada Família, Toca de Assis, entre outras.

Notam-se, portanto, proximidades e distâncias entre as *novas comunidades* e os *novos movimentos*. Aproximam-se por suas propostas de vida comunitária e pelo discurso de santificação individual. As primeiras se distinguem, no entanto, por sua espiritualidade com raízes na Renovação Carismática, embora salvaguardem sua autonomia em relação àquele movimento. As novas comunidades também se afastam dos novos movimentos, que cronologicamente são anteriores a elas, por optarem pelos meios massivos de evangelização, sobretudo na apropriação da mídia. Entretanto, ambos afirmam sua identidade católica; embora as novas comunidades se empenhem em marcar suas diferenças em relação aos pentecostais protestantes, bebem da mesma fonte de pentecostalização, irrigando internamente o catolicismo.

Ainda é importante salientar a proximidade e a distância entre a subjetividade das novas comunidades e dos novos movimentos em relação à contemporânea. Por um lado, esses grupos rompem com elementos centrais dessa subjetividade quando defendem a restrição da vida sexual e quando confrontam o consumismo e o individualismo como uma resposta dialeticamente produzida. Por outro lado, estão próximos do mundo contemporâneo ao assumirem uma diversidade estética na forma de se vestirem, valorizando símbolos de tradições antigas, reinventando-os, e também quando adotam a emoção (em geral a alegria) para validar a verdade religiosa e espiritual. As novas comunidades também estão próximas dos estilos de vida na atualidade por sua afinidade com a mídia e com eventos de massa.

Mestres efervescentes de tempos heroicos

A RCC pode ser interpretada como um movimento religioso e social num sentido mais amplo, e não apenas como um movimento eclesial com certa burocracia e liderança, na medida em que se desdobrou em inúmeras iniciativas de caráter plural como são as *comunidades novas*. Ao introduzir o acesso direto ao sagrado, a dinâmica carismática pentecostal promove a diversificação de lideranças autônomas e leigas. Todos têm direito a usufruir dos dons, experimentar milagres, ter revelações e se organizar conforme lhes convêm. A oração e a efusão do Espírito, como experiência de efervescência coletiva (Durkheim, 1989), fortalece o grupo e também o legitima, reforçando a certeza de que se está seguindo o caminho certo, que os seguidores entenderam o chamado de Deus.

A crença no acesso de todos aos dons do Espírito Santo tem, portanto, permitido que se legitimem a autoridade de diversas lideranças leigas. Surgem líderes carismáticos, chamados por Weber (1992) de "profetas". Ao pregar os dons do Espírito Santo, prega-se a ampliação da autonomia da liderança leiga (homens e mulheres) e eclesiástica. Legitimado, o profeta tem relativa liberdade de criar sua comunidade com características específicas e propagar suas revelações. A autonomia permite uma experiência religiosa com a liderança localizada e próxima, o que cria o sentimento de sermos "os escolhidos", sermos a Igreja. Essa vivência gera na comunidade um sentimento missionário, o imperativo de levar a fé para outros lugares. No caso das *novas comunidades*, os próprios católicos são vistos como alvo de missão (haja vista a falta de vocações), tornando-se, na perspectiva de seus membros, ponto de partida de missionários para o Brasil e o estrangeiro.

A um só tempo no universo da RCC, ora consolidam-se pluralidade de carismas e de histórias, ora despontam diversidade dos perfis de fundadores. Mais ainda, uma nova comunidade pode inspirar a criação de outra, como por exemplo a Obra de Maria, fundada por um leigo, psicanalista, Gilberto Gomes Barbosa, em 1990 (Recife/PE). Ele admite na Canção Nova e na Shalom a inspiração do modelo organizador da sua comunidade e reconhece nelas o seu próprio "chamado de evangelizar" através de peregrinações marianas (www.obrademaria.com.br / Acesso em: 20/1/2008).

Da mesma maneira que os Movimentos, as *novas comunidades* trazem a centralidade da figura do fundador, que seria o líder portador do carisma pessoal, identificado por Weber como "profeta" (1992, p. 303).[13] Detendo o carisma, entendido como "um dom ou qualidade extraordinária", que o objeto ou pessoa possui por natureza ou adquire de forma também extraordinária, o profeta sistematiza o sentido de unificação da relação entre o mundo e o homem, a partir de posições de valor extracotidiano (Weber, 1992, p. 280). Sua autoridade se assenta na crença e devoção ao extraordinário, nos poderes sobrenaturais, nas revelações e no culto ao herói (Weber, 1992, p. 329-340).

Elementos facilmente identificados no depoimento de um jovem noviço da Toca de Assis:

> Eu tive a graça de estar lá quando o Pe. Roberto contou como foi sua experiência [de conversão] ...Ele disse que viu uma luz muito forte saindo do sacrário, que veio ao seu encontro e que fez ele cair de joelhos. Ele entrou num sentimento interior que não sabia explicar em palavras, mas muito forte, que levou ele de joelhos e que disse no interior dele: esse

---

[13] Weber distingue o profeta "fundador" de uma nova religião do profeta "renovador" da tradição (1991, p. 303). No caso, os fundadores das novas comunidades seriam, para ele, profetas renovadores, na medida em que não querem romper com a Igreja católica nem fundar outra religião.

é Deus. [Pe. Roberto escutou] Sou eu, eu sou teu Deus. Pronto. É o que ele sabe explicar (Entrevista, J. C. Madureira/RJ, 10/9/2007).

Na mesma direção o seguidor de André Luiz Botelho de Andrada, pai de família e fundador da Pantokrator El Shaddai, diz:

> Em 1985 ele [o fundador] teve uma forte experiência do amor ciumento de Deus, a partir do livro do Antigo Testamento, Isaías 49 (...) podemos dizer que foi uma revelação (...). Todo o sábado escutamos [o fundador] sua palavra e ensinamentos, ele vai escrevendo as normas e as regras que temos que cumprir (Entrevista, P. M. Campinas, 17/8/2007).

Os fundadores das *novas comunidades*, a maioria ainda vivos, suscitam veneração e seguimento, despertam as forças individuais de autorrealização, dinamizam um companheirismo radical, cimentado no amor mútuo, dão o devido apreço ao ideal de pobreza, como princípio de recusa do mundo estabelecido, da ordem vigente. Como nos profetas, o carisma, ainda em fase de estruturação, está vivo em toda sua potência, não foi rotinizado e pode ser renovado diante de novas revelações e milagres. Como atesta a jovem responsável pela formação dos membros da Toca de Assis:

> Nosso santo padre Roberto fala sempre o que devemos fazer, como devemos (sic) comportar (...) Todo dia, depois de voltar da rua, e antes de fazer a nossa oração diante do Santíssimo [Hóstia consagrada exposta no ostensório], escutamos, em fitas cassette, seus conselhos e ensinamentos (...) assim todos seus filhos ficam sabendo as mesmas coisas... (Entrevista, I. G., Campinas/SP, 28/8/2007).[14]

---

[14] A presença mítica do fundador nas casas da Toca de Assis é perceptível, seu retrato encontra-se espalhado por diversos recintos, e sua fotografia multiplica-se inúmeras vezes nas revistas da Toca e no site podem ser escutadas, em MP3, as pregações acompanhadas de imagens focalizando sua figura em atitude beatífica (olhar para cima, mãos em posição reverente, postura recolhida...).

Sem dúvida a vitalidade do carisma se deve ao fato de o líder fundador estar junto dos seus liderados. Em perspectiva weberiana, tem-se discutido muito a experiência de se submeter a um líder carismático e ficar totalmente envolvido por ele e sua autoridade (Weber, 1963, p. 283-294). Descrita por vários autores, entre eles Charles Lindholm (1993), a ligação com o líder carismático é vista como de paixão no amor romântico que com certeza as Ordens religiosas também experimentaram num passado mais ou menos distante. Alguns fundadores viraram santos, e há relatos de milagres constantes na época em que o fundador ou a fundadora estava vivo(a). São descrições de tempos heroicos: grandes sofrimentos, provações, revelações, milagres e alegrias. No momento da criação do grupo, segundo Lindholm, tudo parece ao mesmo tempo mais duro, rigoroso e autoritário na medida em que o líder é obedecido à risca e não é questionado, mas também mais flexível, no sentido de que pode mudar de hoje para amanhã. O entusiasmo por viver tempos heroicos está em todos, a novidade é constante, sobretudo nos mais jovens (Mariz 2005, p. 254-256).

Em geral, os relatos fundacionais das *novas comunidades* registram o chamado "encantado" do líder, experiência que se estende aos membros quando decidem participar da comunidade. De certa forma, a vocação do "discípulo" se espelha na do fundador a quem tem fácil acesso; numa modulação quase harmônica, o seguidor encontra mais uma motivação para abraçar a causa, para fortalecer seu vínculo de pertença. Fato que é endossado nesta descrição: "Algum tempo depois percebemos um desígnio de Deus em Moysés (...) não tinha sido por acaso que Deus inspirava o surgimento da vocação Shalom (...) nossa vocação..." (www.comshalom.org.br / Acesso em: 20/8/2007).

Obviamente, a breve história das novas comunidades não permite a distância histórica necessária para fazer o balanço de fidelidade e permanência do carisma portado pelo fundador. Apesar disso, é inegável a força centrípeta que sua pessoa exerce enquanto, na tipologia weberiana, é profeta mistagogo que herda o dom, profeta ético-religioso ao se definir como instrumento de Deus e profeta exemplar que assinala com a própria vida a salvação (Weber 1992, p. 361). Evidentemente, tanto os fundadores quanto os pupilos se ligam afetivamente no contato constante, graças ao qual a profecia domina os comportamentos e estimula os impulsos altruístas em prol de uma missão.

No extremo do pêndulo eclesial encontram-se as Congregações e Ordens religiosas, engessadas na rotinização do carisma, longe da efervescência dos primeiros tempos e obrigadas a ter que recorrer à memória fundacional. Se, de um lado, convivem com a segurança da tradição, do outro, carregam o peso da falta de agilidade que traz a novidade. Paradoxalmente, a falta de uns converte-se no chamariz dos outros. Muito provavelmente seja uma das razões que tornam atraentes as *novas comunidades,* agregando em torno de si muitos jovens ansiosos por seguir mestres efervescentes em tempos heroicos.

O imã: radicalidade

Conforme destacado com frequência, as *novas comunidades* germinam a partir da experiência encantada em um mundo que valoriza decisões e práticas racionais. Seus membros frequentemente aludem à procura de preenchimento do "vazio existencial que experimentavam" e de maior dedicação, defendem suas opções afirmando que "na comunidade acharam o que almejavam". Quando questionados sobre o que buscavam, invariavelmente no discurso aparece a palavra radicalidade. Mas o que viria a ser essa radicalidade no contexto da proposta comunitária que as *novas comunidades* se propõem?

Seria a busca pela *santificação pessoal* numa atitude de rejeição do mundo como ele é dado? Ou a apreensão do sobrenatural diretamente numa vivência ascética vertical? Para Ernest Troeltsch (1987), esses são alguns elementos definidores das *seitas,* alicerçadas no princípio face a face que, necessariamente, as restringe a grupos menores, opondo-se à tendência das igrejas de dominar grandes massas humanas. As primeiras, segundo o autor, têm uma visão mais reduzida da complexidade do mundo, seu ideal ardente de perfeição se centra nas mudanças pessoais e sociais, através da moralidade e o amor, substituindo as instituições seculares por trabalhos comunitários. As segundas acomodam-se a essas instituições, servem-se delas e se autorreferenciam, criando um sistema civilizatório. Teologicamente, enquanto as seitas transformam o Evangelho em lei de Deus, a santidade é objetiva; as igrejas contemporizam com o mundo porque nele atuam com um ideal escatológico, fazem do Evangelho uma extensão natural de transformação dos indivíduos e da sociedade (1987, p. 134-141).

Nessa perspectiva, as *novas comunidades* se aproximam das *seitas,* quer por serem motivadas pelo ardor efervescente dos seus líderes, ao incentivar uma vida regrada comunitariamente, quer por compartilharem uma proposta religiosa revelada na radicalidade multifacetada que abrange a vida sexual (celibato-castidade), a autonomia pessoal (liberdade-obediência) e a subsistência (pobreza-renúncia). Em contraste com a sociedade contemporânea, esses pequenos agrupamentos apostam em *estilos radicais de vida* que vêm de encontro a modos cristalizados pela sociedade de consumo, com seus apelos de sucesso e realização individualista, colocando em questão modelos familiares e de autorrealização (Mariz 2005, p. 264-266). Desta forma, essas comunidades estão protestando contra a sociedade mais ampla. Mas também observará Jean Séguy que as novas comunidades também protestam contra a Igreja católica (1999, p. 254-255). Esse será um protesto não claramente expresso no discurso dos sujeitos, o que esse autor chama de *"protesto implícito"*.[15] Implícito porque se expressa na radicalidade, que parece ser o imã que atrai os membros das comunidades de Vida e as comunidades de Aliança.

---

[15] Séguy chama atenção para a análise de discurso que pode decifrar esse tipo de protesto, comum em organizações amplas que enfatizam consenso e unidade, como é o caso da Igreja Católica (1999, p. 255).

A santificação seria o que motivaria a radicalidade e a vida em comunidade. Ao optar por viver em comunidade, os fiéis quebram as formas tradicionais de se localizar no mundo, apoiam-se mutuamente, inspirando-se no entorno para responder as suas ambições, interpretadas como mandatos divinos. Postura percebida em Maria Emmir, cofudadora da Shalom, quando afirma:

> Ao longo do tempo, fomos tendo notícia de algumas comunidades novas, especialmente Madonna House, no Canadá, e Canção Nova, no Brasil. Uma palestra do Pe. Jonas Abib, em Baturité (CE) – Deus quer comunidades –, mostrou-nos que era não só possível como também vontade de Deus que se formassem comunidades leigas a serviço da Igreja, a partir do modelo de Atos 2 e 4. Ora, era exatamente este o nosso sonho longamente acalentado (http://www.comunidadeshalom.org.br / Acesso em: 20/1/2008).

Esse depoimento ilustra magistralmente o chamado para santidade, que na tradição católica não seria para todos, mas para alguns *virtuoses religiosos*, como diria Weber. Nesse sentido a RCC tende a se aproximar mais da proposta protestante de santificação universal, acessível para todos. Na comunidade de Aliança se facilitaria a santificação da vida cotidiana e na de Vida, com a radicalidade se aproximaria do modelo de *virtuose* religioso do catolicismo tradicional, um chamado que nem todos podem seguir.

Se a Toca de Assis é claramente um modelo *virtuose* – que inclui a possibilidade de o jovem alternar a missão junto aos moradores de rua com a dedicação à oração e contemplação em casas clausura[16] –, a Can-

---

[16] As casas de Jesus Sacramentado dedicam-se à *Lectio Divina* e oração permanente com uma média de 12 jovens em cada. No momento são 6 casas, espalhadas por: Vinhedo/SP, Londrina/PR; Uberaba/MG; Crato/CE; Anápolis/MT; Nova Friburgo/RJ. Existe uma casa masculina, Bendita Árvore da Cruz, e o projeto aprovado de abrir o primeiro grupo no exterior: na Itália.

ção Nova e a Shalom oferecem a santificação no mundo: a "vida consagrada" no estilo factível para o leigo celibatário ou casado. Frente à insistente crise vocacional (CNP 2003), descrita na falta de candidatos à vida consagrada tradicional (freiras/frades) e para o serviço ministerial (padres), essas *novas comunidades*, no vigor da "consagração", carregam uma nova concepção de engajamento eclesial, outra forma de renovar os retransmissores do reservatório tradicional do catolicismo. Subjaz nesse "chamado vocacional" uma brecha de renovação na concepção desses quadros da Igreja. O caso Moysés Louro, fundador da Shalom, ilustra: um vocacionado leigo consagrado, vivendo em comunidade e dedicado a ela. Seria um "protesto implícito", no sentido pacífico e silencioso, ao celibato obrigatório do sacerdote católico?

Tudo indica que o mesmo elemento que atrai para a RCC, a espiritualidade pentecostal, faz as pessoas quererem aprofundar a fé e se decidirem a criar ou participar de comunidades de vida e aliança. Em geral, antes de entrar na comunidade de Vida, participa-se da comunidade de Aliança. Através da comunidade de Aliança se vivenciam o carisma e as regras da comunidade como um todo. Com o tempo alguns querem dedicar-se mais à busca religiosa, e para eles o caminho mais natural passa a ser entrar na comunidade de Vida ao invés de procurar uma ordem tradicional ou mesmo o sacerdócio. Nas comunidades de Aliança e Vida o fiel encontra a espiritualidade carismática, aquilo que reavivou sua fé, optando por participar delas quando identifica nessas *novas comunidades* o universo simbólico que lhe concede sentido religioso — o contato direto com o sagrado, a possibilidade de milagres cotidianos. Então, para que sair dele?

Mas viver segundo o propósito da comunidade exige radicalidade no sacrifício da própria "autonomia". Pressupõe submeter sua vontade à da comunidade, bem como renunciar a projetos profissionais de realização pessoal em prol de uma obediência cega a Deus, ao fundador, à regra, à comunidade. Abre-se mão da liberdade individual para viver a paixão, que se vive nos moldes românticos, de amor a Deus como força inexorável, inexplicável de cumprir a vontade do fundador, do líder como, repetidas vezes, nota-se na fala dos discípulos do Pe. Roberto Lettieri.

Dentro desse quadro interpretativo, a comunidade de Vida e de Aliança funcionam, sem dúvida, como âncoras de sentido, refúgios emocionais que reorientam os comportamentos cotidianos no mundo à moda pentecostal. Na cosmovisão pentecostal, indivíduo sem Deus é uma frágil presa do demônio, não age livremente e, portanto, precisa ser libertado do mal (Mariz, 1994). Assim, os membros das comunidades não aceitariam a ideia de que o preço de sua segurança seria a sua "liberdade", como diria Bauman (2003), pois não compartilham a crença de que exista esse tipo de liberdade a que esse autor se refere.

De certa forma, obedecer às regras divinas é a consequência de uma libertação e condição para desencadear mecanismos de proteção contra um "mundo" que "ameaça" a todo momento os valores religiosos que se almeja alcançar. Frente ao prazer autoilusivo e ao gosto pela novidade, componentes do espírito do consumismo moderno, exaltam-se as virtudes superiores da ascese e do autodomínio expostos nas normas de vida e nos ensinamentos dos fundadores. Enquanto Colin Campbell argumenta que o romantismo presente no "espírito do consumismo" contemporâneo teria sido gerado em oposição a um puritanismo, que reprimia o culto à sensibilidade, sugere-se que as insatisfações geradas por esse consumismo criam, nesse novo contexto histórico, um tipo de puritanismo permeado por elementos de uma religiosidade mais próxima de uma sensibilidade romântica (2001, p. 245-248).

Outra forma de reação ao consumismo se expressa no voto de pobreza. Como as ordens religiosas, as comunidades defendem, além da obediência, a experiência de pobreza. Todas as comunidades de vida defendem o compartilhar dos bens, ou seja, a pobreza individual. Exemplo: a Toca de Assis, que se destaca por seu ideário de pobreza radical.

Ora, potencializada pelas condições socioeconômicas atuais, a angústia de um futuro incerto no mundo do trabalho assola a juventude. O panorama social de difícil inserção no mercado produz a sensação, cada vez mais nítida, de "nada vai dar certo". Sentimentos de desamparo e desorientação diante das exigências de sobrevivência são claros sintomas de uma sociedade em que está presente a cultura consumista que faz com que, mesmo angustiados, perplexos e inseguros, os indivíduos coloquem no mesmo patamar de escolha um cosmético, carro, passeio e seu Ser e Estar-no-mundo (Lipovetsky, 2003).

Essa realidade atinge os jovens que batem à porta da Toca, da Canção Nova, da Shalom etc. Observe-se: "Todos os que estamos aqui abrimos mão da nossa profissão", discursa um noviço da comunidade de Vida Pantokrator. Quando questionados sobre as profissões respondem: estudantes (Entrevista, PM, Campinas, 17/8/2007). Todavia, há a Toca de Assis que nega a possibilidade de estudo pois: " ...nosso carisma é a simplicidade. Para trabalhar com os pobres só precisamos de instrução [treinamento], e não de estudo" (Entrevista, J. C., Madureira/RJ, 10/9/2007). "O estudo é só para padres, nós somos irmãos (...) nós só precisamos de oração" (Entrevista, I. A., Vinhedo/SP, 25/2/2008).

Eles compartilham com a juventude, em geral, um futuro profissional incerto ameaçado pelo desemprego. Embora explicitamente declarem, com sinceridade, "sua renuncia ao mundo", pode ser que essa escolha esteja longe de ser uma resposta contracultural, alternativa de recusa ao hiperconsumismo, ou de ser uma expressão ética contestadora de injustiça social, mas esteja próxima da falta de experiência, inerente à juventude, que se coloca numa situação de total fraqueza, de viver os limites para se sentir forte. Entretanto, o risco dessa opção radical na juventude, especialmente no que se refere ao abandono do estudo, é o arrependimento futuro na idade adulta.

Por outro lado, a comunidade é, por sua vez, um recurso de sobrevivência, um trabalho, um emprego. Na comunidade de vida se é útil e se dá o sustendo garantido. Para alguns indivíduos, sobreviver fazendo o que tem prazer, ter tempo para "fazer o bem", meditar, tudo isso pode ser bem mais do que podem conseguir com o capital cultural, econômico e familiar que possuem (Mariz 2006, p. 279).

Se a comunidade pode reduzir leques de escolha para uns, para outros, contrariamente, amplia. A comunidade tece inúmeras redes de sustentação que alargam os horizontes de empregabilidade e sobrevivência de seus membros. Os múltiplos empreendimentos e projetos de evangelização das comunidades são, ao mesmo tempo, fonte de renda econômica, canais de ocupação e meios de autorrealização. Como já destacado por Jean Séguy (1999) na Europa, as novas comunidades no Brasil podem também ser unidades produtivas, e não apenas de consumo.

É significativo o fato de como as *novas comunidades* viabilizam os deslocamentos dos jovens pelo Brasil e até fora dele. Na sociedade global contemporânea o apelo para viajar tem sido muito mais forte do que nas sociedades anteriores. Isso era antes algo estimulado apenas para os "aventureiros", os ricos turistas, quem desempenhava ocupações específicas etc. Experimentar outros espaços, usufruir de novas culturas, não deixa de ser um elemento que ajuda na autoestima, uma oportunidade de crescer, agregar valor ao "capital humano", o que, em alguns casos, só se torna possível por se pertencer a uma comunidade.

Refletindo sobre as razões para se optar pela vida em comunidade no tempo atual, Bauman (2003) destaca que se obtêm "proteção, segurança, [mesmo que] isso signifique perda de liberdade individual, chamada de autonomia, de direito à autoafirmação e à identidade. Qualquer que seja a escolha, ganha-se alguma coisa e perde-se outra" (p. 10). Aguçada percepção leva a desconfiar de "verdades" ostensivamente pronunciadas, nos discursos religiosos de mestres e discípulos, como perdas em nome da radicalidade de vida na obediência e na pobreza.

Há ainda que se considerar o risco do arrependimento futuro de opções radicais, especialmente na juventude. É bom lembrar que na França ex-adeptos da "nova comunidade" Béatitudes acusam-na de manipulação mental e abuso do poder. O movimento antisseita francês cobra providências da hierarquia católica especialmente sobre o seu fundador, conhecido como Epraïm (http://hebdo.nouvelobs.com/p2212/articles/a337680.html / Acesso em 16/3/2008).

Sexo-família-comunidade

Para Bauman (2003), a ideia de comunidade assemelha-se à de família por representar um ideal, um paraíso perdido ao qual se espera ansiosamente retornar. Também grande parte dos membros das comunidades de Vida e de Aliança aponta para essa similaridade quando afirma sobre sua experiência na comunidade: "é como viver numa família", "é a minha família", "é uma nova família", "é meu posto de abastecimento para ser fiel a Deus", "o lugar em que posso ser eu mesmo".

Além de valorizar a família como metáfora, as *novas comunidades* a valorizam quando a aceitam nas comunidades de Vida. Uma das especificidades das *novas comunidades* encontra-se, portanto, na possibilidade de integrar vida religiosa comunitária à vida em família, aceitando tanto celibatários como casais unidos pelo matrimônio e seus filhos. A castidade não se restringe ao celibato, mas é expandida ao casamento casto, expressando uma forma mais positiva de ver a família, a maternidade, a paternidade e a vida sexual. Passa a ser possível optar por vida religiosa, consagrada e coletiva mantendo vida sexual e tendo filhos.

Por outro lado, é importante destacar o papel que essas comunidades de Aliança e Vida podem desempenhar para os fiéis jovens que querem casar, formar família, mas seguir as orientações da moral católica sexual que, de todos é sabido, se encontram distantes do padrão de comportamento hegemonicamente valorizado. Essas orientações, também compartilhadas em geral com as de várias religiões, especialmente outras igrejas cristãs, começaram a ser massivamente questionadas no Brasil nos anos de 1970 e desde então têm perdido sua força hegemônica, passando nos últimos anos a serem definidas na mídia como regras específicas de minorias.

Por exemplo, no contexto contemporâneo, é provável que, para o jovem seguir fielmente a orientação de sexo apenas no casamento, ele tenha que conviver com outros que compartilhem sua crenças e ideias, construindo um mundo à parte da sociedade mais ampla, ou seja, tenha que pertencer a um tipo de *seita*, no sentido sociológico do termo, que sustente ideologicamente uma ação que pode ser interpretada como "contracultural", desviante da maioria. Embora a sociedade atual permita e aceite a diversidade, essa diversidade e possibilidade de ir contra o hegemônico são viáveis apenas se a pessoa participa de grupos defensores daquele estilo de vida escolhido que, além de defender tais regras, reforçam a autoestima de quem opta por ser diferente. Por isso, a comunidade sustenta a rede de plausibilidade, apóia e se coloca em termos mais amplos como o grupo de referência. A diversidade numa sociedade de massa se dá graças a esses nichos militantes que se transformam em verdadeiras barricadas sociais. É bom ressaltar que os grupos terão maior ou menor grau de fechamento ou autoritarismo dependendo do nível de ruptura que proponham em relação ao contexto mais amplo.

Na época da juventude, a influência de outros jovens e de grupos para além da família é muito forte. O papel dos "pares" (*peers groups*) entre jovens, como amplamente analisado nas ciências sociais, é decisivo tanto na necessária ruptura com a família de origem como na passagem para a constituição ou não de uma outra, processos que nem sempre são fáceis. Nesse período pode-se experimentar solidão existencial, e o horizonte futuro pode oscilar entre muito amplo e muito restrito com poucas perspectivas. Em certos contextos, como o atual no Brasil, "escolher" parece ser um ato quase vazio, pois não se tem nada de concreto e, talvez, nunca se possa ter. O drama só aumenta em relação à escolha de parceiro para formar uma nova família.

Nesse momento da vida, os grupos, as *novas comunidades*, tomam relevância ao facilitar a circulação, nacional e internacional, de candidatos compartilhando os mesmos valores, o mesmo perfil, ajudando o encontro de possíveis cônjuges (Mariz 2006, p. 279). Tanto na Canção Nova quanto na Shalom, na Obra de Maria e na Pantokrator, é aconselhável que membros da comunidade namorem com outros membros ou pelo menos com simpatizantes que, num futuro, possam vir a ser parceiros de vida. Durante essa fase, os jovens são acompanhados no discernimento de escolha e no controle da exigência de castidade antes do casamento. Para reforçar essa última, a Canção Nova deflagrou a campanha PHN, *por hoje não vou pecar mais*, descrita por Pe. Jonas como a necessidade de:

> ... Por que não ensinar os jovens a dizer não ao pecado de cada dia? Nasce assim PHN (...) é preciso entrar nessa aprendizagem e treinamento constantes para dizer PHN às nossas más inclinações. Por hoje não! Se você pecar? Você se arrepende, confessa e começa tudo de novo. Esta é a beleza do método PHN: a gente está sempre recomeçando (...) a castidade é a sadia conveniência, você pode! (Abib 2002, p. 7-12).

Esses ensinamentos, no entanto, somente poderão ser efetivos na medida em que se estabelece um circuito de convivência e de autoabastecimento de possíveis cônjuges, o que garante a manutenção do ideário religioso das comunidades. Além do mais, namorar e casar com outros membros da comunidade parece mais seguro, tem-se a impressão de diminuir o risco de decepções amorosas e problemas no casamento que terminem em divórcios, por exemplo.

Embora nas *novas comunidades* não se questione o papel tradicional da mulher, lideranças femininas se destacam como mentoras intelectuais. Tal é o caso da mãe de família e cofundadora da Shalom, Maria Emmir Nogueira, escritora e responsável pela formação dos membros (Aguilar 2006, p. 34-35). Na mesma senda se encontra Luzia Santiago, que, junto ao Pe. Jonas Abib, viabiliza os projetos e tarefas da Canção Nova (Carranza 2000, p. 67). Porém, essas mulheres são enlevadas ao cuidado da comunidade, da mesma maneira que são mães e esposas fiéis, subordinadas ao poder masculino dos fundadores e outras lideranças.[17] O que não deixa de ser um patriarcalismo abrandado, haja visto que na sua maioria a mulher não compartilha do poder.

---

[17] Têm-se notícias que a comunidade "Eis o Cordeiro" foi fundada, em Niterói/RJ, por uma mulher. Há também a comunidade Novo Maná, em Nova Iguaçu/RJ, cuja liderança é de uma mulher que iniciou com o marido a comunidade, enviuvou e voltou a casar (Mariz 2006, p. 272).

Mesmo assim, não resta a menor dúvida quanto ao destaque das mulheres nas *novas comunidades*. O mesmo pode ser dito dos leigos que, na possibilidade de terem acesso e serem responsáveis pelos bens simbólicos de santificação (oração, dons e carismas) e pela tarefa evangelizadora, são transformados em protagonistas de sua própria biografia religiosa. Ainda que a relevância dada à mulher e ao leigo não seja mais do que uma das arestas a ser polida no conjunto de incômodos que as *novas comunidades* trazem para dentro da Igreja, certamente não é a aresta mais problemática.

Filhos do tempo

Nesta sessão conclusiva é possível sintetizar os traços específicos das novas comunidades e suas tensões e assinalar suas tendências no atual catolicismo. Assim, formadas por católicos que tiveram sua fé reavivada pela RCC, as novas comunidades são alimentadas constantemente de membros oriundos desse movimento. Mobilizados pela experiência com os dons do Espírito Santo participam de uma rede de sociabilidade intensa e densa. Essas comunidades não são apenas refúgio emocional num mundo sem referenciais, mas também se constituem em reservatórios da tradição católica. Transferem, sobretudo, os padrões morais relativos à família.

Além do conforto que encontram no "nós" comunitário, os fiéis sentem-se seguros perante as escolhas religiosas realizadas. A comunidade adota o que o teólogo João Batista Libânio (2004) chamará metaforicamente de "pedagogia do ninho", fornecendo práticas concêntricas de oração, trabalho e lazer, relacionamentos afetivos intragrupais, namoro e casamento. Diferentemente das Congregações, nas novas comunidades é possível optar pelo casamento e por uma consagração religiosa não apenas na comunidade de Aliança, mas também na de Vida. Há ainda arranjos flexíveis: um casal ou membro "de aliança" pode experimentar ser "comunidade de vida", realizando missões por tempo determinado. Sem dúvida, a comunidade de Vida somente pode existir graças ao apoio da de Aliança. Aqui reside o diferencial em referência às antigas propostas das Congregações.

Nessa direção, comunidades de Aliança e de Vida se constituem numa novidade atraente, tanto para as mulheres com capacidade de liderança, mesmo que nutrida nos moldes de certo *ethos* patriarcal abrandado, quanto para os leigos que se tornam protagonistas no meio eclesial, ainda que isso signifique competir com o saber e poder simbólico do clero. Embora seu discurso oficial seja de submissão às normas da hierarquia, sua prática autônoma sugere um protesto implícito.

Entretanto, a hierarquia se ressente dos fiéis que procuram a acolhida nas *novas comunidades*, pois abandonam sua frequência nas paróquias. Mesmo que nem todos os membros das novas comunidades (ou talvez uma minoria), tivessem prática paroquial anterior à sua entrada na RCC. Por outro lado, é bom lembrar que o ingresso nas Congregações tradicionais também leva o fiel para longe de sua paróquia de origem. O clero também critica o fato de os membros das novas comunidades considerarem a autoridade dos seus líderes e fundadores (leigos ou clérigos) acima da autoridade do pároco. Mais ainda, a dedicação desses fiéis aos serviços internos da comunidade se sobrepõe àquela dos demais ministérios leigos.

Nesse quadro considera-se um risco que as comunidades se comportem como uma pastoral dentro da pastoral diocesana. Teme-se que o excesso de sua demanda sacramental absorva o trabalho sacerdotal dos párocos e que retire recursos da Igreja local, além do receio de que formem um clero próprio à margem das orientações da Igreja. Há uma tensão política, uma luta de poder, não apenas entre leigos e clero, mas entre setores do clero, já que alguns dos fundadores são sacerdotes. Sem margem a dúvidas, o grande problema para a hierarquia é, portanto, a autonomia das novas comunidades e sua capacidade de autorreprodução.

Todavia, se é verdade que o crescimento das *novas comunidades* não se dá sem tensões hierárquico-eclesiais, também é certo que a fonte principal da sua expansão é a legitimidade eclesial e a cumplicidade episcopal. Soma-se a essa legitimidade a aposta pontifícia de João Paulo II quando afirma:

> Estou bem consciente de que os Movimentos e as Novas Comunidades, como toda obra que, embora sob o impulso divino, se desenvolve no interior da história humana, nestes anos não despertaram só considerações positivas (...) a sua novidade inesperada e por vezes até explosiva [...] não deixou de suscitar interrogativos, dificuldades e tensões; às vezes comportou, por um lado, presunções e intemperanças e, por outro, não poucos preconceitos e reservas (...) [mas] eu via e vejo o sobrevir de uma etapa nova: a da maturidade eclesial (Discurso, 1999).

Como até aqui se tem tentado demonstrar, *as novas comunidades* também reagem à lógica cultural dominante e incorporam alguns de seus pressupostos como anzol vocacional de radicalidade. Esses permitem ser lidos em binômios antagônicos: autonomia/obediência, liberdade sexual/castidade, relações flexíveis/criação de vínculos duradouros, relações descartáveis/propostas de amor eterno, individualismo exacerbado/celibato, consumismo/opção pela pobreza. O mais crucial parece ser a tensão gerada nessas oposições de que, paradoxalmente e, ao final de contas, é dela que depende o dinamismo do crescimento das novas formas de agrupamento sociorreligioso carismático. Crescimento, até o momento, fortemente alavancado pela figura dos fundadores ainda presentes nas comunidades.

Enfim, se no campo eclesial as *novas comunidades* significam um desafio à acomodação, nas múltiplas divergências geradas pela novidade, no campo sociocultural elas representam uma fértil socialização a partir de conteúdos religiosos. O que não deixa de ser instigante, visto que se convertem num modo de fazer sociedade como religião. Claro está que sua novidade perdurará até essas formas de socialização não passarem pelo crivo da burocratização, caminho inexorável se a comunidade quer se perpetuar... A partir daí, assistir-se-á a uma outra fase da RCC nas *novas comunidades*.

Referências bibliográficas

ABIB, Jonas. *Geração PHN*. São Paulo: Editora Salesiana, Editora Canção Nova, 2002.

AGUILAR, Luciana Fonseca. *Rejeição e adaptação ao mundo: o caso da comunidade católica Shalom*. Dissertação de mestrado. Universidade de Brasília-UNB, Instituto de Ciências Sociais, Departamento de Sociologia. Brasília, DF, 2006.

BAUMAN, Zygmunt. *Tempos Líquidos*. Rio de Janeiro: Jorge Zahar Editor, 2007.

_____. *Comunidade: a busca por segurança no mundo atual*. Rio de Janeiro: Jorge Zahar Editor, 2003.

BERGER, Peter; LUCKMANN, Thomas. *Modernidade, pluralismo e crise de sentido: a orientação do homem moderno*. Petrópolis: Vozes, 2004.

CAMPBELL, Colin. *A ética romântica e o espírito do consumismo moderno*. Rio de Janeiro, RJ: Rocco, 2001.

CARRANZA, Brenda. *O Brasil, um país fundamentalista?* Rev. Vida Pastoral, ano 49, n. 258, jan/fev. 2008. p. 11-21.

_____. *Catolicismo Midiático*. In: TEIXEIRA, Faustino; MENEZES, Renata (org). *As Religiões do Brasil*. Petrópolis, RJ: Editora Vozes, 2006.

_____. *Movimentos do Catolicismo: cultura, instituição e mídia*. Tese de doutoramento. Universidade Estadual de Campinas – UNICAMP, Instituto de Filosofia e Ciências Humanas, São Paulo, SP: 2005.

_____. *Renovação Carismática Católica: origens, mudanças e tendências*. Aparecida, SP: Santuário, 2000.

COHEN, Martine. *La regulation catholique des pratiques pentecôtistes au sein du Renouveau Charismatique Français*. In BERTIN, George; ROSSEAU, Marie-Claude. *Pentêcote: de l'intime au social*. Nantes: Siloë-Université Catholique de l'Ouest, 1997, p. 131-150.

Comissão Episcopal de Doutrina. *Teologia dos movimentos.* Conferência Nacional dos Bispos do Brasil (*CNBB*) 35ª Assembleia Geral, 9 a 18 abr., Itaici, 1997.

Comissão Nacional de Presbíteros (*CNP*) e Conferência Nacional dos Bispos do Brasil (*CNBB*). *O presbítero no mundo globalizado: O que vimos e ouvimos, vo-lo anunciamos.* Documento preparatório, 10º Encontro Nacional de Presbíteros, 4 a 10. fev. 2004, Itaici, SP. Brasília: Scala Gráfica e Editora, 2003.

Discurso. *Mensagem do Santo Padre aos participantes no Seminário de estudos sobre os movimentos eclesiais e as novas comunidades.* Roma, 18 de junho de 1999.

Scprdas, Thomas. *Global religion and the re-enchantment of the world: The case of the Catholic Charismatic.* In: Renewal *Antropological Theory* 7 (3), 2007, p. 295-314.

Della Cava, Ralph. *Política do Vaticano 1878-1990.* In: Sanchis, Pierre (org). *Catolicismo: Unidade religiosa e Pluralismo Cultural.* São Paulo: Loyola, 1992, p. 231-258.

Durkheim, Emile. *Formas Elementares da Vida Religiosa.* São Paulo: Paulinas, 1989.

Hervieu-léger, Daniele. *Catholicisme, la fin d'un monde.* Paris: Bayard, 2003.

_____. *La religion en miettes ou la question des sectes.* Paris: Calmann-Lévy, 2001.

Libânio, João Batista. *Conjuntura eclesial CRB Nacional.* In: Palestras da XX Assembleia Geral Ordinária de Religiosos da CRB. Rio de Janeiro: Publicações CRB, 2004, p. 55-75.

Lindholm, C. *Carisma – êxtase e perda de identidade na veneração do líder.* Rio de Janeiro: Jorge Zahar Editor, 1993.

Lipovetsky, Gilles. *O império do efêmero:* a moda e seu destino nas sociedades modernas. São Paulo, SP: Companhia das Letras, 2003.

Mariz, Cecília Loreto. *Insatisfações com a família e sociedades contemporâneas: uma comparação entre comunidades católicas e New Age.* In: Estudos de Sociologia, Revista do Programa de Pós-Graduação em Sociologia da UFPE, v. 13, n. 1, 2007, p. 49-75.

_____. *Comunidades de vida no Espírito Santo: um novo modelo de família?* In: DUARTE, L. F. D., et al. (org). *Família e Religião*. Rio de Janeiro, RJ: Contra Capa Livraria, 2006, p. 263-286.

_____. Comunidades de vida no Espírito Santo: juventude e religião. In: *Tempo Social Revista de Sociologia da USP* v. 17, n. 2; 2005, p. 253-274.

SILVA, Leonardo Almeida da. *O espírito sopra como quer? Conseqüências das Relações Institucionais da Renovação Carismática Católica*. Monografia Curso de Ciências Sociais da Universidade Federal Fluminense, Niterói, RJ, 2008.

SILVEIRA, Emerson J. Sena da. *A "posse do Espírito": cuidado de si e salvação*. In: *RHEMA, Rev. Filosofia e Teologia*, Juiz de Fora, v. 6, n. 23, 2000. p. 143-170.

SUBSÍDIOS Doutrinais da CNBB: Igreja particular, movimentos eclesiais e *novas comunidades*, n. 3. São Paulo, SP: Edições Paulinas, 2005.

SÉGUY, Jean La. "Protestation Implicite. Groupes et Communautés Charismatiques. In: *Conflit et Utopie, ou Réformer l'Église*. Paris: Les Éditions du CERF, 1999, p. 233-275.

TROLELTSH, Ernest. *Igreja e seitas*. In: Religião e Sociedade, 14/3, 1987. p. 134-144.

URQUHART, Gordon. *A armada do Papa: os segredos e o poder das novas seitas da Igreja católica*. São Paulo: Record, 2002.

WEBER, Max. *Economia y Sociedad*. 1ª edição. México, Fondo de Cultura Econômica, Argentina, Buenos Aires, 1992.

_____. Religião. In: *Ensaios de Sociologia*. Rio de Janeiro, Zahar Editores, 1963.

MEDIEVAIS E PÓS-MODERNOS: A TOCA DE ASSIS E AS NOVAS SENSIBILIDADES CATÓLICAS JUVENIS

Rodrigo Portella[1]

Introdução

Este texto tem como finalidade apresentar, de forma bastante breve e introdutória, reflexões sobre o Instituto de Vida Religiosa Toca de Assis e sobre como, nele, pode-se compreender a estruturação e manutenção de novas sensibilidades juvenis e católicas. Não é intenção deste texto apresentar etnografia detalhada e estrutura completa da Toca de Assis, nem uma análise da prática litúrgica da *Passio Domini*, importante para a compreensão da espiritualidade dos membros da Toca e de sua dimensão mística e teológica. Enfim, busco privilegiar uma questão pontual, mas muito importante para adentrar ao espírito, existência e crescimento da Toca da Assis: as relações entre juventude e renúncia, pobreza, altruísmo, ideais, contracultura. E, no reverso, as afinidades inventivas da Toca de Assis em relação à cultura e à sociedade contemporâneas.

---

[1] Doutorando em Ciência da Religião pela UFJF (com estágio doutoral na Universidade do Minho, Portugal) e mestre em Ciências da Religião pela UMESP. Coordena o curso de Pós-Graduação *Lato Sensu* em Ciências da Religião na Universidade Estácio de Sá, no Rio de Janeiro.

Breve visita à Toca de Assis

Oficialmente fundada em 1994 pelo Padre Roberto José Lettieri[2], a Toca de Assis[3] é um Instituto religioso de vida consagrada[4] que tem suas origens na Renovação Carismática Católica (RCC)[5]. A Toca de Assis constitui-se, em sua infraestrutura material, de casas masculinas e femininas em que habitam os toqueiros. Tais casas, em sua grande maioria, não pertencem ao Instituto, mas são cedidas, emprestadas ou alugadas por benfeitores e dioceses. O carisma e a espiritualidade deste Instituto fazem referência ao franciscanismo dos primeiros tempos e à devoção ao Santíssimo Sacramento (hóstia consagrada). Os toqueiros[6] buscam viver a pobreza franciscana de forma radical, tendo como patronos São Francisco de Assis, Santa Catarina de Sena, São Padre Pio e, mais recentemente, a Beata Alexandrina Costa. A sua sobrevivência econômica se realiza através de esmolas, doações e contributos de benfeitores do Instituto.

Os membros da Toca de Assis procuram copiar literalmente, em vestuário e aparência, os hábitos e formas de ser do movimento francis-

---

[2] Roberto José Lettieri (1962-), paulista, converteu-se ao catolicismo em 1983. Entrando logo após sua conversão para o Seminário Estigmatino, funda, em 1994, junto com três outros jovens, a Toca de Assis. Ordenado em 1996, à época seu instituto religioso já contava com cerca de 80 adeptos.

[3] Há dois nomes que identificam a Toca de Assis: *Fraternidade de Aliança Toca de Assis* e *Instituto dos Filhos e Filhas da Pobreza do Santíssimo Sacramento*, sendo este último o nome propriamente oficial do Instituto. A Toca de Assis está aos poucos se distanciando do caráter de movimento de Comunidade de Vida e Aliança, como geralmente começam movimentos no interior da Renovação Carismática Católica (RCC). Atualmente com o *status* de Instituto Religioso de Direito Diocesano, a Toca está em vias de se tornar um Instituto de Direito Pontifício, ou seja, de certa forma plenamente independente como congregação religiosa.

[4] Seus adeptos professam os três tradicionais votos religiosos: castidade, pobreza e obediência.

[5] O vínculo originário e atual não é explícito. A Toca não nasce como um movimento dentro da RCC, mas como iniciativa pessoal de um seminarista, este sim com vínculos de simpatia em relação à RCC. Até hoje os toqueiros, como serão chamados neste texto, fazem questão de afirmar que a Toca não é um movimento da RCC. Contudo, certos traços católicos do movimento se afiguram e configuram com o universo carismático e de suas instituições, como a Canção Nova.

[6] Utilizarei a expressão toqueiro para me referir a todos os envolvidos com a proposta do Pe. Roberto Lettieri.

cano inicial. Assim, eles usam hábitos – padronizados – marrons, grossos e "grosseiros", buscando as origens do hábito franciscano; andam de sandálias ou descalços; os homens já consagrados tonsuram a cabeça e a mulheres consagradas usam longos véus. Muitos homens deixam a barba crescer, rala, ao aspecto das imagens de S. Francisco (e, talvez, do próprio Pe. Roberto).

Usos e costumes do catolicismo de corte mais tradicional são adotados na Toca de Assis, a partir de uma doutrina católica bastante rija e ortodoxa, inclusive com resgates devocionais, estilísticos e doutrinais pré-concílio Vaticano II, que estavam, por assim dizer, em pouco uso na Igreja. Seus adeptos se revezam na contínua adoração ao Sacramento do Altar, mesmo em meio à madrugada. E, quanto ao serviço social, dedicam-se, através do que chamam de Pastoral de Rua, a cuidar da população em situação de rua (a quem chamam de "sofredores de rua"), indo às vias das grandes cidades e promovendo, entre as pessoas sem abrigo, cortes de unhas, cabelos e barbas, higiene, tratamento de feridas, distribuição de lanches. Também acolhem a população em situação de rua nas casas da Toca. Assim, na maioria das casas convivem os toqueiros e pessoas acolhidas, juntos, partilhando o dia-a-dia. Grande parte das casas da Toca assemelha-se a antigas unidades asilares públicas, nas quais, em vários alojamentos, são acolhidos, de forma permanente ou transitória, pessoas sem teto, sem família e doentes os mais diversos com suas feridas da carne e da vida.

A rotina de vida nas casas varia conforme a missão de cada uma, pois há as que acolhem a população de rua durante o dia para cuidados pessoais e almoço, mas não a acolhe residencialmente (espécie de casa--dia); há casas dedicadas apenas à Pastoral de Rua, onde o trabalho é só exterior; e há as casas de acolhida, em que o trabalho é praticamente só interno com os acolhidos. Nas casas que não acolhem externos, os toqueiros se dedicam a ir em busca da população carente nas ruas das cidades, para tratar-lhes as feridas e fazer higiene. Nas casas de acolhimento, os toqueiros cuidam das enfermidades dos acolhidos, lavam suas roupas, dão-lhes banho e realizam a catequese (que, a princípio, é de livre adesão). Cada toqueiro, em qualquer destas casas, deve se dedicar por três horas diárias à adoração da hóstia consagrada, de joelhos. O carisma do movimento está pautado na adoração perpétua a Jesus sacramentado e no servir à população em situação de rua. Há casas em que a única atividade é a adoração ao santíssimo sacramento (casas contemplativas).

As casas são desprovidas de qualquer conforto. Não é um Instituto clerical (há nele apenas quatro padres). Assim como Francisco de Assis em seu tempo, a Toca se configura por certo anti-intelectualismo. Por exemplo, quanto à questão de cuidar das feridas dos enfermos, a maioria dos toqueiros não realiza nenhum curso de enfermagem (mesmo de nível técnico), mas aprende as técnicas da enfermagem na prática do dia-a-dia. Também são proibidos de estudar teologia em faculdades e seminários, salvo casos especiais. Há, entre eles, grande rotatividade quanto à permanência nas casas. Geralmente não ficam mais que um ano em uma cidade, já sendo transferidos para outra, o que evita a criação de raízes. Assim como na prática primitiva e pré-conciliar das Ordens Religiosas, mudam-se os nomes das pessoas que adentram (após os votos definitivos) o Instituto, que passam a acolher nomes onomásticos, de santos ou que tenham relação com questões espirituais. Os nomes são mudados ou sugeridos, na maioria das vezes, pelo superior do Instituto, o Pe. Lettieri, que reside em Campinas, berço e sede do movimento.

Surpreendente é que, na Toca, seus adeptos são em cerca de 80% jovens entre 18 e 30 anos, embora esta seja uma estatística não oficial, apenas presumível pela observação deste pesquisador que ora escreve. De qualquer forma, este é um dos Institutos religiosos de vida consagrada que, hoje, mais crescem na Igreja Católica no Brasil. Atualmente a Toca conta com mais de 100 casas e cerca de 2.000 membros (entre consagrados, noviços, postulantes e aspirantes).

Atualmente, as residências da Toca situam-se principalmente na região Sudeste do Brasil, havendo também casas nas regiões Nordeste e Centro-Oeste e, em menor número, nas regiões Sul e Norte. Aparentemente é possível perceber que os adeptos da Toca de Assis são originários de vários extratos sociais, destacando-se os das camadas médias e pobres da população brasileira. Não há, ainda, dados estatísticos sobre gênero, mas se pode aferir, superficialmente, que há um equilíbrio na divisão numérica entre homens e mulheres.

Para além da questão social, outra característica forte do Instituto é o apelo musical, da alegria e de encontros-shows. Os toqueiros têm CD's de música católica *gospel* que vendem muito bem e costumam organizar grandes eventos de música e louvor ("Tocões" regionais, entre outros eventos). Certamente uma característica herdada dos vínculos com a RCC que há no grupo. Este rosto emocional da Toca é muito acentuado, embora seja pontual, pois no dia-a-dia os toqueiros vivem a realidade não de shows e músicas, mas do contato com feridas, sujeiras e gente desconhecida. Contudo, o lastro afetivo acentuado também está presente no cotidiano dos toqueiros, através de uma íntima, constante e alegre convivência entre eles.

Enfim, esta sintética descrição mostra um movimento que, se não singular, no mínimo chama a atenção e é surpreendente para os padrões da Igreja Católica latino-americana das últimas décadas. Quanto a isto, a socióloga Brenda Carranza, após ver um evento dos toqueiros em Campinas, assim descreve sua impressão:

> Presenciando a cena, tive a impressão de estar assistindo ao filme Irmão Sol, Irmã Lua, de Franco Zeffirelli, pois o bando de jovens entusiasmados, vestindo túnicas marrons e sandálias, todos com uma cruz-Tao no pescoço, não difeririam muito dos artistas do filme. A estética visual dos toqueiros lembra as representações que se têm dos primeiros seguidores de São Francisco. Os meninos aparecem com o corte de cabelo tipo tonsura, a barba comprida ou por fazer (Carranza 2005 [a], p. 47).

Renúncia e pobreza: O que se perde?
O que se ganha? A mão dupla da virtuose religiosa

Ser jovem na contemporaneidade (só agora?) implicaria experiências radicais ou limítrofes (Mariz 2005, p. 6). Diria que implicaria experiências de ruptura (pela via da contestação), deslocando-se de *status quo* e burocratismos. A Toca, até onde percebo, segue um pouco tal lógica. Seria a Toca formada por pessoas que, no veio das experiências limites, buscam alternativas radicais à sociedade tida como capitalista e consumista?

Jovens parecem aderir à Toca por verem nela uma possibilidade de ruptura com uma sociedade e/ou Igreja instalada, numa busca de restauração, através do antigo e do novo, de uma ordem de vida que se quer ideal e contrastiva com o mundo e Igreja. Ora, o que é voltar a usar tonsura numa época em que religiosos de nenhuma Ordem ou congregação o fazem mais? Este fato pode ser interpretado como um sinal de restauração através da contestação à ordem do dia na Igreja, uma ruptura com o sistema atual que se dá por uma restauração do que foi perdido ou esquecido.

Seguindo um pouco por tal trilha é possível conjecturar que a Toca possa ser considerada como um grupo contracultural. Para tanto é preciso evidenciar uma característica marcante de seu *ethos*: a renúncia. O ideal de pobreza radical, de viver apenas da providência divina, demarca a renúncia às fontes produtivas de sustentação, apelando para a providência, para um estilo de vida livre de compromissos sociais convencionados, e, a partir de um rosto coletivista e, em princípio, antimaterialista, a Toca poderia inscrever-se enquanto grupo contracultural ao molde dos *hippies* ou movimentos similares surgidos nas décadas de 60 e 70 (Oliveira 2003, p. 64).

O estilo de vida de renúncia à sociedade de consumo, de bens, à lógica capitalista e o viver em sua contramão podem ser interpretados como um "romantismo anticapitalista". Pois se o capitalismo, filho direto do processo de secularização, de certa forma contribui – em sua expressão tradicional, pelo menos – para desencantar o mundo, um anticapitalismo vivencial e visceral não deixa de ser uma tentativa nostálgica de reencantamento do mundo (Löwy 1989, p. 32).

O estilo de vida em renúncia, enquanto postura romântico-idealista, pode ser interpretado, então, como reação à ditadura da racionalidade, do instrumentalismo e cálculo, visando uma revalorização do místico, do imponderável (Santos 1993, p. 17). Movimentos de tipo – ou aproximação – milenarista ou romântico, de reforma, são detectados, pela sociologia, como expressões sociais de desejo de retorno ao passado original (Mendonça 2004, p. 32). Viver no e do Espírito, nos braços de Deus, implicaria esta renúncia sobre a própria vida, rumos e desejos, entregando-se totalmente a um outro (Oliveira 2003, p. 72).

Ademais, deve-se notar que a renúncia a bens materiais e o afastamento do "mundo" são, também, características de movimentos milenaristas (Lienhardt 1973, p. 140). A Toca, embora não se apresente explicitamente com uma espiritualidade milenarista, possui o apelo dramático de uma luta contra uma Igreja que cai nas garras do "mundanismo", discurso este que se aproxima do tipo milenarista, de batalha final. O fato da renúncia, então, pode também ser descrito como uma forma de abandonar tudo para se dedicar ao que "realmente interessa", a Cristo, aos pobres e à Igreja (à adoração de Cristo sacramentado, que a purifica).

Enfim, chamo a atenção para o fato de que pessoas que abrem mão de usufruir sobre o dinheiro, de tê-lo, não tendo direito a usá-lo como quiser (Mariz 2006, p. 15), corroboram certamente uma atitude contracultural. É a renúncia à sociedade que se move através do dinheiro e por ele e que tem seu mote no consumo. Porém, o consumo também está presente na Toca, assim como a assimilação de tendências societárias contemporâneas, o que virá a mostrar que ela é um movimento ambíguo, de discursos entrecruzados.

Racionalidade x Providência

A ruptura com a racionalidade moderna se dá, justamente, pelo fato de que nada é planejado, mas inspirado e revelado (Oliveira 2003, p. 95). Ou seja, a providência e seus imponderáveis entram em cena com a pujança de uma negação da racionalidade. O deixar as opiniões próprias, as planilhas de planejamento o abrir mão de decisões e se associam à ideia do controle soberano de Deus sobre a vida das pessoas que requer, para tanto, a abdicação da tentativa de controle humano (Oliveira 2003, p. 98).

É, portanto, uma contralógica frente à sociedade secular moderna, e uma não-institucionalização do saber, numa abertura completa ao fluxo do Espírito e da providência. Max Weber afirma que no processo de secularização não há mais "forças misteriosas incalculáveis" e que "podemos, em princípio, dominar todas as coisas pelo cálculo. Isto significa que o mundo foi desencantado" (*apud* Libânio 2002, p. 67). A Toca se configuraria, então, em seu abandono de tudo e confiança estrita na providência divina, no abandono do cálculo, numa forte vertente de reencantamento, em que nada mais depende da racionalidade, mas da providência de Deus que tudo supre.

Muito do que a Toca é hoje o é, não por planejamentos racionais, mas por ter sido validado e construído numa experiência pessoal do Padre Roberto com o divino, a partir de inspirações diretas de Deus ao fundador. Portanto, neste sentido, a questão de escolha, opção, tomadas de decisão, rumos ganha uma outra dimensão, diferente daquela da racionalidade moderna. Escolhas não são mais simplesmente frutos de discernimentos calculados, aferições e planejamentos racionais, mas determinadas por forças exógenas e irresistíveis de uma comunicação direta com o divino. Portanto, a reflexividade na Toca, para além da racionalidade moderna, é devedora das sensibilidades mais próximas a um espectro pós-moderno.

Sociedade, trabalho e renúncia

Voltando à questão da renúncia a uma configuração de vida considerada "normal" pela sociedade, é preciso perguntar o que uma experiência de automarginalização do mercado de trabalho, em certa faixa etária da vida (de formação), e por tempo relativamente longo, pode acarretar.

Provavelmente a irreversibilidade de retorno a este mercado. Seria uma atitude de insensatez juvenil ou de protesto contracultural a uma sociedade regida pela corrida ao mercado de trabalho e disputa nele através da formação e do desempenho? Cecília Mariz oferece uma pista de resposta interessante ao afirmar que:

> Viver em comunidade (de vida/religiosa) significa viver e trabalhar com metas outras além do aumento do consumo, ascensão social. A constatação e/ou intuição que essas metas, ditadas pela sociedade mais ampla, provavelmente serão frustradas, podem gerar conflitos pessoais ou sociais e ameaçar a auto-estima. A opção pela vida em uma comunidade pode evitar esse tipo de frustração (Mariz 2006, p. 11).

Nesse sentido, a que se renunciaria? A um futuro seguro e confortável ou à falta de perspectivas sólidas e atraentes que uma sociedade como a nossa tem oferecido ou deixado de oferecer? Renunciando-se à dúvida e instabilidade de um futuro incerto e aderindo-se a uma comunidade ideal, em que há forte apelo afetivo e, queiram ou não, uma estrutura construída e uma âncora que se joga ao passado para garantia de certezas e legitimidade do grupo, mais se perde ou mais se ganha? No discurso ou lógica da renúncia está embutido um ganho. Deixa-se a família para ganhar outra. Renuncia-se ao mundo para ganhar o céu. Deixa-se objetivos de vida laica para se engajar num objetivo/missão maior, divino. Para ter é preciso renunciar.

Mas deixar coisas para trás significa ganhar um outro mundo, radical e diferente. Jovens deixando a "vidinha", a rotina, as parcas possibilidades de um emprego medíocre com salário medíocre numa vida comum como a de tantos outros em sua cidade para, em troca, "ganhar o mundo inteiro", conhecer lugares novos, sair da rotina para novas aventuras, de radicalidade e junto a uma comunidade e estilo de vida que puderam escolher, cheias de afetividade. Enfim, dar um "tchau" à "mesmice", ao "futurinho" já desenhado, para uma vida de imponderáveis, de vivências inauditas, experiências radicais e performance estilizada do eu. Será que nesta renúncia não há mais ganhos do que perdas para a percepção juvenil?

Há uma escolha, em princípio bem consciente, em viver uma vida pautada na diferença. Os jovens da Toca não são constrangidos a romper com a sociedade dominante e desviar-se de seus valores. Ao contrário, o constrangimento e as pressões são no sentido contrário. Portanto, mais do que num jovem que frequenta bares, cursa universidade e adere às modas sociais, podemos dizer que jovens como os toqueiros, estes sim, ao tomar um rumo tão díspare do convencionado como "normal" pela sociedade, é que fazem uma verdadeira opção. Opção não está, em princípio, na aderência aos rumos convencionados. Neste caso há uma inserção natural que é, de certa forma, a falta do optar, do decidir outros rumos. Jovens que entram na Toca são, talvez, os mais modernos jovens da modernidade, pois usam da reflexividade, do juízo e da opção para encarnar um modelo de vida altamente diferenciado do normatizado socialmente e altamente reflexivo, enquanto escolha justificada em contraste com certos modelos de sociedade e mesmo de Igreja considerados negativos. E isto significa um alto grau de juízo, que se constitui num elemento de alta reflexibilidade, e não num desgosto pela vida social normativa ou numa atitude masoquista ou de fuga do mundo.

A inserção na comunidade e a renúncia ao mundo: os virtuosos

Quero voltar ao paradoxo da renúncia/desejo, perda/ganho. Quando um jovem diz que "renuncia ao estudo" (*apud* Mariz, 2006, p. 13), ele está, ao mesmo tempo, revelando um desejo. Se há renúncia, há desejo. Ou seja, estaria no horizonte de sonhos destes jovens uma formação, uma carreira profissional. Neste sentido a atitude contracultural não está tanto no desprezar as regras da sociedade, mas no sacrificar seus desejos – às vezes coincidentes com os fomentados pela sociedade – para aderir a um objetivo maior que contrasta, mesmo, com seus sonhos ou desejos. Por isso é renúncia e sacrifício, pois só se "renuncia" àquilo que se quer.

Esta entrega de vida é, como diz um comunitário carismático citado por Julia Miranda (1999, p. 47), "na obra, para a obra e da obra". Isto significa dizer, mais especificamente no caso da Toca, que nada mais se faz e se visualiza nos horizontes de interesses que não a missão e o carisma daquele universo assumido. Estudos, cursos, empregos, viagens e visitas pessoais, nada pode – ao menos teoricamente – ser efetuado sem o consenso dos líderes e da configuração do dia-a-dia da Toca. Troca-se o senso da individualidade e de seus desejos pelo senso do coletivo e do desejo do coletivo, aproximando-nos, aqui, de Émile Durkheim. Dentro de uma perspectiva durkheimiana, pode-se dizer que o carisma do grupo, a efervescência do e no grupo é o que sustenta o elo entre os comunitários e os impele em força e ideal para suas devoções e serviços.

Neste sentido, é preciso também considerar que sentimentos de forte pertencimento são característicos de minorias, dos que "nadam contra a corrente". Minorias cognitivas tendem a apertar laços de solidariedade e pertencimento e a criarem certo sentido de superioridade em relação aos demais, aos de fora (Mariz 2005, p. 9). O fato de se distinguirem, e de forma tão radical, pode levar a sentimentos ou compreensões de eleição. E os toqueiros sentem-se eleitos, como podemos ver no depoimento do Pe. Roberto: "Jesus confiou a vocês uma missão especial: ser luz neste mundo de trevas, sal nesta sociedade deteriorada pelo pecado. Jesus espera a fidelidade de vocês a esta missão" (Revista TOCA, n. 44, p. 2). Pode-se dizer que, ao renunciarem à sociedade e família, os toqueiros ganham uma identidade coletiva que torna a cada um, e ao grupo, alguém muito mais forte e especial diante da sociedade e da Igreja.

Abandonar estudos e profissionalização para viver de doações constitui-se em virtuose religiosa (Mariz 2005, p. 4), numa atitude heroica que se faz na contra-mão social. Neste sentido há uma retórica, quase senso comum, sobre a capacidade dos jovens de se doarem por uma causa. A figura do jovem é idealizada num romantismo, como um herói, como alguém capaz de extremos, da santidade, da revolução, do martírio (Mariz 2005, p. 4). Contudo, viver da providência teria dois lados: um de risco, do viver sem seguranças pré-determinadas, e outro, paradoxalmente, de segurança, de certa segurança ontológica que a *communitas* dá, que o grupo, envolvido emocionalmente numa mesma causa e numa mesma fé na providência, proporcionam, inclusive criando um sentimento de pertença e segurança familiar-grupal que, talvez, alguns jovens não sentissem em seus lares de origem, como no depoimento de um toqueiro, que diz:

> Minha família, eu, não, eu amo minha família, é claro, mas meu pai não se entendia com minha mãe e o clima ficava bravo às vezes. Sabe, aquela tensão também das dificuldades financeiras, minha mãe desempregada. A paz que eu tenho aqui, eu não tinha lá. Mas amo todos eles e rezo, rezo muito por eles (Entrevista, T. Rio de Janeiro, 29/9/2006).

Sofrimento e heroísmo: o poder às avessas

O que mais chama a atenção entre estes "virtuoses" é a opção pelo sacrifício, seja o de ficar noites em claro em vigília perante o Santíssimo Sacramento, de passar horas de joelhos, de cuidar voluntária e diariamente de pessoas que, na rua ou vindo dela, se encontram sujas, malcheirosas e com feridas abertas e purulentas, de dar banho nessas pessoas, de ficar um dia inteiro sem comer, fazendo Pastoral de Rua. Cito aqui sacrifícios – ao menos na ótica de uma sociedade cujo discurso de ideal é a promoção do conforto e do prazer – que se constituem mais que renúncia a trabalho, estudo, roupas e casa. Num discurso de Antonio Vieira, citado por Ronaldo Vainfas (1986), podemos ver, em imagens nítidas, a vida na Toca. Assim disse o prolixo jesuíta aos escravos da época:

A paixão de Cristo parte foi de noite sem dormir, parte de dia, sem descansar, e tais são as vossas noites e os vossos dias. Cristo despido, e vós despidos; Cristo sem comer, e vós famintos; Cristo em tudo maltratado, e vós maltratados em tudo (1986, p. 101).

Toqueiros, por sua vez, passam noites em claro orando e durante o dia vivem – a maior parte das vezes – num frenético serviço a pessoas em situação de rua; não têm roupas próprias, apenas o hábito que os identifica com a pobreza e com a espiritualidade franciscana; muitas vezes, estando na Pastoral de Rua, ficam sem comer até à noite, quando retornam para as casas. Portanto, a espiritualidade de sacrifício, balizada por certo cristianismo da Paixão e penitência, está muito viva no modo de ser na Toca.

Riolando Azzi chama-nos a atenção para o caráter heróico do sofrimento voluntário, em que flagelantes e penitentes de antanho tinham, em suas práticas, um certo ganho de prestígio por sua coragem e resistência ao sofrimento (1993, p. 135). Conclui-se que a juventude se caracteriza como fase da vida de autoafirmação, de aceitação de desafios para a formação e fortalecimento de um eu independente, autônomo – pode-se admitir que uma vida de privações e sacrifícios seria uma forma contracultural –, em oposição a uma sociedade que valoriza o prazer, o conforto e a riqueza – de desenvolvimento da personalidade, em que se angaria prestígio e coragem, conquanto o discurso seja de modéstia e humildade, justamente pelo avesso do *ethos* social vigente. Portanto, ganha-se em se perder. Ganha-se uma personalidade, uma identidade, um "Cristo vive em mim, eu consigo".

Sacrifícios constituem-se numa forma de morte, de matar o corpo – fonte do pecado –, num cristianismo mais conservador, controlar seus impulsos, subjugar o "eu" (Mariz 2005, p. 7), para, quem sabe, surgir o Cristo no lugar do eu, conforme atesta Paulo: "Já não sou eu quem vivo, mas Cristo vive em mim" (Gl 2,20). Mas o sacrifício, se tem esta especificidade de matar ou subjugar o "eu", também, paradoxalmente, como acima já afirmado, pode levar a uma afirmação superior do eu. Certa vez um irmão da Toca me apontou, com orgulho e admiração, um outro toqueiro, muito quieto e tímido. Disse que aquele toqueiro pretendeu, por amor a Cristo, fazer uma peregrinação aos lugares santos da Europa e Israel, e que, sem um "tostão" no bolso, conseguiu chegar aos destinos sacros que queria visitar, viajando em navio cargueiro, pegando caronas em automóveis e caminhões e, na maior parte do tempo, viajando a pé, sob chuva e sol, mendigando comida para sobreviver e dormindo na rua. E me confidenciou ser aquele rapaz, magro e tímido, um homem com aura e odor de santidade. E destacou, ainda, sua vida de jejuns e orações.

O sacrifício, que pune o corpo e rejeita o conforto, o viver "pela fé" também pode, ainda que involuntariamente, elevar o eu de alguém em relação aos seus pares. Como assevera Mariz, "a realização da empreitada (de sacrifício) por parte de um jovem reforçaria o sentimento de poder dos demais" (2005, p. 8). Sim, pois se o sacrifício quer levar à morte do eu, ele, em contrapartida, ressuscita o eu, reforça o eu coletivo do grupo, dá sensação de vitória e solidariedade (Mariz 2005, p. 8). Sensação de vitória sobre si mesmo, sobre seus próprios limites e sobre o Diabo. Sensação de vitória da Toca, do grupo que, em comunhão, consegue superar desafios. No quesito sacrifício há duas questões importantes que permeiam a prática sacrificial: a negação do eu e, por outro lado, sua ascensão com maior força, de forma coletiva e individual. Conforme Durkheim, em sua definição de suicídio altruísta, o altruísmo é a condição em que o ego não pertence mais à pessoa, mas se funde com o grupo e sua causa (Durkheim 2004, p. 114).

Estética, emoção e racionalidade: não tão distante do "mundo"

É preciso que se frise que comunidades emocionais se sustentam, como o próprio nome delineia, por expressões de afetividade, proximidade física, demonstrações de carinhos, abraços, beijos (Hervieu-Léger, 1997). Esta efervescência está bastante presente na Toca, em que, configurando-se como uma família nova, de jovens e com um pai espiritual e referencial (Pe. Roberto), há grande intensidade de demonstração de carinho e alegria entre os toqueiros. Neste sentido é de se perguntar se jovens conseguiriam, de forma opcional, viver um dia-a-dia que parece ser tão sacrificante, como na Toca, sem essa dimensão afetiva entre eles, como compensatória das renúncias e sacrifícios e como sustento para privações e entregas.

Neste quesito é interessante notar como a estética é um meio de auto-afirmação num mundo que parece tão descolorido, como o da convivência e serviço à população em situação de rua. A estética é um meio de comunicação e performance bastante valorizado na Toca. Porém, se há renúncia a bens, estudo, dinheiro, roupas, assim como prestação de serviço pesado a pessoas doentes e abandonadas, não há, por outro lado, renúncia ao estilo, à estética, à performance visual. Podemos ver isso nas fotos do Pe. Roberto pelas casas, como também na própria atitude dos toqueiros ao serem fotografados. Fotos do Pe. Roberto se espalham pelas casas, em poses estilizadas, sugerindo santidade, oração, carinho, sacrifício. E os próprios toqueiros valorizam certa "vaidade" estética ao serem fotografados. Portanto, o movimento contrasta entre a seriedade de uma devoção eucarística e serviço aos pobres *in extremis* e uma nada sisuda vida social entre os toqueiros que, muito ao contrário, se caracterizam pela espontaneidade e alegria características da maioria dos jovens, inclusive expressas em suas danças e teatros por ocasião dos Tocões.

O sacrifício do intelecto

Uma das características bem específicas da Toca é a sua desconfiança em relação ao "intelecto" ou, ao menos, ao conhecimento acadêmico e à formação/educação formal, inclusive no âmbito eclesiástico. Os estudos formais são não só desaconselhados como, pode-se dizer, proibidos na Toca.

O máximo que se admite, por uma questão delicada e legal, ao acolherem menores de idade, é que o toqueiro termine o ensino médio. Tal desconsideração pelos estudos tem muito de um tom do franciscanismo primitivo, em que São Francisco, inicialmente, não queria que seus frades estudassem e se tornassem clérigos, querendo estar imbuído do evangelho *sine glosa*. Isto é, uma aproximação ao sagrado que é mediada preponderantemente pela experiência com Jesus, e não através dos estudos ou teorizações que, potencialmente, poderiam enfraquecer ou relativizar a experiência.

No caso da Toca – e de certo modo em movimentos reavivamentistas, como a RCC –, a desconfiança da racionalidade acadêmica parece se dar pelo perigo que ela representaria à pureza da fé, ou seja, que o estudo, e seus consequentes aprofundamentos e interdisciplinaridades, poderia ameaçar postulados de fé e, em última instância, comprometer a experiência religiosa. Assim, por exemplo, justifica-se o temor que parte da RCC e o todo da Toca têm pelo espaço acadêmico, como suscitador de dúvidas e questionamentos (Miranda 1999, p. 49). O conhecimento teórico-científico pode ser um meio de confundir ou questionar a experiência. Mesmo a teologia é considerada uma disciplina que pode encapsular o transcendente que, primordialmente, deveria passar pela experiência.

A desconfiança do intelectualismo teológico, porém, parece ser específica. Não é a teologia tridentina que se põe sob suspeição ou o estudo das encíclicas papais. É, sobretudo, uma teologia europeia secularizante, pouco espiritual, e uma teologia latino-americana de corte mais político-social (Libânio 2002, p. 36). Uma teologia de corte mais tradicional e conservador não é rejeitada. Ao contrário, os toqueiros lêem livros quase de cunho bastante conservador, como o livro "*Aos sacerdotes, filhos prediletos de Nossa Senhora*", do Movimento Sacerdotal Mariano, dirigido pelo padre visionário Stefano Gobbi.

A Toca, é claro, não condena o estudo teológico como um todo. Tanto que é de sua missão zelar espiritualmente pelos padres, assim como reconhece esses homens teologicamente formados como legítimos sacerdotes. Contudo, o reconhecimento não se dá pela via da teologia estudada pelos padres, mas pela ordenação, que os faz, de fato, sacerdotes. Mas, para o toqueiro, a teologia formal é algo, no mínimo, dispensável já a que sua relação com Jesus e com a Igreja passaria, antes e sobretudo, por viver junto e com Jesus, radicalmente, na adoração ao santíssimo e no serviço aos pobres.

Entretanto, como poderia parecer à primeira vista, o anti-intelectualismo na Toca não concerne apenas à teologia, mas se estende a todo e qualquer estudo, por mais necessário que possa ser até para as atividades práticas da Toca. Assim uma vez na Toca, as pessoas são impedidas de realizar qualquer curso, mesmo algum técnico na área da saúde que, sem dúvida, seria de bastante proveito para o trabalho dos toqueiros. Mas por que proibir estudos que, teoricamente, em nada poriam em risco a fé dos toqueiros?

A resposta está na providência. O toqueiro deve ser pobre, e pobre por inteiro. O conhecimento técnico formal em saúde já é uma riqueza que precisa ser deixada. Poderia criar vaidades e diferenças entre os irmãos. Todos os toqueiros querem ser dependentes, como pobres que são. Dependentes da providência divina. Não é o cálculo, o conhecimento técnico, a racionalidade que fará com que os toqueiros cumpram a missão que lhes concerne, mas Deus que agiria neles conforme sua providência. Fé, para os toqueiros, é confiar nesta providência, e não em si mesmos, em seus conhecimentos próprios. A providência, portanto, manifesta-se na informalidade da aprendizagem. Isto significa dizer que o conhecimento advindo desta informalidade não é ruim. Desnecessária é a estrutura, o conhecimento por vias formais. Ou seja, a providência estaria a atuar na informalidade, não só na estrutura. Características de movimentos contraculturais, que negam a "máquina" em favor da liberdade.

Mas... A Toca é pop, o pop não poupa ninguém!

A Toca de Assis, conquanto queira ser uma instituição que visa a um retorno à "tradição" da Igreja, e conformando, em si, uma face sacrificial e de renúncia, agrega, elementos muito contemporâneos afeitos à juventude, num lastro de subjetivação emocional. Assim como outros grupos da RCC, ritmos musicais como pagode, hip-hop, axé, forró, e rock com letras religiosas (Oliveira 2003, p. 104), estão presentes na configuração musical/artística da Toca, trazendo o "mundo" secular e retraduzindo-o para dentro do espectro religioso. Isto, portanto, afigura-se como uma atitude destradicionalizante, a partir do momento em que rompe com paradigmas musicais tradicionalmente sacros da Igreja e, ao molde da subjetivação religiosa, traz para dentro da Igreja os estilos musicais que tocam (literalmente) a vida das pessoas na cultura contemporânea, particularmente entre os jovens.

A este aspecto somam-se os teatros e danças que os toqueiros encenam nos seus encontros regionais ou nacionais (Tocões). A relação dos toqueiros com seus corpos está, assim, longe de uma postura tradicional de dualismo corpo *versus* espírito. O corpo é visto e usado como um elemento de evangelização através de performances, coreografias e danças. Isto, de certo modo, implica gestualidade, sensualidade, toques. As danças são ritmadas, coreografadas, com grande participação do corpo de toqueiros e toqueiras que dançam juntos, no mesmo palco. O elemento da dança carrega, como pude verificar, também muito de sensualidade, a partir do momento em que se envolvem o(s) corpo(s) em expressões lúdicas e rítimicas. Certamente isto não tem acento na "tradição" da Igreja, mas numa sensibilidade juvenil e numa forma de expressar a religião de corte pós-moderno, para além da racionalidade. Significa uma nova forma de vivenciar o próprio corpo – e de se aproximar do corpo dos outros – dentro de um espectro de vida religiosa consagrada, tradicionalmente sóbria em relação ao corpo.

O corpo, outrossim, passa a ser expressão de sentimentos. A expressividade gestual/corporal é elemento que dá vazão aos sentimentos. Ou seja, uma religião que se vive através do corpo – como em grupos de Nova Era. E isto não se circunscreve apenas a danças, cantos, gestos na oração. É repetida, por toqueiros, a assertiva de que a missa do Pe. Roberto, o fundador do movimento, seria mais "intensa" justamente no sentido de sua ação corpórea. Os toqueiros costumam destacar o "olhar" do padre, a maneira como eleva a hóstia, as expressões de seu rosto na celebração da missa, o tom do som e a ritimização de suas palavras. Danças, carícias, beijos e outras expressões corporais colocadas no lastro da expressão espiritual integram corpo e espírito, fugindo ao dualismo cristão tradicional (Carranza 2000, p. 150).

Portanto, um rompimento, a um só tempo, com a racionalidade moderna – cujo meio de expressão privilegiado é a razão, que se diferencia da emoção – e com a própria tradição teológica de uma Igreja tradicional que via (vê) no corpo e em seus gestos uma brecha para a tentação e onde o exercício espiritual é tipicamente um exercício da "alma". E se há alegria, espontaneidade, realização nestas relações espirituais através do corpo, é porque também há "gozo", há prazer, sente-se bem com tais toques, abraços, gestos. Ou seja, a redenção do corpo na espiritualidade justamente pela aceitação do corpo – seu e do outro – numa relação de carinho e gestos físicos. Uma relação que sensibilidades pós-modernas e típicas também da Nova Era trazem para a reconfiguração da espiritualidade.

Experiências artísticas de dança, música, teatro, shows, presentes na Toca, assemelham-se a experiências que também ocorrem com os mais diferentes tipos de jovens que recorrem a estes elementos de celebração da vida sem, contudo, terem necessariamente vínculos religiosos. Todo elemento de êxtase, ou orgiástico, no dizer durkheimiano, reforça o sentimento grupal e ajuda a sustentar posições extremas e radicais (Mariz em que 2005, p. 10). O fervor emocional de um acontecimento as pessoas estão plenamente envolvidas dá forças, nutre, revigora, dá certezas. Estas experiências estéticas e de êxtase através da música, da arte, são fundamentais para um grupo de jovens, como os toqueiros, que precisam ver seus ideais confirmados e reafirmados por tais momentos de comunhão orgiástica, emotiva, em que eles se encontram e se vêem representados no momento de celebração artística.

Sem esses eventos, comuns à Toca, talvez fosse mais difícil – quiçá impossível – que jovens e adolescentes suportassem a dureza nada poética de um dia-a-dia marcado por cuidar de pessoas doentes, alcóolatras, desconhecidas, cheirando mal, em lugares às vezes perigosos e, tantas vezes, com privações de alimento neste serviço, com a extenuação do corpo e, quem sabe, do ânimo. Penso que não é possível – ou ao menos é muito difícil – a um jovem ou adolescente ter tal nível de entrega, de vida de sacrifícios e privações por opção sem que haja alguma contrapartida contrastiva, de certo modo, com esta dureza. E a arte e a efervescência comunitária que ela possibilita seria justamente este outro lado da moeda, que ao mesmo tempo alivia o dia-a-dia e o impulsiona.

Há, na Toca, um fomento de relacionamentos circulares, já que os irmãos encontram no próprio interior da organização os espaços de lazer e relacionamento afetivo (Carranza 2005 [b], p. 452). Também os dias de recreio entre toqueiros e toqueiras de uma região são exemplo disso. Uma vez por mês, num dia da semana, os irmãos ou irmãs de uma casa saem para algum lugar em que possam passar o dia cantando, brincando, relaxando. Enfim, evidencia-se que a Toca constitui-se num movimento que realiza, em seu interior, um universo de momentos e significações afetivas, emocionais e subjetivas, atendendo o anseio de diversão e vazão de sentimentos entre jovens e típico das sensibilidades religiosas contemporâneas.

Outra forma moderna e, mais, pós-moderna de expressar a sensibilidade religiosa na Toca é o *quiz*. Na revista da comunidade, por exemplo, que comemora os dez anos de consagração das primeiras irmãs toqueiras (Ir. Andréas e Ir. Mariana), a matéria de "entrevista" com elas seguiu um típico *quiz*, ao estilo de um gradiente comunicacional fragmentado, que visa evidenciar não ideias ou biografias, mas gostos, desejos, sentimentos, com perguntas tipo *ping-pong* como: comida preferida, música, filme, um fato engraçado, time, uma frase etc. (Revista TOCA, n. 44, p. 4 e 5).

Consumo e marketing: falávamos de rejeição e contestação?

O fato de a Toca lançar CD's, fitas VHS, utilizar-se da mídia eletrônica para fazer chegar sua mensagem às pessoas, constitui-se num diálogo da religião com a modernidade (Oliveira 2003, p. 105). A comunicação através de meios mercadológicos, como venda de camisetas, chaveiros, adesivos, insere-se na lógica comercial e faz da fé, ou de uma determinada experiência religiosa ou de carisma, como a da Toca, um elemento que pode circular através do consumo, uma espiritualidade que pode ser experimentada no consumo, como nas sensibilidades religiosas da Nova Era (Amaral, 2000). A fetichização, para usar um termo clássico e mais psicológico, de produtos de consumo religioso como canal de espiritualidade e realização espiritual e pessoal também é devedora de uma cultura de consumo capitalista que, conforme aponta Jung Mo Sung (2005, p. 17), num mundo sem sentidos e encantos, reencanta pelo encantamento da mercadoria.

Estando numa casa da Toca no Rio de Janeiro, pude observar um carro, pertencente a um colaborador da Toca, que tinha, no vidro traseiro, o seguinte adesivo: "Se você ama a Jesus, buzine". E logo abaixo desta frase, o logotipo da Toca de Assis com seu respectivo telefone. Ou seja, através de um apelo e propaganda religiosa, para promover o encontro e reconhecimento de iguais, a Toca também se autopromove, faz anúncio de si. Por outro lado, o logotipo da Toca vai se evidenciando como uma marca registrada, à maneira de uma patente religiosa.

Enfim, modernidade e lógica comercial/mercadológica na expressão e visibilidade da Toca na sociedade. Usando a mídia e recursos modernos colados a formas e veículos não necessariamente religiosos, o sagrado, ofertado e visibilizado, faz-se presente em novas configurações estéticas e éticas. O sagrado, assim, já não está somente na Igreja. Está visibilizado e oferecido nas fronteiras porosas com a sociedade circundante, com suas lógicas. Portanto, ao fazer do sagrado uma "propaganda", por meio de múltiplas formas modernas de *marketing*, a tradição, ou o universo sagrado tradicional que se apresenta, já é diferente da tradição/sagrado como outrora se apresentava, circunscrito ao espaço sacro e que não precisava ser anunciado, "vendido", ofertado, principalmente por meios da sociedade capitalista de consumo, como a propaganda, e em veículos nem sempre nativamente religiosos.

Conclusão

Apresentei alguns dos sentidos e simbolismos que o sacrifício e a renúncia têm na Toca de Assis e como podem ser interpretados em sua incidência entre jovens do Instituto, assim como a faceta contemporaneamente juvenil, moderna e inserida na *ordem do dia* que a Toca apresenta. A Toca de Assis poderia afigurar-se, para tais jovens, como um movimento paradoxal, isto é, de contracultura em relação à sociedade moderna, racional, consumista, hedonista e, ao mesmo tempo, lançando mão desta mesma sociedade e "batizando" suas lógicas internas, cristianizando-as. Mas também é um protesto contra certa faceta da Igreja que comunga com a modernidade racional e desencantada. É, porém, um protesto a partir de dentro e que quer ser em fidelidade à mesma, e há aí também um paradoxo. Contudo, correndo o risco de, mas sem querer cair em simplismos, definições padronizadas ou axiomas pobres, arriscaria dizer: a juventude, seja qual for seu credo ou origem, parece, de um jeito ou de outro, de formas às vezes surpreendentes e invulgares, sempre demonstrar descontentamento, protesto e questionamento, com atitudes ou ideias, ao que a rodeia, à sociedade e às suas instituições. Mas, ao mesmo tempo, não consegue fugir a seu tempo, a sua Era e sociedade.

Referências bibliográficas

AMARAL, Leila. *Carnaval da alma. Comunidade e essência na Nova Era.* Petrópolis: Vozes, 2000.

AZZI, Riolando. *A paixão de Cristo na tradição luso-brasileira.* In: Revista Eclesiástica Brasileira. Petrópolis: Vozes, v. 53, n. 209, 1993, p. 114-149.

CARRANZA, Brenda. *Lógica e desafios do contexto religioso contemporâneo.* In: Revista Eclesiástica Brasileira. Petrópolis, vol. LXV, n. 257, 2005 [a], p. 46-63.

_____. *Movimentos do Catolicismo: cultura, instituição e mídia.* Tese de doutoramento. Universidade Estadual de Campinas

– UNICAMP, Instituto de Filosofia e Ciências Humanas, São Paulo, SP: 2005 [b].

_____. *Catolicismo em movimento.* In: Religião e Sociedade. Rio de Janeiro, n. 24 (1), 2004 p. 124-146.

_____. *Renovação Carismática Católica. Origens, mudanças e tendências.* Aparecida: Santuário, 2000.

DURKHEIM, Emile. Suicídio altruísta. In: RODRIGUES, José (org.). *Durkheim.* São Paulo: Ática, 2004. p. 111-116.

HERVIEU-LÈGER, Daniele. *Representam os surtos emocionais contemporâneos o fim da secularização ou o fim da religião?* In: Religião e Sociedade. Rio de Janeiro, 18/1, 1997 p. 31-48.

LIBÂNIO, João Batista. *A religião no início do milênio.* São Paulo: Loyola, 2002.

_____. *O paradoxo do fenômeno religioso no início do milênio.* In: Perspectiva Teológica. Belo Horizonte, ano XXXIV, n. 92, jan/abr de 2002, p. 63-88.

LIENHARDT, Godfrey. *Antropologia Social.* Rio de Janeiro: Zahar, 1973.

LOWY, Michael. *Redenção e utopia: o judaísmo libertário na Europa central.* São Paulo: Companhia das Letras, 1989.

MARIZ, Cecília Loreto. *Catolicismo no Brasil contemporâneo: reavivamento e diversidade.* Mimeo. Rio de Janeiro, 2005, 18 p.

_____. *Comunidades de vida no Espírito Santo: juventude e religião.* In: *Tempo Social.* São Paulo, vol. 17, n. 2, 2005. Texto impresso em HTML, a partir do sítio do *Scielo.* p. 1-15 (numeração no modelo HTML).

_____. *Comunidades de vida no Espírito Santo: um novo modelo de família?* Rio de Janeiro, 2006. Texto mimeo. Em minha configuração, p. 1-16.

MENDONÇA, Antonio Gouvêa. *A experiência religiosa e a institucionalização da religião.* In: *Estudos Avançados.* São Paulo: USP, n. 18 (52), 2004, p. 29-46.

MIRANDA, Júlia. *As linguagens da Renovação*. In: *Carisma, sociedade e política. Novas linguagens do religioso e do político*. Rio de Janeiro: Relume Dumará, 1999, p. 46-57.

OLIVEIRA, Eliane Martins. *O mergulho no Espírito de Deus. Diálogos (im)possíveis entre Renovação Carismática Católica e a Nova Era na Comunidade de Vida no Espírito Canção Nova*. Dissertação de Mestrado. Rio de Janeiro: UERJ, 2003.

SANTOS, Boaventura de Souza. Modernidade, identidade e a cultura de fronteira. In: *Revista Crítica de Ciências Sociais*. São Paulo, n. 38, dez. de 1993, p. 11-39.

SUNG, Jung Mo. Reencantamento e transformação social. In: *Estudos de Religião*. São Bernardo do Campo: UMESP, Ano XIX, n. 29, 2005, p. 12-36.

REVISTA TOCA PARA A IGREJA. Revista mensal da Fraternidade de Aliança Toca de Assis. Campinas, n. 44.

VAINFAS, Ronaldo. *Ideologia e escravidão*. Petrópolis: Vozes, 1986.

8

A "VIDA NO ESPÍRITO" E O DOM DE SER CANÇÃO NOVA

Eliane Martins de Oliveira[1]

Começo

A Canção Nova, identificada como a precursora das Novas Comunidades Carismáticas no Brasil, foi fundada em 1978. É coordenada pelo padre Jonas Abib, sacerdote salesiano que teve sua iniciação da experiência no Espírito Santo[2] em 1972, quando participava de retiro ministrado pelo padre Haroldo Rahm, um dos expoentes introdutores da Renovação Carismática Católica (RCC) no país (Abib, 2000). A sede da Comunidade Canção Nova está localizada na cidade interiorana de Cachoeira Paulista, São Paulo, e é cingida pelas montanhas da Serra da Mantiqueira e da Serra da Bocaina, no Vale do Paraíba. Inaugurada com 12 pessoas, os últimos dados somaram cerca de 300 membros em sua casa-sede e um total de mais de 600 membros, se contabilizados os participantes distribuídos nas

---

[1] Doutoranda em Ciências Sociais pelo Centro de Pós-graduação em Desenvolvimento, Agricultura e Sociedade da Universidade Federal Rural do Rio de Janeiro (CPDA/UFRRJ). Mestre em Ciências Sociais pelo Programa de Pós-graduação em Ciências Sociais da Universidade Estadual do Rio de Janeiro (PPCIS/UERJ). Áreas de interesse e pesquisa: catolicismo, movimento Nova Era, comunidade, educação.

[2] Experiência no Espírito ou "Batismo no Espírito Santo" refere-se ao fenômeno de "possessão" do Espírito Santo, o qual vem até a pessoa que o evocou, manifestando-se através da distribuição dos dons carismáticos já explicados anteriormente.

30 (trinta) casas-filiais de missão, dispostas em todo o território nacional e, também, em países como Itália, França, Portugal, EUA e Israel. A Canção Nova aponta como sua principal preocupação a evangelização de jovens mediante a utilização dos meios de comunicação social. Ela possui uma emissora de Rádio própria (Rádio Canção Nova); uma emissora de TV (TV Canção Nova) com programação 24 horas e retransmissoras em todo o país, podendo também ser sintonizada na Europa Ocidental, África do Norte e Oriente Médio, através do sistema de satélites e TVs a cabo; e um *site* na *Internet* (www.cancaonova.com) (Oliveira, E., 2003).

Desde que comecei a estudar a Canção Nova[3], vi que ela se desdobrava em si mesma, produzindo em mim uma vertigem caleidoscópica. Mais ou menos assim: consistia numa comunidade, mas numa comunidade de inspiração religiosa. Reivindicava o vínculo de fé e de pertença à Igreja Católica, contudo se comprometia particularmente com uma das leituras contemporâneas do catolicismo: o catolicismo carismático.

Entretanto, não se tratava de uma comunidade religiosa católica carismática para onde seus membros, periódica ou eventualmente, acorriam, por exemplo, para organizar e/ou participar de reuniões e encontros, como em grupos de oração ou em pastorais paroquiais. Seus membros moravam juntos nessa comunidade. Eles não eram somente sacerdotes ou religiosos celibatários, como acontece nas irmandades e nos conventos católicos. Aliás, predominantemente, havia leigos, homens e mulheres jovens, que ou eram casados (portanto, seguindo normas de castidade, baseadas na doutrina católica, podiam ter relações sexuais e procriar), ou eram solteiros até quando decidissem, obrigatória e definitivamente, pelo casamento ou pelo celibato. Essa

---

[3] Iniciei os estudos na Canção Nova em 2001 e defendi dissertação de mestrado sobre o tema em junho de 2003 no Programa de Pós-graduação em Ciências Sociais da Universidade Estadual do Rio de Janeiro (PPCIS/UERJ). Desenvolvo atualmente tese de doutorado sobre a Canção Nova no Centro de Ciências Sociais do Programa de Pós-graduação em Desenvolvimento, Agricultura e Sociedade da Universidade Federal Rural do Rio de Janeiro (CPDA/UFRRJ) sob orientação do Prof. Dr. John Comerford.

comunidade, formada por sacerdotes, homens e mulheres casados e solteiros (enquanto se decidem pelo casamento ou pelo celibato), católicos carismáticos, viviam juntos em comunidade, porém assim o faziam não simplesmente por valorizarem e quererem resgatar um ideal romântico de vida comunitária em si mesma. Desejavam viver, em comunidade, a "vida no Espírito".

Antes de prosseguir, quero fazer um parêntese. Esta atitude será ela própria uma amostra de que, enquanto medito a respeito da Canção Nova, sou plenamente contagiada pela "lógica do desdobramento" que ela adota: um tipo de leitura da realidade que parece que começa, mas nunca termina. Retorno ao texto neste ponto.

Meio: a Vida no Espírito

Abre parênteses: Em 2005, quando retomei as pesquisas de campo na Canção Nova para pensar a tese de doutorado, troquei *e-mails* com um antropólogo e professor de teologia de uma universidade da região nordeste do Brasil que é, além disso, católico carismático atuante, membro consagrado de uma Nova Comunidade Carismática e interessado em também estudar a Canção Nova num possível doutorado em sociologia ou antropologia. Aqui, vou apelidá-lo de Paulo. Paulo havia lido um artigo meu publicado em revista acadêmica (Oliveira E., 2004) e, a respeito dele, me fez a seguinte pergunta: "Por que você chama a Comunidade Canção Nova de "Comunidade de Vida no Espírito"?

A ele contei que "Comunidade de Vida no Espírito" fora a expressão empregada por uma ex-comunitária da Canção Nova enquanto me definia, em entrevista, o que os membros da Canção Nova entendiam por Comunidade de Vida. A narração da moça – a qual alcunho de Laura – fez-me notar outras expressões já existentes no meio "carismático", como Seminário de Vida no Espírito ou mesmo Batismo no Espírito. Do mesmo modo, lembrei-me de que pregadores da Canção Nova, em diferentes ocasiões, utilizavam, em retiros, as expressões "mergulho no Espírito", "entregar-se ao Espírito", "abandono no Espírito". Disse a Paulo que, embora eu soubesse que a Canção Nova não costumava autodenominar-se "Comunidade de Vida no Espírito", a definição dada por aquela ex-comunitária me trouxera mais compreensão da Canção Nova do que qualquer outra denominação que a apresentasse formalmente[4]. Por isso, eu a adotara.

Enquanto respondia a Paulo, fui arrastada por um enxame de meditações. Dei-me conta de que nunca havia ponderado sobre aquele episódio específico, nem escrita nem oralmente, a partir do qual, de alguma forma, decidira o porquê de não chamar a Canção Nova apenas como ela mesma publicamente chamava a si própria: simplesmente de Comunidade Canção Nova, sem os termos "de Vida" e "no Espírito". O fato era que, até ali, não sentira falta de não tê-lo feito. Julgava que a explicação a propósito da terminologia, embora ela não existisse especificamente sobre quando e por que havia preferido aquela à outra, existia diluída nas próprias interpretações etnográficas.

No entanto, saber que a leitura de Paulo sobre minhas análises da Canção Nova carregava, simultaneamente, a perspectiva das ciências sociais e das Novas Comunidades Carismáticas influenciou-me, definitivamente, a voltar atenção para aquela terminologia, tal como ele reivindicara, além do que tornou sua pergunta extremamente significativa do ponto de vista analítico. Na medida em que a Canção Nova, como precursora das Novas Comunidades Carismáticas no Brasil, influenciou a formação e o desenvolvimento de muitas delas, acredito que explorações acerca da pergunta de Paulo, bem como da terminologia "Vida no Espírito", tragam elementos que ajudem a alargar as pesquisas sobre elas.

Medito sobre a pergunta.

---

[4] Comunidade de Vida e Aliança é um dos termos oficiais dentre as Novas Comunidades Carismáticas. A Comunidade de Aliança nasce da Comunidade de Vida: seus membros firmavam o compromisso de seguir todos e os mesmos princípios de vida da Comunidade de Vida, embora não morem na Comunidade de Vida e possam manter empregos, profissões e relacionamentos fora da Comunidade de Vida (Oliveira E., 2003b).

Paulo, nitidamente, demonstrara seu estranhamento a respeito da forma com que eu me referia à Canção Nova, contrapondo a nomeação empregada por mim – Comunidade de Vida no Espírito Canção Nova – à nomeação dita por ele – Comunidade Canção Nova. Eu podia presumir que ele – antropólogo – entendia que eu a havia usado como categoria nativa[5]. Eu podia perceber que ele – "nativo" – não a reconhecia como categoria nativa. Ou melhor, creio que o que ele não reconhecia na expressão "Comunidade de Vida no Espírito" não era a relação entre "Comunidade" e "de Vida", pois esta relação é fundante das Novas Comunidades (Carranza 2000; Oliveira 2003b; Mariz 2005). Até "Comunidade de Vida", a expressão estaria adequada. O problema era a relação entre "de Vida" e "no Espírito". Talvez o problema fosse "no Espírito" sem o "Santo". Paulo, quem sabe, desconfiasse que eu tivesse manejado a expressão "Comunidade de Vida no Espírito" a fim de justificar a comparação entre Canção Nova e Nova Era[6], uma vez que "no Espírito" podia sugerir uma associação imediata com o espiritismo kardecista ou com outro tipo de religiosidade em que se acredita na manifestação de espíritos na realidade ordinária, e não com a manifestação do Espírito Santo. E se assim fosse, isso poderia ser considerado uma espécie de calúnia, do ponto de vista "carismático", e uma atitude pouco científica, do ponto de vista clássico das ciências sociais.

No primeiro caso porque, através de uma expressão não reconhecida como "nativa", eu estaria identificando a experiência religiosa observada na Canção Nova com um conjunto de religiosidades e cosmovisões que ela,

---

[5] Segundo Viveiros de Castro (2002), "o que faz do nativo um 'nativo' é a pressuposição, por parte do antropólogo, de que a relação do primeiro com sua cultura é natural, isto é, intrínseca e espontânea, e, se possível, não reflexiva; melhor ainda se for inconsciente. O nativo exprime sua cultura em seu discurso" (2002, p. 114).

[6] Aqui faço referência à discussão que empreendi na dissertação de mestrado (Oliveira, E. 2003) e no artigo referido (Oliveira, E., 2004), em que comparei aspectos da experiência religiosa que observei na Canção Nova e a cosmologia do movimento Nova Era. O movimento Nova Era foi caracterizado por Amaral (2000) como uma religiosidade caleidoscópica ou um "sincretismo em movimento", ou seja, uma composição em se fazendo de múltiplos elementos de diversas tradições culturais religiosas ou não religiosas.

juntamente com a Renovação Carismática Católica de uma maneira geral, desaprova e contra quem, frequentemente, se engaja em batalha espiritual[7]. A crença em entidades espirituais, na re-encarnação, na experiência extrassensorial de fenômenos espirituais, na imputação do sagrado à natureza e ao cosmos, na consideração de que Deus está presente no indivíduo, o uso de objetos sagrados e com poderes mágicos, o não reconhecimento de Jesus Cristo como o único salvador são elementos presentes no amplo contexto da cosmovisão Nova Era e, segundo os Canção Nova[8], representariam sinais das investidas do demônio no mundo[9] contemporâneo (Oliveira, E., 2003b). No segundo caso, porque se a expressão "Comunidade de Vida no Espírito" não era "nativa", tê-la tratado como "nativa" feria a verdade "nativa" – possivelmente entendida como legítima e originária – da Canção Nova.

Em outras palavras, se carismáticos e membros de Novas Comunidades não reconheciam a expressão "Comunidade de Vida no Espírito" como sendo sua, por que eu a teria tratado como se eles a reconhecessem como sua? Paulo se dizia preocupado com a ética e o rigor científico dos estudos que tratassem da experiência religiosa das Novas Comunidades. Cuidava de distinguir o que era realmente "nativo" – ou que possuía uma objetividade factual e, portanto, era objeto de estudo antropológico – daquilo que não era.

---

[7] Segundo Mariz & Machado (1998), a teologia da guerra espiritual contribui com um processo de institucionalização religiosa na medida em que, ao acusar de demoníacas outras religiões, exige a renúncia do fiel em frequentá-las e, consequentemente, a adesão incondicional e circunscrita ao seu grupo.

[8] Digo "os Canção Nova" e não mais "os cançãonovistas" como disse em textos anteriores porque entendo hoje que os membros da Comunidade de Vida Canção Nova são substantivos próprios e não adjetivos. Nem todos são Canção Nova, mas qualquer um pode ser cançãonovista (ser como os Canção Nova, imitá-los). "Canção Nova" é um tipo de pessoa que possui o dom Canção Nova. Eles assim se dizem. Durante as entrevistas e no livro "Nossos Documentos" (2002), os membros da comunidade de vida explicam que alguém é ou não é "Canção Nova". Por exemplo: fulano é Canção Nova, sicrano não é Canção Nova. A Comunidade de Vida Canção Nova é, portanto, a comunidade dos Canção Nova.

[9] Deste ponto em diante, toda vez que a palavra "mundo" for mencionada com aspas será feito em referência ao significado nativo explicado posteriormente no texto. De outro modo, quando a mesma palavra estiver escrita sem aspas carregará o significado de "sociedade".

Minhas suposições sobre as possíveis suposições de Paulo nunca passaram de suposições, porque Paulo, em suas respostas às minhas respostas de *e-mail*, jamais comentou nada sobre o conteúdo daquele artigo, nem criticando nem concordando. Entretanto, todo o resto de seu discurso era manifestamente desconfiado das minhas intenções de pesquisa na Canção Nova[10], o que indicava que não eram fantasiosas as minhas conjecturas. Mas as possíveis conjecturas dele, no sentido que veremos a seguir, também não seriam.

Sim – disse a Paulo –, eu vislumbrara alguns pontos de encontro entre concepções e práticas da Canção Nova e da Nova Era. Em vários retiros da Canção Nova – os Acampamentos de Oração –, ouvira pregações de comunitários associando o movimento Nova Era ao anticristo, à segunda vinda de Cristo e ao final dos tempos, ao mesmo tempo em que presenciava, frequentemente, nas mesmas pregações, o incentivo e a atuação da experiência místico-religiosa[11] (a oração em línguas, a profecia, a visualização de espíritos celestes como Jesus, anjos, entre outros fenômenos). Uma ambivalência se estabelecia, a meu ver. O desencontro entre a cosmovisão da Canção Nova e da Nova Era estava inequivocamente afirmado na associação que opunha os que estão a serviço de Deus (Canção Nova e a Igreja) aos que estão a serviço do anticristo (a Nova Era). O encontro entre a cosmovisão da Canção Nova e da Nova Era podia ser visto principalmente no que se referia à experiência do sagrado pela via subjetiva e mística.

Assim, num exercício de interpretação antropológica, dispus-me a apontar diferenças e/ou semelhanças plausíveis entre elas. Sugeri que as concepções e experimentações do Espírito Santo na e da Canção Nova

---

[10] Um texto sobre a relação de desconfiança e segredo entre pesquisador/pesquisado na pesquisa da Canção Nova está publicado nos Anais da 25ª Reunião Brasileira de Antropologia, 2006, Goiânia.
[11] Weber (1982) contrapôs misticismo ao ascetismo. Indicando-os como orientações opostas de condutas renunciadoras do mundo, enquanto o místico procuraria minimizar sua ação no mundo, o asceta seria avaliado através de sua ação no mundo. O místico é o receptáculo do divino.

compatibilizavam-se às crenças sobre o "holismo" e a "energia cósmica", próprias do universo Nova Era[12]. Sabia que esse tipo de cotejo era capaz de produzir polêmica no âmbito carismático católico, exatamente pelos motivos que supus que Paulo possivelmente supusesse.

Mas, como quem o sossegasse, disse-lhe que não se preocupasse que essa não era, nem eu achava que era, "a verdade" da Canção Nova. Que, embora o "devaneio" do antropólogo seja (costuma ser) "incorporar" da alma "nativa" e, no limite romântico, *ser (não sendo)* o próprio "nativo" (Viveiros de Castro, 2002), jamais apreenderia a verdade "nativa" da Canção Nova, segundo os Canção Nova, porque sou apenas uma antropóloga. Os antropólogos podem construir alegorias, sigo com Clifford (2002). Posso pensar pela forma "como se". Posso dizer: o Espírito Santo é experimentado pelos Canção Nova *como se* fosse "energia cósmica". O Espírito Santo não *é* "energia cósmica".

Essa é somente uma formulação que torna possível uma significação da religiosidade da Canção Nova. Como diz Clifford:

> Um reconhecimento da alegoria enfatiza o fato de que retratos realistas, na medida em que são "convincentes" ou "ricos", são metáforas extensas, padrões de associações que apontam para significados adicionais coerentes (em termos teóricos, estéticos e morais) (2002, p. 65).

E ainda: "A alegoria nos incita a dizer, a respeito de qualquer descrição cultural, não 'isto representa ou simboliza aquilo', mas sim 'essa é uma história (que carrega uma moral) sobre aquilo'" (Clifford 2002, p. 66). Eu construí uma alegoria provavelmente controversa para entender (explicar) a Canção Nova, quando a comparei com a Nova Era. Disso, Paulo teria tido razão. Mas a expressão "no Espírito" não era de minha autoria, mas é

---

[12] A associação entre a Renovação Carismática Católica e a Nova Era já havia sido cogitada por Marcelo Camurça (1998) e Pedro Oliveira (1999).

tradicional no meio carismático. Se Paulo, então, supusera uma invenção ou corrupção do termo usado, era claro que, por um instante, se apegara mais à antropologia e se esquecera da semântica corrente no catolicismo carismático.

Entretanto, nas interrogações de Paulo, também havia algo das observações de Geertz (1988) sobre a tendência da escrita etnográfica em consagrar ideias (Geertz 1988, p. 15-16). Esse autor dizia que o antropólogo tem a habilidade de convencer o seu leitor de que o que ele diz é resultado de haver penetrado numa outra forma de vida, de realmente haver estado lá (Geertz 1988, p. 15-16).

Eu concordava que era fundamental recuperar a reflexão sobre a denominação "Comunidade de Vida no Espírito", sobretudo, porque não desejava "consagrar" uma terminologia valendo-me de que eu era uma das primeiras pesquisadoras a iniciar as investigações na Canção Nova e sobre ela escrever. "Estar lá" – realizar pesquisa etnográfica na Canção Nova – ou "estar aqui" não faria nenhum antropólogo, sociólogo ou estudioso alcançar a sua verdade "nativa", a não ser que fosse ou viesse a ser um Canção Nova. Mesmo assim, e se caso, por exemplo, a Canção Nova fosse uma espécie de cosmovisão na qual se prevê que nem seus membros conhecem ainda cabalmente a sua verdade "nativa", porque ela ainda está sendo revelada progressivamente por Deus? Nem mesmo sendo membro da Canção Nova, um estudioso poderia alcançá-la.

Obviamente, reconheço a importância do trabalho etnográfico. Não fosse assim, não estaria aqui a discutir um e-*mail* de Paulo e a recobrar a entrevista com Laura. Mas ponho em pauta a autoridade que se adquire em fazê-lo. Quiçá refletindo sobre a terminologia que eu mesma usara, questionando minha própria autoridade etnográfica, faria com que as reclamações de Paulo fossem ouvidas: evitaria que aquela nomenclatura fosse "burocratizada" ou passasse despercebida, ou que fosse aplicada como uma espécie de *a priori*. Paulo-antropólogo chamava-me a atenção para que não descuidasse das terminologias. Ou melhor, ele lembrava que as terminologias têm significado. E sua lembrança me fez relembrar que foi inclusive pelo significado que preferi a terminologia "Comunidade de Vida no Espírito".

Medito sobre a terminologia.

Ouvindo Laura, ponderei que "Comunidade de Vida" podia ser pensada como um título – uma expressão substantiva –, no qual "Canção Nova" adjetivaria. Assim, o foco estaria sobre o *nome* da Comunidade de Vida. Neste caso, *Canção Nova*. Mas também poderia ser pensada como uma expressão em que "de Vida" adjetivaria "Comunidade". Desse modo, o foco incidiria na *qualidade* dada à Comunidade. Neste caso, *de Vida*[13]. Por um lado, quando entendida como título ou expressão substantiva, poderíamos concluir que, no contexto da Igreja, ela serviria como uma denominação distintiva e padronizada para o fenômeno das Novas Comunidades Carismáticas. Através dessa insígnia, diferenciar-se-ia de outras Comunidades de Vida no seio das Novas Comunidades Carismáticas, bem como daquelas igualmente consideradas comunidades católicas, como, por exemplo, as paróquias, os mosteiros e os conventos. Mas ainda não explicaria sobre *em que* exatamente aquelas se diferenciariam destas últimas. Paróquias, mosteiros e conventos não seriam igualmente comunidades de vida?

A pergunta prosseguia. Anteriormente à entrevista com Laura, acontecida nos entrementes do mestrado, Cecília[14], quem me orientava, e meus colegas do curso arguiam-me em que, enfim, a Comunidade de Vida Canção Nova, segundo suas próprias concepções, distinguia-se de outras comunidades de vida no sentido estrito do termo (comunidades onde se compartilha vida diária em moradia comum)? Comunidades não-religiosas ou pertencentes a outros grupos religiosos, ou mesmo a comunidade familiar, não seriam igualmente comunidades de vida?

---

[13] Como expliquei anteriormente (*Op. cit.*, p. 4), uma outra possibilidade de qualificativo para as Novas Comunidades Carismáticas é Comunidade "de Aliança".

[14] Trata-se de Cecília Mariz, profª. do Programa de Pós-graduação em Ciências Sociais da Universidade do Estado do Rio de Janeiro (PPCIS/UERJ). A ela agradeço a orientação de minha dissertação de mestrado e o convite para participar desta coletânea.

Parece que a resposta para essas questões não viria da expressão "Comunidade de Vida" pensada como título, mas da locução adjetiva "de Vida" que qualificava "Comunidade". Numa acepção mais imediata, "de Vida" contígua à "Comunidade" imprimia a ideia de viver junto, dividir moradia comum. Nesse caso, asseveraríamos que as paróquias, sendo comunidades, não seriam "de Vida", porque ali os fiéis convivem, mas não moram, com exceção do padre. Contudo, não poderíamos dizer o mesmo para os conventos e mosteiros, nem para diversas comunidades reunidas por outras religiões ou outras motivações, onde se habita conjuntamente.

Como todos intuíamos, "de Vida" guardava significados menos evidentes. Laura foi quem deu as pistas. Explicou-me que a Canção Nova não era uma comunidade de vida "do mundo", mas uma comunidade de "vida" "no Espírito". Ela adjetivou a palavra "vida" com "no Espírito". Posto de outra maneira, "no Espírito" era um predicado da vida vivida na Canção Nova. Assim, podíamos ler que os dois significados que adjetivavam "Comunidade", juntos, compunham um terceiro significado: "Vida no Espírito". Ou seja, na Canção Nova, não se vive em Comunidade unicamente porque se estima a vida comunitária por ela mesma. A vida comunitária da Canção Nova era diferente da vida comunitária de outros exemplos de comunidade, porque na Canção Nova se vive "no Espírito".

"Viver no Espírito" – continuava Laura[15] – era dispor a vida à condução imprevisível do Espírito de Deus num ato de entrega, abandono, intimidade e confiança absolutos. Era oferecer-se total e incondicionalmente à missão de evangelização do mundo, realizada através de encontros de massa e dos meios de comunicação social. Era depender da Providência Divina. Era viver somente para Deus. Era abdicar-se de si mesmo – de propriedades, bens, família,

---

[15] Esta formulação para "viver no Espírito" foi produzida pela reunião dos vários aspectos que Laura descrevera como característicos da Canção Nova. Os traços indicados são coerentes com os observados em campo, na leitura de livros e audição de fitas cassetes "nativos" e na entrevista de fiéis frequentadores dos retiros na Canção Nova.

emprego, relacionamentos, planos pessoais, medos, dúvidas – para descobrir a vontade de Deus mediante a interpretação de sinais divinos revelados nos fatos do cotidiano e confirmados por meio de fenômenos, dons, carismas espirituais como profecias, visões, sonhos prognósticos, inspirações (Oliveira, E., 2003b).

Era reconhecer sua impotência de ter o controle sobre os acontecimentos e rumos de sua vida. Era seguir ou buscar seguir o "ritmo" de Deus, sem definir ou cultivar definitivamente expectativas e planos, pessoais ou coletivos, considerando que a única coisa definitiva é a que está no plano de Deus. Era experimentar a presença pessoal de Jesus, de Nossa Senhora e dos anjos. Era silenciar para proposta de vida "do mundo". Era experimentar e cultivar os dons do Espírito Santo: o poder da profecia, a oração na linguagem dos anjos, as experiências visionárias, o recebimento de revelações, curas e milagres. Era viver em comunidade, buscando e ensinando alcançar a santidade, através do seguimento de regras baseadas na doutrina da Igreja, especialmente as que dizem respeito à sexualidade, à família, ao consumo de drogas e à lealdade religiosa à Igreja Católica.

Laura opôs "Vida no Espírito" à "vida do mundo". É bom recordar que a Canção Nova e os fiéis da Renovação Carismática Católica, de um modo geral, empregam a palavra "mundo" ou as locuções "do mundo" e "no mundo", quando querem explicar quais são o lugar, o tempo ou a natureza do pecado e do mal. "Do mundo" provém a sexualidade vivida sem as regras da moralidade católica (sexo antes do casamento, homossexualismo, uso de métodos contraceptivos), a degradação da família (adultério, aborto, divórcio), o hedonismo, o secularismo, o pluralismo, o relativismo, a diversidade religiosa.

Além disso, compreende guerras, injustiça, individualismo, consumismo. "O mundo" representa tudo aquilo que é perecível, passível, corruptível, efêmero. É a não-vida ou "falsa" vida. Em oposição ao "mundo e ao tempo de Deus" (lugar e ocasião da santidade, da "verdadeira" vida, da "Vida"), "o mundo" é um arranjo semântico que configura uma totalidade e, em última instância, denota o mal, a morte, o não-ser, a não-vida. Ao mesmo tempo, afirmam os Canção Nova que o "mundo de Deus", não sendo "do mundo", também se faz presente "no mundo" em realidade espiritual – manifesta na irrupção dos carismas do Espírito Santo e na ação da Providência Divina – e em realidade histórica – manifesta nas iniciativas de evangelização dos movimentos pastorais e comunitários da Igreja, mas particularmente na Renovação Carismática e nas Novas Comunidades Carismáticas.

Dizendo assim, Laura construía uma fronteira entre o ideal comunitário da Canção Nova que é "de vida no Espírito" (ou de "Vida") e o ideal comunitário de quaisquer outras comunidades não católicas ou não religiosas que são de vida, mas não são "no Espírito" (no sentido aqui sugerido, não são de "Vida") porque ainda pertencem ao "mundo". Em se tratando de âmbito católico, ao acrescentar "no Espírito", Laura singularizava a "vida" da Comunidade de Vida Canção Nova – e das Novas Comunidades Carismáticas – em relação às demais "vidas" dos movimentos ou comunidades católicas, como as Comunidades Eclesiais de Base[16] e outras que não comunguem ou que não se estruturem com a leitura teológica e cosmológica da Renovação Carismática Católica sobre a Igreja, os homens e o mundo.

É importante dizer que essas cogitações acima sobre a "Vida no Espírito" estão situadas no tempo em que entrevistei Laura e foram elas que me fizeram decidir pela designação "Comunidade de Vida no Espírito". Mas, tendo sido eu lançada novamente para aquele episódio passado, outras cogitações me vieram. Uma delas quem suscitou foi a reflexão de Luiz Fernando Dias Duarte (2004) sobre a relação das categorias "vida" e "espírito", observadas no pensamento romântico alemão dos séculos XIII e XIX. Outra, próxima do que propõe Duarte, surgiu com Jonatas Ferreira (2000), que discute as proposições simmelianas a propósito do problema da vida. Penso que, para dar continuidade às investigações sobre a "Vida no Espírito", essas indicações sejam bem apropriadas.

---

[16] As Comunidades Eclesiais de Base (CEBs) definiram-se como a "igreja dos pobres". Propunham-se ser uma igreja constituída de leigos, ligada ao movimento popular e voltada para a libertação dos oprimidos, em oposição ao *status quo* da igreja institucional.

Segundo Duarte, o movimento romântico significou uma resistência ao universalismo e a suas proposições racionalistas e fisicalistas, embora nunca tenha demolido a eficácia deste ideal dentro do universo ideológico ocidental moderno. Universalismo e romantismo foram sempre duas forças que agiram constantemente em tensão. A nova ordem social moderna, que se caracterizava pela crença no futuro e no progresso, implicava a perda de "qualidades sensíveis a que muitos se sentiam profundamente apegados" (Duarte 2004, p. 7) e provocava a emergência da representação de um passado perdido, quando o mundo era mais puro e harmônico.

A mais abrangente das categorias de pensamento provenientes das reações românticas, segundo Duarte, é a que se refere à totalidade. Comumente, no romantismo, o valor do holismo – da totalidade – adquire uma conotação de unidade. Uma unidade primordial, em estado originário, dos homens ou dos fenômenos a partir da qual pode resultar a diferenciação histórica. O conceito de "espírito", impregnado na categoria alemã de *Geist*, é uma dimensão da totalidade. Transmite a ideia de que a totalidade é algo maior do que o somatório ou a sobreposição das partes, como preconizou o modelo mecanicista. *Geist* representava a vida superior ("Vida"), "mais refinada, mais sublime, característica da experiência humana, individual ou coletiva" (Duarte 2004, p. 9). Nesta perspectiva, "vida" e "espírito" se confundem.

Outra dimensão romântica é a do "fluxo". Diz respeito à propriedade constantemente móvel e dinâmica de todos os indivíduos e fenômenos. A ideia de "fluxo" é oposta à cosmovisão universalista que estima a estabilidade e a permanência do mundo. Segundo Duarte, os românticos temem a imobilidade ou a constância, porque ela representa a não-vida para quem busca o valor superior da vida. Para se ter a "Vida" é preciso movimento constante num fluxo progressivo. Para Duarte, o conceito de "cultura subjetiva" de Georg Simmel é a formulação mais completa da ideia de "fluxo". "As qualidades positivas da cultura subjetiva são justamente as que se instituem na temporalidade, no fluxo da mudança, na intensidade da criação interior" (Duarte 2004, p. 10).

A propósito de Simmel, Jonatas Ferreira (2000) nos lembra que, no contexto romântico das ciências humanas, foi Simmel um dos que abordaram a vida como problema filosófico e existencial pulsante no mundo moderno. Para Simmel, a vida é uma fronteira construída pelo compartilhamento do ser e do não-ser. O horizonte do não-ser (finitude, morte) potencializa a presença do ser (vida), e a potencialização do ser nos faz perceber o horizonte do não-ser. Segundo Ferreira (2000), a vida é a transcendência "do finito na direção de sua própria finitude, e não na direção de sua superação" (Ferreira 2000, p. 110). "Este é o ponto em que a ideia de morte, como nada que abarca a vida e o ser, como impossibilidade absoluta, apresenta-se como transgressão fundamental, a partir da qual o *self* se estrutura" (Ferreira 2000, p. 112). A consciência da finitude (morte) produz o desejo de viver como *self*. O sentido e a finalidade última da vida não são algo que lhe é externo, mas é a própria vida.

Retornemos à Canção Nova. A acepção de "Vida no Espírito", segundo entendi das explicações de Laura, pareceu-me combinar com as acepções românticas que mostram Duarte (2004) e Ferreira (2000) a respeito das categorias "vida" e "espírito". "Viver no Espírito" significava viver a experiência da "Vida": um tipo de vida sublime, superior, intensa, espiritual (sobrenatural), moralmente "santificada", movimentada (conduzida) pelo fluxo do Espírito num ritmo progressivo, essencialmente imprevisível para os humanos, embora eterna para Deus. "Vida" seria a lembrança de uma qualidade de "ser", contida nos sonhos de Deus para a humanidade, que foi vivida no início dos tempos, perdida pelo homem, mas prometida de ser recuperada no final dos tempos.

Em resposta à vida "do mundo" – um tipo de vida inferior, condição do não-ser, da não-vida, do pecado, da previsibilidade e da estabilidade –, "viver no Espírito" é condição para a realização legítima do "Ser" e da "Vida". Tendo como horizonte a finitude da vida "do mundo" – que representa, em última instância, a morte ou a "falsa" vida – em contraposição a "infinitude" da "Vida no Espírito", a Canção Nova quer ser um sinal de esperança para a realização, neste mundo, da vida "verdadeira". Isso não equivale a ser espiritual ou moralmente superior a outros indivíduos, dizem os Canção Nova. Eles se definem como "miseráveis espirituais", sujeitos a um processo "longo, duro e sofrido" (Abib 2000, p. 102) de nascimento e crescimento, em seu "interior", do "homem novo" à imagem de Jesus Cristo. Entretanto, os princípios e as regras de vida por eles professados, somados à sincera vontade de genuinamente praticá-los, são considerados suficientes para promover o desenvolvimento espiritual e a santidade.

Duarte acredita na reinscrição dos princípios românticos no mundo ocidental contemporâneo, refletida na crítica do universalismo em nome da singularidade, da intensidade e da experiência. Para este autor, aquilo que alguns especialistas chamam de pós-modernidade, poderia ser designado por neorromantismo. Conhecendo as preocupações desta coletânea, na qual presente texto se inscreve, fico tentada a afirmar que a Canção Nova, vista pela perspectiva da "Vida no Espírito", seria um exemplo neorromântico, ou pós-moderno, do catolicismo brasileiro. Entretanto, vou preferir tomar as reflexões descortinadas por Duarte e Ferreira apenas como inspiradoras para, tal como faz a Canção Nova, continuar desdobrando, sem querer resolver (ou poder resolver), a "Vida no Espírito".

Recuperemos a figura de Paulo e sua interrogação sobre a denominação "Comunidade de Vida no Espírito" que eu utilizara. O próprio estranhamento desse antropólogo-"nativo" com relação à terminologia "Comunidade de Vida no Espírito", não considerada "nativa", reflete sua atenção pelo que seja autenticamente "nativo" e verdadeiramente Canção Nova. Paulo busca o legítimo, o puro, a essência, o sublime, a verdade primordial. Uma atitude neorromântica? Pós-moderna? Uma manifestação de que ele, como carismático e membro de Nova Comunidade Carismática, embora não reconheça esses termos, vive a "Vida no Espírito"? Pelo sim ou pelo não, se eu recebesse o *e-mail* de Paulo hoje, objetar-lhe-ia dizendo, além do que já disse neste artigo, que o conteúdo da "verdade" da Canção Nova é uma incógnita para a própria Canção Nova, uma vez que, sobre ela, Deus ainda *está revelando*. Fecha parênteses.

Continuando do começo: o dom Canção Nova

Desejavam viver a "vida no Espírito" e ela era tudo aquilo que foi exposto acima. Vi-a nos clássicos tipos ideais weberianos do misticismo e do ascetismo (Weber, 1982), e defendi que a Canção Nova era, desses, uma interação concomitante e ambivalente: a missão de salvar o mundo do pecado incluía deixar-se "possuir" por Deus; deixar-se "possuir" por Deus abrangia a missão de salvar o mundo do pecado.

Os desdobramentos da Canção Nova desafiavam-me a dizer tudo sobre ela, com toda a sua complexidade e nuances. Ao mesmo tempo, geravam em mim a angústia por tentar "capturar", em categorizações sociológicas e antropológicas (pelas razões do ofício), um fenômeno que se deslocava. Depois que consegui, na travessia pelo doutorado, conversar com os membros da Comunidade de Vida e que li os documentos restritos a eles[17], percebi que os contínuos desdobramentos da Canção Nova não eram somente efeitos colaterais causados pelas mudanças de meu olhar antropológico a respeito dela. Faziam parte de uma "lógica de desdobramento" que configurava uma espécie de cosmologia: a "cosmologia Canção Nova". Nada que eu pudesse apreender em um parágrafo ou que fosse possível fazer num artigo. Nem em algum dia, nem em qualquer espaço. Não apenas porque fosse grande, mas, sobretudo, porque essa "cosmologia" ainda está aberta. Ela está em permanente movimentação.

Essa "cosmologia" segue o fluxo do Espírito e o ritmo do "tempo de Deus": embora ela se encontre completamente narrada nos planos espirituais de Deus, ainda não está totalmente construída na história dos homens. Na história dos homens, a "cosmologia Canção Nova" *vai sendo* narrada por

---

[17] Refiro-me ao livro *Nossos Documentos* (2002). Trata-se de um livro escrito por padre Jonas Abib durante os anos 80 e início dos 90, baseados em inspirações "espirituais" de Deus que instrui orientações para a Comunidade de Vida e para a missão Canção Nova. Somente os membros da comunidade têm acesso a ele.

seus membros, conforme eles *vão descobrindo* o que *vai sendo* revelado por Deus. Ela se estrutura em gerúndio. Por isso, ela escapa a qualquer tentativa de apreensão abreviada. Ao longo de sua passagem por este mundo, a Canção Nova *vai descobrindo* fragmentos sobre sua existência, sobre sua pessoa, sobre seu "ser", que já estão prontos nos planos de Deus. Como é isso? Vejamos um pouco do que aprendi com os Canção Nova sobre a Canção Nova ou sobre o que eles já sabem sobre ela.

No princípio do mundo, no mesmo ato criador de todas as coisas, Deus fez a Canção Nova. "Canção Nova" é um dom. O dom "Canção Nova" se materializa no mundo em pessoas, em caráter, em espaço, em arquitetura, em mídia, em comunidade. O que conhecemos por Canção Nova são as feições materiais daquilo que sempre existiu por completo nos planos eternos e espirituais de Deus. São "Canção Nova"[18] homens e mulheres que receberam o dom de Deus para o serem. Nascem "Canção Nova", são essencialmente "Canção Nova", são espiritualmente destinados por Deus à "Canção Nova".

"Canção Nova" é uma categoria de "ser". Deus escolhe e conduz determinadas pessoas, pela intervenção direta de Seu Espírito Santo, mais cedo ou mais tarde, a se encontrarem e se reunirem para viverem juntas em comunidade e então experimentarem, cada vez mais intensamente, o contato íntimo e direto com Sua presença e se dedicarem à missão de evangelização do mundo. "Somos uma comunidade no mais profundo sentido, porque estamos unidos por aquilo que somos: somos Canção Nova, trazemos em nós o mesmo dom, sendo destinados à mesma missão. São esses laços que nos ligam uns aos outros" (Abib 2000, p. 105). A propriedade comum que unifica a Canção Nova é o fato de todos os seus membros serem "Canção Nova" - possuírem o dom de ser "Canção Nova".

---

[18] Coloco a palavra Canção Nova entre aspas para enfatizar que não estou falando somente da Canção Nova como instituição, mas do dom Canção Nova. Mantenho a expressão "os Canção Nova" para me referir aos membros da Canção Nova.

Portanto, ser "Canção Nova" não depende de uma decisão dos sujeitos, nem do seu esforço em tornar-se "Canção Nova". Não cabe a ninguém a escolha de ser "Canção Nova". Ser "Canção Nova" é um *a priori*. No seu "interior" (*self*), na sua "essência", habita o germe "Canção Nova". Ninguém que seja legitimamente "Canção Nova" pode rejeitar essa evocação divina. Rejeitá-la significaria nunca ter possuído realmente o dom "Canção Nova".

Os Canção Nova dizem que a Comunidade de Vida Canção Nova foi feita em "cacho". Deus a fez como a banana (fruta), por exemplo, que nasce em cacho e não em porção unitária. Ele fez a Canção Nova de uma vez, com todos os seus membros juntos, ou seja, nomeou quais seriam as pessoas que a comporiam, os projetos que elas executariam, a forma como elas executariam esses projetos. "(...) eram pessoas criadas juntas, criadas em 'cacho', com laços de ser e laços de missão" (Nossos Documentos 2002, p. 25-26).

Os "Canção Nova" *vão se descobrindo* "Canção Nova", conforme *vai sendo* revelado por Deus o que é a Canção Nova e quem são os Canção Nova. *Seguir descobrindo* diz respeito a um movimento progressivo de desvendamento. Representa a resposta do sujeito à revelação divina: Deus *vai revelando* e o sujeito *vai descobrindo*. Aliás, é uma dupla descoberta: a de ser "Canção Nova" e de ser "Comunidade de Vida"[19]. A Comunidade de Vida Canção Nova é, em sua totalidade, uma dádiva de Deus. O desígnio de ser Comunidade de Vida Canção Nova é gradativamente descoberto no decorrer da própria vida de uma pessoa. Desde o seu nascimento, ela está sujeita à condução do Espírito Santo de Deus que, sutilmente, a orienta na direção da Canção Nova. A pessoa sente o "chamado" de Deus. A ação sobrenatural, imprevisível e imponderável de Deus, impregnando os acontecimentos da realidade ordinária, agindo na vida cotidiana dos homens, guia, inspira, move sensivelmente essas pessoas a fazerem um longo percurso rumo à Canção Nova.

---

[19] Os membros da Comunidade de Aliança também portam o dom Canção Nova, mas descobrem-se Comunidade de Aliança e não Comunidade de Vida. Portanto, também são "Canção Nova" e não "cançãonovistas" (simpatizantes, pessoas que "imitam" a forma de ser "Canção Nova"). A diferença é que não habitam junto com a Comunidade de Vida.

Entretanto, se o que há para descobrir é procedente das revelações de Deus e, além disso, se se acredita que as revelações de Deus não acontecem de uma vez por todas, nem frequentemente, mas somente na ocasião que Ele achar adequada, então a descoberta também nunca é finalizada, pois sempre há algo para se descobrir. A ideia de *seguir descobrindo* traduz o aspecto presenteísta da "cosmologia Canção Nova", pois Deus a revela no presente. Por seus membros, o fundador, padre Jonas Abib, é considerado o porta-voz de Deus, aquele que tem o dom da profecia, de receber inspirações, intuições, revelações de Deus sobre a Canção Nova. Embora os demais membros também recebam profecias sobre si como Canção Nova e da Canção Nova como instituição, é padre Jonas quem tem a prerrogativa de confirmar ou não a profecia, sobretudo quando diz respeito aos rumos da Canção Nova.

Mas como se sabe quem é "Canção Nova"? Para ser "Canção Nova" o sujeito deve possuir no seu "interior" as regras de vida da "Canção Nova", que são elementos do dom Canção Nova. Eles seriam natos em seus membros, mas não desde sempre conscientizados. São os princípios da vida comunitária da Canção Nova: autoridade e submissão, partilha e transparência, a sadia convivência, viver sob a dependência da Providência Divina, o trabalho santificado e a vida fraterna. Eles são considerados como que ocultos no "recôndito da alma" e também dependem de um processo de descoberta que trará à tona a verdade mais profunda sobre aquele sujeito.

Todos aqueles que se sentem "chamados" por Deus a adotar a vida preconizada pela Canção Nova devem "fazer o caminho" vocacional. Trata-se de iniciar um período de, no mínimo, dois anos de acompanhamento, através de cartas e encontros pessoais com membros mais antigos da Comunidade de Vida, e participar de encontros grupais promovidos pela Canção Nova para todos os que estão *fazendo caminho*. Esse acompanhamento verificará a possibilidade de a pessoa ser legitimamente "Comunidade de Vida Canção Nova". Padre Jonas Abib esclarece: "Apenas verificamos com muita responsabilidade se aqueles que vêm são realmente criados por Deus 'Canção Nova' e por isso trazem em si o dom (Carisma) e a "missão" (Abib 2000, p. 105).

Dizem os Canção Nova que a Canção Nova ainda não estaria inteiramente completa, tal como foi concebida por Deus em realidade espiritual, nem em termos humanos, nem em termos estruturais. Com relação às pessoas, ninguém sabe ainda quantos são e quem são todos os Canção Nova. Eles ainda estão ajuntando-se. Em termos de estrutura arquitetônica, seus membros afirmam que a Canção Nova também não estaria concluída segundo os planos de Deus. Um exemplo importante para mencionarmos é o caso da construção do Centro de Evangelização Dom Hipólito de Moraes, também chamado de Novo Rincão, estádio-templo para retiros com capacidade para cerca de 100 mil pessoas, inaugurado em dezembro de 2004. Essa obra estaria prevista nos planos de Deus para a Canção Nova, mas não era prevista pela Canção Nova. Foi somente nos últimos anos que Deus revelou, em profecia, ao administrador da comunidade que a Canção Nova construísse um enorme templo, financiado com as doações de bens pessoais, em ouro, de fiéis simpatizantes da Canção Nova. O montante de alianças ou anéis em ouro, joias em geral de ouro, dentes de ouro etc. custeariam a edificação de um estádio com a dimensão de 22 mil metros. Em confirmação à profecia daquele Canção Nova, padre Jonas Abib afirma que o novo templo seria a manifestação visível do que se originou no invisível, pois Deus planejou o Novo Rincão quando criou a Canção Nova (Abib 2004, p. 4).

Deus, ao criar a Canção Nova, infundiu nela a missão de evangelizar o mundo através dos meios de comunicação social. Seus membros dizem que, no começo, não conheciam o motivo pelo qual Deus os queria vivendo em comunidade, mas que, pouco a pouco, *foram descobrindo* nos fatos do cotidiano os sinais de Deus que os encaminhava para o trabalho com os meios de comunicação. Através dos meios de comunicação social, a Canção Nova evangeliza o mundo realizando outro aspecto de seu dom: "formar homens novos para um mundo novo": "Formar homens novos, renová-los, transformá-los, fazê-los novos, fazê-los chegar à santidade original. É para um mundo novo: novas estruturas, novo sistema de vida, nova ordem" (Nossos Documentos 2002, p. 52).

A Canção Nova representaria o modelo de "novo verdadeiro" para o "velho" ou "novo falso" que é "o mundo". É possível afirmar que os parâmetros de correção moral e espiritual considerados "novos" pelos Canção Nova estão condensados nos mesmos seis princípios que organizam a sua própria vida comunitária e que, segundo padre Jonas Abib, lhes ajudam a passarem juntos pelo processo de restauração espiritual que simultaneamente apregoam para "o mundo": "Estamos todos num processo doloroso de restauração. Estamos numa batalha interior: o velho e o novo, o pecado e a graça lutam dentro de nós" (Abib 2000, p. 107).

A palavra "novo", recursiva no contexto da Re*nova*ção Carismática Católica, é fartamente empregada pelos Canção *Nova* e carrega um significado mais amplo e visceral: a missão religiosa e comunitária designada a ela por Deus é dedicada a preparar a humanidade, a partir de parâmetros "novos", para a segunda vinda de Jesus no "final dos tempos". A Canção Nova, introduzida no contexto católico pela Renovação Carismática, compartilha, em vários aspectos, das concepções católicas para o "final dos tempos": O "final dos tempos" é uma passagem para tempos e mundo "novos", quando o "tempo e o mundo de Deus" – o Reino de Deus ou o paraíso perdido – plenamente se estabelecerem na Terra. "Plenamente" porque "o tempo de Deus" nunca deixou de acontecer na história dos homens. Ele não é inédito. Como Deus, o "tempo", o "mundo" e o "novo" de Deus são eternos, permanentes e imutáveis. O "novo" de Deus existiu em estado originário na criação do mundo, coexistiu com o "velho" da história dos homens, existirá no final da história dos homens e será o mesmo "novo" do "mundo novo" para além da história dos homens.

A primeira vinda de Jesus recuperou o "novo", criado por Deus no início, mas esse "novo" cristão conviverá com o "velho" "do mundo" até a segunda vinda de Jesus, quando só existirá plenamente o "verdadeiro novo", que não é novo (inédito), pois ele sempre houve. Segundo o apocalipse bíblico, a segunda vinda de Jesus seria precedida pela intensa ação do anticristo entre os homens, e esse anticristo que tentaria atraí-los para o pecado.

A Canção Nova, de maneira singular a outros setores da Igreja, reconhece no mundo contemporâneo sinais visíveis da iminência da vinda de Jesus, porque nele identifica as francas ações do anticristo, como o surgimento do movimento Nova Era[20].

A fundação da Canção Nova era "guardada" pelo Criador para vir à tona no bojo do "tempo do Espírito Santo", tempo do prenúncio da segunda vinda de Jesus. O "tempo do Espírito Santo" testemunharia, na Terra a efusão espiritual mais abrangente e intensa desde Pentecostes[21]: o surgimento, estabelecimento e crescimento da Renovação Carismática na Igreja Católica desde 1967 (Abib, 2003). Tudo isso Deus *foi revelando* e a Canção Nova *foi descobrindo*. E esse movimento continuará até o final do "final dos tempos", quando não mais haverá nada para se descobrir nem revelar, pois Jesus virá e estabelecerá seu reino inteiramente na Terra.

As conversas com os Canção Nova e a leitura de seus escritos me fizeram ter a impressão de que a Canção Nova era narrada como uma espécie de história sagrada, mito ou cosmologia. Era *como se* uma "cosmologia Canção Nova" existisse simultânea e internamente ao mito judaico-cristão do Gênesis (mito de origem) e ao cristão do Apocalipse (mito de futuro), contudo, independentemente. Era *como se*, cruzando a história sagrada cristã, houvesse uma história sagrada da Canção Nova. Ela seria um dom particular de Deus, dentro da Igreja e dentre as Novas Comunidades Carismáticas, para o mundo.

Relacionando o que eu chamei de "cosmologia Canção Nova" à discussão iniciada na primeira parte deste artigo, eu diria que ela confirma e desdobra a interpretação proposta para a expressão "Vida no Espírito".

---

[20] Uma reflexão sobre a relação "tempo", o "novo"', o "velho" e o "final dos tempos" na Canção Nova foi publicada nos anais do XIII Encontro da Sociedade Brasileira de Sociologia, 2007, Recife, PE.

[21] Episódio bíblico Pentecostes que descreve o recebimento dos dons carismáticos do Espírito Santo pelos Apóstolos de Jesus Cristo.

Podemos ver a confirmação da "Vida no Espírito" (ou da "Vida"), por exemplo, na ideia de "novo" e de dom "Canção Nova". Ser "novo" para a Canção Nova é ter "Vida". Além disso, "Vida" e "novo" são sinônimos de dom "Canção Nova". Se acompanharmos a "cosmologia Canção Nova", remataremos então que, tal como o dom "Canção Nova", o que é "novo" e o que é "Vida" ainda estão *sendo revelados* por Deus e *sendo descobertos* pelos Canção Nova.

Em outras palavras, os Canção Nova não sabem previamente todo o dom, toda a "Vida", todo o "novo" que são, embora saibam que são um todo. Ou não conhecem tudo o que está no dom de Deus feito para eles. O mito de origem e de futuro cristão e os preceitos doutrinários da Igreja contribuem para respaldar toda a singularidade do "novo" e da "Vida", que é o dom "Canção Nova".

Se essa "cosmologia" existe em Deus, mas ainda está em aberto para os Canção Nova a desvelarem, diria que a Canção Nova é a busca permanente da descoberta da "Vida", do "novo" ou do"dom". O que ela já conhece de si carrega o pressuposto de que ela nunca saberá, ou saberá sempre parcialmente, sobre o que é. Em menção ao seu programa de seleção de membros que, diz-se, "fazem caminho" para a Canção Nova, diria, numa metáfora, que a Canção Nova *faz caminho* até o seu dom "Canção Nova", até o "novo", até a "Vida no Espírito", até a segunda vinda de Jesus. Ela vive uma travessia. Ela foi criada para o "final dos tempos", que é um período, uma passagem.

A Canção Nova vive "entre" a vida "do mundo" e a "Vida no Espírito", "entre" o "velho" e o "novo", entre o paraíso perdido e a segunda vinda de Jesus, tal como faz todo o cristianismo, embora ela possua um dom singular nessa história ou talvez seja uma história particular transversal àquela. Essa passagem causa uma tensão porque, se não se sabe totalmente o que é "a Vida" e o que é o "novo", as fronteiras entre a "Vida" e a não-vida, entre o "novo" e o "velho" ficam permanentemente abertas. Como resolver a passagem entre o "novo" de Deus e o "velho" "do mundo" é o seu dom e seu desafio na medida em que aquele ainda se desdobra. Tomemos um exemplo. Ela tem a missão de evangelizar os jovens. Um dos meios é produzindo *shows* com bandas de música católica carismática que executam quase todos os estilos rítmicos "do mundo", embora o teor das letras seja religioso: rock, axé, forró, reggae, samba, pagode, balada, música eletrônica, entre outros. Além do ambiente, com luzes apagadas, só restando a iluminação do palco e dos holofotes coloridos que alcançam os artistas e a plateia, que parece com o das *boites* "do mundo".

A apropriação de elementos "do mundo" nos meios de evangelização da Canção Nova é explicada pela diferença entre a forma e o conteúdo. Reconhece que a forma que "o mundo" usa é "nova", mas o conteúdo é "velho". É preciso, então, infundir o "novo" naquilo que, "no mundo", é falsamente "novo" na forma, mas "velho" no conteúdo. Podemos dizer, a partir de Turner (1974) e encontrando nele ecos de Simmel (Simmel apud Ferreira, 2000) sobre a ideia de "vida" como fronteira, que a Canção Nova experimenta a crise da liminaridade (*communitas*) entre a não-vida (velho) – que deseja ultrapassar – e a "Vida" (dom) – que quer alcançar.

A passagem para a "Vida no Espírito" (dom) é perigosa porque existe a constante ameaça (ou a tentação, ou a sedução) da não-vida, do pecado, "do mundo", do anticristo. Evangelizar o "mundo" com uma perspectiva "fora do mundo" é tenso porque há sempre a possibilidade de ser convertido pelo próprio mundo que se quer converter. A tensão criada nessa passagem magnifica o horizonte do "dom" e da "Vida".

Terminando sem terminar

Ao ler o "Nossos Documentos" (2002), tive a mesma impressão de Verinha[22], comunitária que escreve a apresentação do livro: "São como a Sa-

---

[22] Verinha é membro da Comunidade de Vida Canção Nova desde a sua fundação.

grada Escritura" (Comunidade Canção Nova 2002, p.8). São revelações de Deus para os Canção Nova intuídas por padre Jonas Abib, que o escreveu enquanto *ia descobrindo* e possivelmente continuará escrevendo conforme *for descobrindo*. E porque são revelações que estão em curso, ele é um livro aberto. Essa perspectiva "cosmológica" torna também esse artigo, minha tese e qualquer outro escrito sobre a Canção Nova passageiro. Resta-me *seguir descobrindo* sobre o que os Canção Nova *vão descobrindo* a respeito do que Deus dá a eles para ser descoberto.

Referências bibliográficas

AMARAL, Leila. *Carnaval da alma: comunidade, essência e sincretismo na Nova Era*. Petrópolis, RJ: Vozes, 2000.

ABIB, Jonas. "Coração de Jesus, fonte de toda consolação". In: *Revista Canção Nova*, 2004, Ano IV, n. 42, p. 04.

_____. *Canção Nova: Uma obra de Deus – Nossa história, identidade e missão*, [1ª edição], São Paulo: Loyola, 2000.

CAMURÇA, Marcelo. "A Nova Era diante do cristianismo histórico: interlocutor ou objeto de estudo?", In: *Atualidade em debate*, 1997, caderno 50, Rio de Janeiro: IBRADES.

CARRANZA, Brenda *Renovação carismática: origens, mudanças e tendências*. Aparecida, SP: Editora Santuário, 2000.

CLIFFORD, James. *A Experiência Etnográfica*: Antropologia e literatura no século XX. [2ª edição], Rio de Janeiro: Editora UFRJ, 2002.

COMUNIDADE CANÇÃO NOVA. *Nossos Documentos*. São Paulo: Ed. Canção Nova, 2002.

DUARTE, Luiz Fernando Dias. "A pulsão romântica nas ciências humanas no ocidente". In: *RBCS*, 2004, São Paulo: Anpocs, vol. 19, n. 55, p. 5-18.

FERREIRA, Jonatas. "Da vida ao Tempo: Simmel e a construção da subjetividade no mundo moderno". In: *RBCS*, 2000, São Paulo: Anpocs, vol. 15, n. 44, p. 103-117.

GEERTZ, Clifford. *Obras e Vidas,* Rio de Janeiro: UFRJ, 1988.

MARIZ, Cecília. "Comunidades de Vida no Espírito Santo: um novo modelo de família?". In: *VIII Congresso Luso-Afro-Brasileiro,* 2005, Coimbra.

_____ & MACHADO, Maria das Dores Campos. "Mudanças recentes no campo religioso brasileiro". In: *Antropolítica,* 1998, n. 5, p. 1-106.

VIVEIROS DE CASTRO, Eduardo. "O nativo relativo". In: *Mana,* 2002, n. 8 (1), p. 113-148.

OLIVEIRA, Eliane Martins de. "Canção Nova, homens novos, mundo novo: entre o velho dos tempos de hoje e o novo do fim dos tempos". In: *XIII Congresso da Sociedade Brasileira de Sociologia,* 2007, Recife, PE.

_____. "Comunidade Secreta? Labirintos na Comunidade Canção Nova". In: *25ª Reunião Brasileira de Antropologia,* 2006, Goiânia.

_____. "'O mergulho no Espírito de Deus': interfaces entre o catolicismo carismático e a Nova Era". *Religião e Sociedade,* Rio de Janeiro, v. 24, n. 1, p. 85-112, 2004.

_____. *O mergulho no Espírito de Deus: diálogos (im)possíveis entre a Nova Era e a Renovação Carismática Católica na Comunidade de Vida no Espírito Canção Nova.* Dissertação de mestrado em Ciências Sociais, UERJ, Rio de Janeiro, 2003b.

OLIVEIRA, Pedro Ribeiro de. "O catolicismo: das CEBs à Renovação Carismática Católica". *Centro de Estudos e Pesquisa da Religião Contemporânea,* 1999, Brasília, mimeo.

TURNER, Victor. *O processo ritual: estrutura e antiestrutura.* Petrópolis: Vozes, 1974.

WEBER, Max. *Ensaios de Sociologia.* [5ª edição], Rio de Janeiro: Livros Técnicos e Científicos Editora S.A, 1982.

9

EXPANSÃO DA RRC BRASILEIRA: A CHEGADA DA CANÇÃO NOVA EM FÁTIMA-PORTUGAL

Eduardo Gabriel[1]

Introdução

É cada vez mais expressivo que a construção e a reprodução do fenômeno religioso na sociedade contemporânea orientam-se por parâmetros de consolidação e difusão internacional, além-fronteiras. Esta percepção tem suas origens em torno de debates nos últimos anos sobre a relação "religião e globalização" (ver Ari Pedro Oro e Carlos Alberto Steil, 1999; Renato Ortiz, 2001; Peter Beyer, 1998; Peter Beyer e Victor Pereira da Rosa, 2004). Esse debate representa uma reconfiguração dos fluxos de expansão religiosa com a mudança de centro como impulso expansionista internacional promovida pelas transformações religiosas do final do século XX. Vários dos principais autores sobre globalização e religião têm afirmado que os processos contemporâneos de globalização tendem ou ao surgimento de um ecumenismo relativista, ou a fundamentalismos conflitantes. Mas análises mais empíricas no Terceiro Mundo sugerem uma terceira alternativa: a expansão proselitista pacífica de certas religiões mundiais, sobretudo o isla-

---

[1] Bacharel e Mestre em Ciências Sociais pela UFSCar. Doutorando em Sociologia USP. Pesquisador Bolsista FAPESP.

mismo, o catolicismo, o protestantismo evangélico e, particularmente agora, catolicismo carismático, como um dos maiores movimentos da Igreja.

A história do cristianismo se caracteriza pela expansão em série, ao contrário da expansão progressiva do islão (Walls 1995). Enquanto este se espalhou a partir de um centro geográfico imutável, o cristianismo esteve sujeito a mudanças periódicas no seu centro. Avanços para além da periferia acompanharam o declínio do antigo centro. Atualmente, assistimos a mais uma relocalização do centro do cristianismo. Em 1900, mais de 80% dos cristãos professos viviam na Europa ou na América do Norte; atualmente, em torno de 60% vivem na África, Ásia, América Latina ou no Pacífico.

O debate em torno da relação entre religião e globalização é bastante vasto e ao mesmo tempo pertinente para iniciarmos as primeiras percepções sobre a expansão internacional do catolicismo carismático brasileiro. Deve-se sublinhar que as análises sobre a religiosidade no mundo contemporâneo (Donizete Rodrigues 2002, 2004; Paula Montero 2003; Franco Crespi 1999; Alberto Antoniazzi 1998, e outros) complementam a discussão sobre religião e globalização, na medida em que apontam para a condição de destaque político, civil ou militar que a religião ocupa na sociedade moderna. Temas como secularização, individualização, sincretismo, ecumenismo, diálogo inter-religioso etc. são elementos indispensáveis que devem ser guardados no bojo das interpretações mais lúcidas sobre o fenômeno religioso além-fronterias nos dias de hoje.

O presente texto tratará de descrever a presença da RCC brasileira em Portugal por meio da comunidade Canção Nova, que foi fundada pelo padre salesiano Jonas Abib em 1978, na cidade de Lorena-SP, hoje com sede na cidade de Cachoeira Paulista, no Vale do Paraíba, SP. Com vinte anos de evangelização, a Canção Nova teve sua primeira expansão internacional, chegando à cidade de Fátima, em Portugal, no final dos anos 90. Atualmente conta também com casas de missão nos Estados Unidos, na cidade de Marietta; na França, na cidade de Toulon; na Itália, em Rorma; em Israel, na cidade de Jerusalém. No Brasil a Canção Nova possui casas de missão em Lavrinhas, Lorena, Paulínia, São Paulo, São José dos Campos, São José do Rio Preto (SP); Rio de Janeiro e Campos dos Goytacazes (RJ); Curitiba (PR); Itabuna (BA); Aracaju (SE); Brasília (DF); Fortaleza (CE); Gravatá (PE); Natal (RN); Palmas (TO).

Na comemoração de seus 30 anos, e com já 10 anos de presença em Portugal (desde 1998), a Canção Nova não guarda modéstias nos números de seu crescimento. Sua administração deve dar conta mensalmente de sustentar 1.004 membros entre comunidade de vida e comunidade de aliança e cobrir custos só do sistema de comunicação em torno de R$ 11 milhões. Em sua sede na cidade de Cachoeira Paulista, o fiel que visitar a Canção Nova poderá desfrutar de shows com padres cantores e megapregações no Centro de Evangelização Dom João Hipolito, que possui 21 mil metros quadrados cobertos, construído "a preço de ouro", capaz de abrigar cerca de 100 mil pessoas.

O próximo empreendimento da Canção Nova, também nem tão pouco modesto, é a construção de uma igreja santuário para o "Pai das Misericórdias", que deverá abrigar 10 mil pessoas sentadas. No blog do administrador da Canção Nova, Wellington Silva Jardim, o apelo é com cifras douradas: "Muita gente possui ouro em casa e não usa, está parado! Não deixe isso acontecer, envie para nós, juntamente com o seu nome e endereço, e ajude-nos a concretizar este sonho". O pedido de doações de peças em ouro têm sido recorrentes e bastante polêmicos.

Para entender melhor a chegada da Canção Nova em Portugal é preciso visualizar a dinâmica de catolicismo carismático brasileiro que de certa forma fez parte do modelo de implantação inicial das atividades missionárias em Fátima. Para tanto apresentaremos na primeira parte alguns eventos carismáticos observados aqui no Brasil. Isso ajudará a perceber o que esteve na seleta mala das ferramentas religiosas dos primeiros brasileiros da Canção Nova que chegaram em terras lusitanas. Na segunda parte apresentaremos um pouco das atividades missionárias da Canção Nova em

Portugal. Por fim, a conclusão que esboçaremos será a questão central de verificação se o modelo previsto foi consoante às mensagens portuguesas de Nossa Senhora de Fátima, com todas as disputas de relações de poder que isso acarretou no campo religioso português.

Fé carismática em novos espaços: protótipo de um modelo tipo exportação

A hipótese de que a RCC é um movimento conservador de dupla reação postulada por Prandi (1998) parece-me verossímil em destaque à reação "para dentro" de que chamou atenção o autor. Em sua análise que leva em conta as relações da RCC com outros movimentos católicos como as CEBs e as verossimilhanças com o pentecostalismo, isso fez da RCC, nas palavras do autor, "ser pensada como movimento conservador de dupla reação". Ou seja, argumenta Prandi: "Primeiro, um movimento mais geral, voltado para fora do catolicismo, isto é, tendo como oposição o pentecostalismo e outras religiões que vêm minando as fileiras católicas. Segundo, um movimento voltado para dentro da própria Igreja, enfraquecendo as posições assumidas pela Igreja Católica da Teologia da Libertação e das CEBs, comprometida com transformações sociais à esquerda" (1998, p. 1).

Mais recentemente os confrontos de avanço voltados para a própria Igreja adquiriram contornos internacionais, como a ofensiva de "reconquista" dos católicos portugueses. Deve-se enfatizar que não é uma simples prática de oferta na disputa do mercado religioso o fato de a RCC ter promovido eventos de evangelização fora das igrejas. Ou seja, para quem puder percorrer estes diferentes eventos carismáticos, como vamos apresentar adiante, e ter contato com os arrojados meios de comunicação midiático de evangelização, vai notar que o público consumidor é de fiéis antes com origem e formação familiar carismática do que recém-conversos ao catolicismo carismático. Portanto, de antemão é preciso registrar que no parque de diversões Hopi-Hari, por exemplo, participaram jovens, adolescentes, crianças e famílias de trajetória e formação catequética dentro da RCC. Na Rave Católica havia adolescentes e jovens somente de Grupos de Oração. A sua reação "para fora", como apontou Prandi, já não faz da RCC uma ação propositadamente voltada ao combate do avanço pentecostal ou de outras religiões modernas estritamente, nem de longe tem sido uma disputa fervorosa dos pregadores nos dias de hoje.

No evento "Um toque de Alegria", realizado pela comunidade Canção Nova no Hopi-Hari (Vinhedo/SP 25/03/2006), o Padre Roberto (Entrevista, Vinhedo SP, 25/03/2006) argumenta que "é uma oportunidade para as pessoas comuns, que vêm sempre a um local como este, terem a oportunidade de aqui também, em meio à alegria, encontrar aquele que é a fonte da alegria – Jesus é a fonte da alegria. Talvez a maioria dos jovens, ou boa parte deles, não saiba disso, por isso eles buscam a alegria na dependência química, numa vida desregrada. A essência da alegria está aqui... E hoje não só os jovens, mas as famílias, as pessoas de modo geral estão podendo tocar essa alegria, e esse toque de alegria verdadeiro certamente está contagiando muitos corações", conclui.

De um total de 4.000 (quatro mil) ingressos vendidos pela organização do evento "Um toque de alegria", a grande maioria veio de caravanas organizadas por Grupo de Oração. Logo o interesse maior na realização desse evento divulgado nos lugares católicos foi propiciar um dia de lazer aos fiéis exclusivamente carismáticos. Nas palavras do Padre Roberto, "antes as pessoas iam até a igreja, ainda vão, e é preciso que vão, mas agora a igreja também está indo ao encontro delas, e é isso que se faz aqui".

Durante todo o dia do sábado houve apresentações de bandas musicais carismáticas. O auge da concentração em frente ao palco foi no período do final da tarde, quando todos, antes de irem embora, puderam assistir à apresentação de alguns nomes de maior destaque dentro do quadro de músicos carismáticos, ou seja, os "pop stars" da RCC.

Atrás de seus "ídolos da Canção Nova", os fiéis carismáticos comportavam-se tal qual uma relação de tietagem, com pedidos de autógrafos e fotos. Rodeado por jovens, senhoras, crianças, o Dunga, que é cantor e membro da comunidade Canção Nova, passa entre o público tirando fotos e autografando CDs e camisetas, pois é um grande sucesso na vendagem de artigos de evangelização.

A Cristoteca, evento organizado inicialmente pela comunidade Aliança de Misericórdia, também pode ser vista e interpretada como um espaço exclusivo para o lazer dos adolescentes carismáticos. Para que estes evitem buscar divertir-se em casas noturnas seculares, nada melhor do que se divertir sob as bênçãos do Santíssimo Sacramento, como acontece no espaço da Cristoteca, que acontece na casa de missão "Restaura-me", no bairro do Brás, em São Paulo: "queremos oferecer aos jovens um espaço de diversão, mas ao mesmo tempo uma oportunidade de encontrar Deus, o único que nos pode dar vida em abundância", é o que pode ser lido na home page[2] da comunidade carismática Aliança de Misericórdia.

"Foi pela dança que eu me converti", diz Rodrigo (Entrevista, São Paulo, 16/6/2006), dançarino-animador e voluntário das atividades da Cristoteca. "Antes eu dançava em outros lugares, boates, danceterias, casas noturnas, pois eu gostava de dançar. Aí eu conheci a Cristoteca, e passei a optar somente pela Cristoteca", afirma Rodrigo, que é de família católica. "Na verdade eu era um cara muito zoeira, não estava nem aí para a Igreja. Eu comecei a passar uma necessidade financeira na minha casa. Eu não acreditava muito em Deus, e comecei a falar – se o Senhor realmente existe, vai me tirar desta situação. Se me tirar desta situação eu juro que mudo", relata Rodrigo. E, completa, "Realmente eu saí das necessidades, comecei a melhorar de vida, e aí resolvi cumprir com minha promessa. Um dia minha irmã, que já era carismática, levou-me ao 'Alegrai-vos', no Ibirapuera. Foi onde eu tive minha cura interior. Depois de um tempo fiquei sabendo que haveria a comemoração de um ano da Cristoteca. Eu resolvi ir, pois queria conhecer as coisas da Igreja".

---

[2] http://www.misericordia.com.br/portal/cristoteca/ Acesso em 14/6/2006.

"Vi eles dançando...", diz Rodrigo, "e isso me cativou, foi me transformando, eu fui deixando as casas noturnas, fui abandonando meus amigos antigos. Porque quando você muda uma coisa, você para de frequentar um estilo de vida para frequentar outro... comecei a me afastar", que completa, "era um lugar onde eu me senti bem. Só você podendo vivenciar, experimentando... É uma coisa *mágica*, que você não consegue explicar em palavras aquilo que você sente". O depoimento em nada parece diferente daquilo que se sabe do processo de libertação que as orações carismáticas promovem. A mudança de estilo de vida que Rodrigo diz não é uma radical mudança daquilo que não se conhecia antes. De família católica e irmã já participante da RCC, ele apenas se afina um pouco mais do que foi sua formação familiar religiosa. "A Cristoteca tem uma *mágica*, ela induz você a dançar, não precisa saber dançar, você tem apenas que mexer o corpo." Por fim, conclui Rodrigo, "aqui somos livres para fazer o que quisermos, mas é que temos algo de especial".

Se no catolicismo, como argumenta Berger, "o católico vive em um mundo onde o sagrado é mediado por uma série de canais – os sacramentos da Igreja, a intercessão dos santos, a erupção recorrente do sobrenatural em milagres –, uma vasta continuidade de ser entre o que se vê e o que não se vê" (1985, p. 124), os eventos acima citados também se configuram nesta disposição mais ampla intermediadora na religiosidade do fiel carismático. Mas a diferença marcante se deve à maneira de persuasão institucional mais flácida por parte das comunidades, porém de apelo subjetivo emocional mais aguerrido e fortificado. Ou seja, os eventos de evangelização nestes novos espaços, como queremos apresentar, tem servido como uma importante opção para a fé daquele que já é tradicionalmente de formação nas bases da RCC.

Na mesma direção, a experiência religiosa construída nos cultos carismáticos reforça "a presença intensa dos sentidos 'biológicos' – sentir Deus, ser tocado por Deus, ser ungido por Deus, ouvir Deus, conversar com Deus – substitui a crença como busca do sentido último" (Benedetti, 1998, p.

65). Não são raros os momentos em que nos cultos carismáticos as pessoas toquem com as mãos o ostensório, chamado Santíssimo Sacramento.

Outros eventos carismáticos observados mostram este mesmo protótipo de modelo de fé. No ginásio do Ibirapuera (São Paulo), com o evento "Deus abençoe a grande São Paulo" (02/04/2006), a TV Século XXI, que pertence à comunidade carismática Associação do Senhor Jesus, dirigida pelo Padre Eduardo Dougherty, realizou um grande encontro de louvor e adoração na tarde de domingo. Com forte e curioso apoio da hierarquia da Igreja, Dom Cláudio Humes, Cardeal de São Paulo, diz publicamente: " A missão da TV Século XXI, da qual ela quer participar de modo muito forte aqui na Grande São Paulo, é levar as pessoas a ver Jesus, para que Jesus possa conduzi-las ao Pai. É isso também que nos faz lembrar nosso grande, amado, querido e saudoso Papa João Paulo II, cujo primeiro ano de falecimento nós hoje comemoramos. Ele que clamava por uma nova evangelização, por uma Igreja mais missionária, mais corajosa, uma Igreja mais desacomodada, que se levantasse, que fosse missão. A nova evangelização, com novos métodos, novas expressões, com novos conteúdos... Conteúdos sem fronteiras – Jesus apresentado ao mundo de hoje, ele é o próprio programa de evangelização" (Homilia, Ginásio Ibirapuera, São Paulo, 2/4/2006).

Os ecos dessa fala foram ouvidos por um público com cerca de nove mil pessoas que lotavam o ginásio do Ibirapuera na tarde de domingo e também puderam desfrutar de apresentações espetaculares. Com efeitos de pirotecnia e tecnologia de ponta, os shows não ficaram atrás de mega produções artísticas secularizadas.

Na Rave Católica (23/6/2006), que aconteceu em um clube de golf na zona Sul de São Paulo e foi organizada pelo movimento católico "Eletrocristo", a estrutura e a dinâmica foram iguais a de um grande show artístico, mas para um público estritamente religioso e de jovens. Iniciado por volta das 22h de sábado, cantores carismáticos alternaram-se com apresentações em quatro diferentes espaços para danças e entretenimentos.

Tinha-se a sensação de estar em qualquer ambiente de diversões, não precisava dominar o conteúdo e as práticas carismáticas para dançar no meio da multidão, cada um ao seu jeito podia entrar na dinâmica da apresentação dançando e louvando livremente. Este era o propósito do evento. Mas, inegavelmente, a quase totalidade dos presentes pertencia a grupos de oração. O ritmo cadenciado dos passos das músicas era de conhecimento e domínio geral. Reafirmar a doutrina da Igreja ao som de uma música eletrônica não foi estranho aos jovens que gritavam o nome do Papa Bento XVI na pista de dança.

Assim, a configuração de um modelo de fé sugerido quando observado esses eventos diz respeito a uma forma de evangelização voltada exclusivamente para quem já é católico. Pedir autógrafos ao cantor Dunga é somente para os que já o conhece de dentro dos grupos de oração, ou ainda dançar os passos da *jingle* de Bento XVI na Rave Católica é também para quem já a conhece anteriormente da participação em grupos de oração.

Ou seja, o catolicismo carismático brasileiro é uma forma composta de evangelização para quem já é católico. É um catolicismo voltado somente para dentro do próprio catolicismo. Em outras palavras, está em jogo uma forma de evangelização cujo objetivo é "recatolicizar" os católicos, como aconteceu nos eventos "Um toque de alegria", "Cristoteca", "Deus abençoe a Grande São Paulo" e a "Rave Católica". Será com este aparato religioso de evangelização tipicamente brasileiro que a Canção Nova aportará em Portugal: "recatolicizar" os católicos portugueses. Ou ainda, rebatizá-los no "verdadeiro" batismo, como afirma o movimento carismático, que é o batismo do Espírito Santo.

Internacionalização da Canção Nova[3]

Marta, uma das primeiras missionárias enviadas do Brasil para começar a casa de missão na diocese de Leiria, Fátima, Portugal, conta como co-

---

[3] Os dados apresentados são da primeira parte da pesquisa de campo em Portugal realizada entre dezembro de 2006 e janeiro de 2007.

meçaram os preparativos para essa expansão. No dia 22 de agosto de 1998 embarcaram para Portugal três moças a fim de dar início nas atividades da Canção Nova em solo português.

A ideia de ir para Portugal começou em 1992, quando o Padre Jonas Abib, fundador da comunidade Canção Nova, esteve em Portugal pregando em um retiro e teve contato com uma religiosa brasileira na diocese de Leiria, Fátima, muito amiga do Padre Jonas. "Deus vai colocando as coisas, vai suscitando o Padre que vai correndo atrás de saber o que Deus quer, pois já nesta época [1992] ele [Padre Jonas] sentia que tinha alguma coisa para a Canção Nova em Portugal", diz Marta (Entrevista, São Paulo, 14/6/2006).

O ano de 1992 é considerado o "marco revelador" deste projeto de expansão da Canção Nova em Portugal, e foi o início da expansão internacional da comunidade. Só em 1997, o Padre Jonas Abib procurou o bispo da diocese de Leiria, Fátima, Dom Serafim, para mostrar o carisma da Canção Nova. O bispo aceitou a vinda e o começo da Canção Nova em sua diocese.

A instalação das três missionárias brasileiras em Portugal foi feita na aldeia de Calvaria, pertencente à diocese de Leiria, Fátima, que era onde havia uma casa paroquial vazia que permitiria a primeira acomodação. Era uma paróquia rural da diocese. A ida das três missionárias foi acompanhada pelo Padre João, um sacerdote português pertencente ao Renovamento Carismático, como é chamada Renovação Carismática Católica em Portugal. Inclusive a ida foi no mesmo vôo, pois o Padre João estava no Brasil, sede da Canção Nova em Cachoeira Paulista, para um retiro de aprofundamento religioso carismático.

Em dezembro de 1998, uma das missionárias voltou ao Brasil, mas logo em seguida, em janeiro de 1999, chegaram mais três em Portugal, e o trabalho seguiu com cinco missionárias da comunidade. No final de 1999 outras duas voltaram para o Brasil. Nota-se que inicialmente há uma espécie de revezamento entre os membros da missão, o que facilitaria a implementação da casa de missão com missionários com predisposições cultural e emocional novas, pois seguramente alguns já estariam esgotados com o tempo de estada em Portugal. Sem dúvida isso foi uma estratégia marcante para o processo de adaptação das brasileiras. A primeira impressão religiosa que Marta teve é que "Portugal foi marcado negativamente por brasileiros por causa das seitas brasileiras em terras lusitanas", diz ela. Esta referência se deve ao conflito da Igreja Universal do Reino de Deus em Portugal[4].

Em junho de 2000 Marta voltou ao Brasil e permaneceu nove meses. Neste intervalo surgiu a possibilidade da criação de uma rádio em Portugal. "Havia a possibilidade de um programa de rádio na missão, e eu já tinha toda a experiência de rádio aqui [Brasil] e já tinha o sotaque português, porque é uma coisa que eu me abri, eu queria a inculturação, queria a adaptação, para mim isso foi muito bom. Foi uma experiência muito positiva. Como os portugueses eram marcados pelos brasileiros por causa do sotaque das seitas brasileiras, viram que eu era a pessoa mais indicada", diz Marta.

Houve problemas no projeto da instalação de um programa de rádio na diocese de Leiria, Fátima, que seria coordenado por Marta. Não aconteceu. Em 2001, com a cerimônia de beatificação e presença do Papa João Paulo II no Santuário de Fátima, a equipe da Canção Nova, que já estava em Roma, foi para Portugal fazer a transmissão dessa cerimônia. Assim, em 11 de maio de 2001, a Canção Nova fez a primeira transmissão ao vivo via TV a cabo para a Europa. Isso é o processo inicial da produtora de TV Canção Nova em Portugal, ou seja, programas feitos para serem inicialmente retransmitidos no Brasil.

O processo de adaptação e início das atividades missionárias da Canção Nova é algo que precisa ser destacado. "Por existir a Renovação Ca-

---

[4] A IURD chegou a Portugal em 1989. Ocorreu uma série de conflitos a partir de sua instalação, especialmente com a compra da casa de espetáculo Coliseu, da cidade do Porto, que fez surgir uma reação contrária por parte da impressa local, e o "caso Matosinhos", em que um grupo de fiéis que estavam no culto da Universal ficou cercado dentro da igreja por uma multidão de portugueses do lado de fora. Com isso, a presença brasileira da IURD em Portugal passou a ser fortemente noticiada negativamente nos meios de comunicação. Se a IURD esperava chegar "tranquilamente" a Portugal, na região norte, onde a tradição católica é menor, a iniciativa não logrou êxito ao se esbarrar na tradição cultural local. Diante deste histórico trágico da presença religiosa brasileira em Portugal, a chegada da Canção Nova não se viu livre das relações de aproximação com a IURD por parte dos portugueses, como visto nas entrevistas descritas ao longo do texto (Dias, 2006).

rismática em Portugal, não era bicho-de-sete-cabeças", diz Marta sobre a forma como foram vistos no início. Mas completa: "Claro que nós no Brasil estamos 10, 15 anos à frente na vivência da Renovação. Não no sentido de que surgimos primeiro, porém o desenvolvimento disso, a profundidade, o 'encarnar a coisa', o Brasil está muitos anos à frente".

Por conta disso, o Padre João, o mesmo que acompanhou a chegada das missionárias em Portugal e foi o responsável em ajudar a instalação da Casa de Missão Canção Nova na cidade de Leiria, próximo ao palácio episcopal, por conta de um contato com uma senhora que comprou e reformou a casa, reclama: "As comunidades brasileiras estão fazendo a mesma coisa que as comunidades europeias fizeram alguns séculos atrás – chegar e não respeitar" (Entrevista, Albergaria dos Doze, Portugal, 19/12/2006). Por conta desta euforia inicial, algumas consequências são inevitáveis no processo de adaptação da Canção Nova em Portugal.

Um conflito inicial da Canção Nova em Portugal que precisa ser destacado foi durante um dos retornos do Padre Jonas, por ocasião de uma pregação num retiro para católicos carismáticos no centro de convenções Paulo VI, que fica na cidade de Fátima e comporta mais de cinco mil pessoas. O Padre Jonas foi acompanhado de um músico brasileiro da comunidade Canção Nova que o auxiliaria durante a pregação com iniciativas de músicas para animação. O problema foi que isso gerou um atrito litúrgico pelo fato de que em Portugal isso não é comum, ou seja, a presença do leigo no momento do ato religioso – missa, pregação, louvor, oração etc. – não pode estar sobressaltada à figura do padre, como é de costume nos encontros carismáticos aqui no Brasil. Padre Jonas foi chamado à atenção por conta dessa dinâmica, e nos outros dias do retiro o músico da Canção Nova só iniciaria qualquer animação ou louvor com o comando e a diretriz do Padre Jonas. Este é um notório exemplo de adaptação que a Canção Nova começa a perceber como necessário para sua sobrevivência religiosa em Portugal.

Desta forma, esse foi um momento de grande visibilidade para o início da Canção Nova em Portugal. Ao final do encontro, o Padre Jonas apresentou a equipe de membros da comunidade que estavam iniciando as atividades de evangelização na diocese de Leiria, Fátima.

As atividades da Canção Nova em Portugal – grupo de oração em Leiria, grupo de oração em Lisboa, animação em encontros de evangelização, programas de rádio e televisão – seguem orientadas por duas estratégias fundamentais. Primeiro, em qualquer aparição pública da comunidade Canção Nova sempre deve haver a presença do padre, e este deverá ter papel central na cerimônia. Segundo, o sotaque português é sempre melhor do que um brasileiro falando, sobretudo quando for nordestino. A cena mais comum nos encontros da Canção Nova em Portugal foi a presença do padre brasileiro, ao lado, sempre muito próximo, de um português que já é membro da comunidade, que exerça quase a função de tradutor nestes momentos.

Assim, "a vida da Canção Nova em Portugal não é diferente da que se vive no Brasil, mas o *como* a diferencia", diz Marta. Assim é factível que há algo em reformulação para uma adaptação exemplar ao contexto português. Pensar o "como" é de fato acreditar que há certamente um modelo religioso *tipo exportação* sendo levado "extramuros" Cachoeira Paulista para implantação ao redor das mensagens mundialmente conhecidas de Nossa Senhora de Fátima.

Como todo projeto missionário, a Canção Nova leva na bagagem o habilidoso projeto matemático em forma de metas quantitativas de almas lusitanas a serem reconduzidas à Igreja. É preciso esquivar-se da imagem brasileira das "três grandes desgraças" que foram levadas pelos brasileiros, como diz Marta, que são: as seitas, as novelas e a prostituição. É bem verdade que essas três coisas representam uma importante veiculação da imagem do Brasil produzida em solo lusitano. Conversando com uma senhora portuguesa em Lisboa, conheci um pouco mais a realidade dos brasileiros que vivem em Portugal, a partir do depoimento das impressões lúcidas desta portuguesa. Mais de uma vez, esta senhora falou das brasileiras que estavam servindo à prostituição em Portugal e que, inclusive, numa cidade próxima a Lisboa, houve um sério problema em que as brasileiras estavam provocando divórcios entre casais portugueses. De outro português, que me deu carona ao grupo de oração do Renovamento na paróquia de Albergaria, soube do intenso mal-estar que as novelas brasileiras têm gerado em Portugal, no sentido de mudança de alguns hábitos cristãos, e também o desgaste da grande presença de igrejas evangélicas brasileiras em Portugal.

Outro exemplo é o que refere Maria, funcionária do posto de turismo na cidade de Leiria, uma das primeiras pessoas em Portugal a ter os contatos com a Canção Nova logo no início. "O grande problema é que o povo português associou a Canção Nova à IURD", diz Maria, fato que já era esperado, pois a Universal criou grande impacto na sociedade portuguesa, dado sua forma de chegada e ocupação de espaços tradicionais da cultura portuguesa.

É preciso apresentar outra particularidade da chegada da Canção Nova em Portugal, que é sem dúvida um aspecto importante que deve ter feito parte das visões marianas internacionais do Padre Jonas para a internacionalização da Canção Nova.

A Igreja Católica portuguesa havia passado pela experiência de montar um canal católico, a chamada TVI – TV da Igreja. Neste projeto alguns padres portugueses investiram muito dinheiro, mas todo o esforço fracassou. O fato é que esse projeto gerou uma situação embaraçosa no clero português quanto à criação de um canal católico, sobretudo pelo volume de dinheiro empregado e porque tudo foi por água abaixo. É possível prever que esse investimento deve ter feito sentido como uma contraofensiva à transmissão da TV Record, que é da IURD, em Portugal. Assim, é com essa expectativa frustrada anterior de uma emissora católica em Portugal que a Canção Nova começa a se demonstrar como a alternativa viável para novos investimentos e apoio da Igreja portuguesa, a fim da consolidação de uma emissora católica no país.

O conflito maior nesta tensão da Canção Nova com a sua associação à IURD reside no fato da adequação da oração. Há uma substancial diferença gramatical entre a fala da oração brasileira e a portuguesa. Isso se desdobra para outra dimensão fundamental, que é a associação à tradição. Falar uma oração no português brasileiro gera a dissociação imediata à pertença à tradição católica. Isso parece ser algo tão importante que Tiago, um brasileiro que chegou a Portugal como membro da Canção Nova e depois foi pertencer à outra comunidade do Renovamento Português, diz que é preciso adaptar-se à maneira portuguesa de cantar e orar, ou seja, uma adaptação da voz e do sotaque (Entrevista, Albergaria dos Doze, Portugal 19/12/2006).

Nas orações e louvores da Renovação Carismática Católica aqui no Brasil é comum frases em público do tipo: "Jesus te ama", "Jesus, fica comigo", Jesus, eu te adoro" etc. Em Portugal, essas frases teriam de ser: "Jesus o ama", "Jesus, quero estar contigo", "Jesus, eu vos adoro". "Eu tinha de saber conjugar bem o verbo e aplicar isso", diz Tiago. Isso é o que fez a Canção Nova ter obrigatoriamente a presença de um português em público nas orações e louvores com os portugueses. Logo, como a IURD não tinha esse tipo de prática por parte dos pastores brasileiros que eram ministros em Portugal, os portugueses começaram esta associação "Canção Nova igual IURD".

Mas a Canção Nova em Portugal sempre teve o apoio incondicional de Dom Serafim, hoje bispo emérito de Leiria, Fátima. Por suas características pessoais, sendo uma pessoa muito acessível e atenciosa com todos, como aponta o Padre Pedro, a Canção Nova logrou grande êxito no começo, o que seria mais improvável e com grandes dificuldades com o atual bispo da diocese, que é pouco acessível e com grandes restrições dogmáticas. Diz Dom Serafim: "Espero que a Canção Nova progrida e se integre mais à nossa maneira de ser" (Entrevista, Fátima, Portugal, 18/12/2006).

A preocupação atenta de Dom Serafim faz sentido olhado pelo depoimento de Ana, uma portuguesa que hoje já é membro da comunidade Canção Nova e já está em formação religiosa na casa de Cachoeira Paulista. Diz Ana: "A Canção Nova trouxe para Portugal uma nova esperança, porque havia uma situação em que a Igreja Católica era muito tradicional, muito restrita, então agora está a começar a nascer, a crescer, através da Canção Nova, é como se trouxesse vida nova" (Entrevista, Cachoeira Paulista, SP, 03/11/2006). É em parte esta "vida nova" ao campo religioso que a preocupação pastoral de Dom Serafim se refere, mas com a ressalva de se parecer ao jeito ser português, ou seja, leia-se, expressões litúrgicas moderadas.

Com relação ao envolvimento da Canção Nova com o movimento carismático português (uma "maneira de ser", de que apontou Dom Serafim), um desencaixe arbitrário nas atividades missionárias é a forma de relação com a organização nacional e de comunidades do Renovamento Carismático. O fato é que não há nenhum tipo de vínculo na evangelização. O trabalho da Canção Nova é independente e só deve pedir permissão ao bispo diocesano. Hoje, os trabalhos da Canção Nova em Portugal estão voltados para a Revista Canção Nova de Portugal, que é feita na missão, com reportagens e entrevistas com os padres, bispos e leigos portugueses em contato com a Canção Nova, além dos programas da reza do terço e transmissão das missas do santuário. Nos finais de semana, a equipe de brasileiros e alguns portugueses voluntários e outros já pertencentes à comunidade se dividem em pequenos grupos para atividades de animação, com cantos e pregações de louvor nos encontros paroquiais e congressos religiosos. "Devemos nos aproximar ao *pensamento* do português", diz Paulo, brasileiro, que está na missão em Portugal (Entrevista, Fátima, Portugal, 16/12/2006).

Por fim, é preciso ressaltar a peculiaridade do local da chegada dos brasileiros carismáticos em Portugal, que é a região de Leiria. Quando fui tomar conhecimento da cidade e passei no posto de turismo de Leiria, recebi uma revista com um título muito emblemático – "UMA REGIÃO COM ALMA!" Logo imaginei que chegar a Portugal via Leiria seria uma proposta bastante interessante para se chegar à alma lusitana, com o fino propósito de um reavivamento e ao mesmo tempo manutenção das mensagens marianas de devoção internacional a Nossa Senhora de Fátima, como um dos principais centros de peregrinações católica do mundo. Nesta revista turística há uma apresentação muito elucidativa das afinidades simbólicas desta chegada da Canção Nova.

> "A Região... Visitar a Região de Turismo Leiria, Fátima é, antes de tudo, uma experiência única. É viver todas as emoções no seu estado mais puro. Viver a glória das batalhas passadas que se transformaram nos mais belos monumentos. Aqui sente-se a força da natureza que se

estende do alto das serras, até aos imensos areais que recebem de braços abertos as ondas do atlântico. Aqui sente-se a sensibilidade artística e gastronômica das gentes que dão vida a tradições, que o tempo não apaga. Aqui sente-se a fé com que milhões de peregrinos procuram, com a ajuda da Virgem, o conforto espiritual e a paz interior. Aqui, existe uma região com alma!" (Revista de divulgação turística).

Assim, entender a alma de uma região em Portugal significa entender uma dinâmica religiosa de "um catolicismo enraizado numa identidade local", como aponta Pierre Sanchis (1995, p. 129). A partir disso, a "recatolicização" que cabe à Canção Nova deve seguir a pista de uma prática religiosa na qual há uma "importância primordial do grupo social local" (1995, p. 129). Neste sentido, a preocupação do Padre João ecoa pertinente para fins de entendermos esta chegada católica carismática brasileira em Portugal.

Fazer missão num mundo de cultura global, ao que se parecia entender, deveria ser levado em consideração este quesito fundamental da importância da dimensão local. Na contramão disso, como refratária da desenraizadora marcha transnacional, a percepção de Marta assume destaque como porta-bandeiras da aterrissagem espiritual dos brasileiros em Fátima. Acreditar que o Brasil está anos à frente da prática católica pelo novo batismo no Espírito Santo é reportar as caravelas do descobrimento à sua origem. Na bagagem já não há mais espelhos, pentes, quinquilharias e especiarias.

Neste novo cenário já não há também o nativo não civilizado. O desafio agora que a Canção Nova assume para si é encaixar-se numa sociedade já formada, com tradição consolidada, de religiosidade alicerçada, mas de experimentação religiosa subjetiva moderna débil. As negociações não serão à base de escambo. A recatolicização de Portugal que se pretende dependerá se estiver na pauta a seguinte condição: "Uma tradição que não quer morrer aproveita-se de todas as brechas que se lhe oferecem para insinuar um seu rebento, de todo o espaço ainda livre para nele germinar um botão" (Sanchis, 1992, p. 16).

Referências bibliográficas

ANTONIAZZI, Alberto. "O sagrado e as religiões no limiar do Terceiro Milênio". In.: CALAMIN, Cleto (org.). *A sedução do sagrado: o fenômeno religioso na virada do milênio*. Petrópolis: Vozes, 1998, p. 11-19.

BENEDETTI, Luiz Roberto. "Entre a crença coletiva e a experiência individual: renascimento da religião". In: ANJOS, Márcio Fabri dos. *Sob o fogo do espírito*. São Paulo: Paulinas, 1998.

BERGER, Peter L. *O dossel sagrado: elementos para uma teoria sociológica da religião*. São Paulo: Paulinas, 1985.

BERGER, Peter & ROSA, Victor Pereira. "Globalização e religiosidade: leituras e conjunturas". In.: RODRIGUES, Donizete (org.). *Em Nome de Deus: a religião na sociedade contemporânea*. Porto: Afrontamento, 2004, p. 33-40.

CRESPI, Franco. *A experiência religiosa na pós-modernidade*. Bauru: EDUSC, 1999.

DIAS, Guilherme Mansur. "Expansão e choque: a IURD em Portugal". In: MACHADO, Igor José de Reno (org.). *Um mar de identidades. A imigração brasileira em Portugal*. São Carlos: EdUFSCar, 2006.

MONTERO, Paula. "Max Weber e os dilemas da secularização. O lugar da religião no mundo contemporâneo". In: *Novos Estudos CEBRAP*, São Paulo, n. 65, p. 34-44, março de 2003.

PRANDI, Reginaldo. *Um sopro do espírito*. São Paulo: Editora da Universidade de São Paulo: Fapesp, 1998.

SANCHIS, Pierre. "As tramas sincréticas da história. Sincretismo e modernidades no espaço luso-brasileiro". In: *Revista brasileira de ciências sociais*. N. 28, jn./1995, p.123-138.

SANCHIS, Pierre. *Arraial: festa de um povo. As romarias portuguesas*. Lisboa: Dom Quixote, 1992.

WALL, Andrew. "Christianity in the non-Western world: a study in the serial nature of Christian expansion". In: *Studies in world christianity*. 1, 1, 1995, p. 1-25.

SHALOM: CONSTRUÇÃO SOCIAL DA EXPERIÊNCIA VOCACIONAL

Cecília Loreto Mariz[1]
Luciana Aguilar[2]

O Ceará destaca-se por ser o estado mais católico do Brasil e por seus centros de romarias – Juazeiro do Norte e Canindé. Não é surpresa, portanto, que tenha surgido nesse estado uma das maiores "novas comunidades" do país, a Shalom. Fundada em Fortaleza, em 1982, a Shalom tem atraído milhares de jovens e adultos para seus eventos de evangelização e para suas fileiras, quando são consagrados membros e podem optar entre dois modelos de comunidade – a de vida e a de aliança. A expansão geográfica da Comunidade Católica Shalom também chama a atenção. Ao que parece é, atualmente, a nova comunidade brasileira que mais possui casas de missão: 45 casas[3] em todas as regiões do Brasil, e mais 12 casas em diferentes países, como Canadá, França, Israel, Suíça e Uruguai.

---

[1] Cecília Mariz é professora de Sociologia na UERJ e pesquisadora CNPq. Tem publicações sobre religião, em geral, e catolicismo e pentecostalismo, em particular. Atualmente, desenvolve o projeto Comunidades de vida no Brasil, apoiado pelo CNPq. A coleta de parte dos dados discutidos neste artigo foi realizada nesse projeto.
[2] Luciana Aguilar é Mestre em Sociologia (2006) pela UnB, sob orientação do Prof. Dr. Eurico Cursino.
[3] Uma dessas casas é a Faculdade Rainha do Sertão. Disponível em <http:// www.comunidadeshalom.com.br> / Acesso em: 8/4/2008.

Em 2008, a Shalom disponibiliza dois sites – www.comunidadeshalom.com.br e www.comshalom.org – que podem ser acessados em português, espanhol, inglês, francês e italiano. Neles se encontra uma quantidade significativa de informações diversificadas, como o histórico da comunidade, os endereços de suas casas de missão, o carisma Shalom, os eventos que organiza e os projetos que desenvolve, além de dados sobre as emissoras de rádio Shalom, livros e DVDs, todos produzidos pela comunidade, muitos à venda pela Internet. Também é frequente encontrarmos a imagem do Papa e suas pregações mais recentes, bem como notícias e informações sobre o mundo católico, com links para outros *sites* da Igreja. Toda essa gama de informações e links, como os que direcionam à escola Shalom e à Faculdade Católica Nossa Senhora Rainha do Sertão, em Quixadá-CE, revelam a amplitude da atuação da Shalom.

Embora o vínculo entre a Shalom e a faculdade acima não esteja explícito nas informações disponíveis nos sites de uma e outra[4], a educação de jovens é uma grande preocupação da comunidade. Um dos nossos entrevistados nos explicou que a comunidade

> ... tem uma missão que é uma faculdade, em Quixadá, a faculdade Nossa Senhora Rainha do Sertão, então, quem administra é a Shalom. É uma missão, tem missionários da comunidade de vida que são professores que trabalham na parte da administração, que trabalham na parte da reitoria, são missionários que trabalham numa faculdade. Mas qual é o objetivo? Evangelizar. Qual o meio? Qualquer um que a Igreja pedir (Jovem de 21 anos da missão no Rio de Janeiro, 5/10/ 2006).

---

[4] No site dessa faculdade, encontramos como referência à Shalom, na página inicial, apenas o logotipo da comunidade, junto a outros como o do ProUni, e, no histórico da faculdade, uma discreta menção: "Em dezembro de 2003, (...) nasce a Faculdade Católica Rainha do Sertão, instalada no prédio da Antiga Escola Artesanal, administrada pela Comunidade Católica Shalom, Associação Privada Internacional de Fiéis". Disponível em: <http://www.fcrs.edu.br/fcrs/> / Acesso em: 10/4/2008.

Portanto, com o objetivo de evangelizar, a Shalom está atuando em várias frentes sociais. De 2004, quando se iniciou nossa primeira pesquisa na comunidade, até 2008, observamos que essas frentes se multiplicaram. Durante esses anos, a Shalom tem ampliado rapidamente seu leque de atuação. Além da evangelização de massa, que realiza via emissoras de rádio próprias, a comunidade organiza eventos que reúnem grande número de fiéis, como é o caso do "Renascer", que acontece no período de carnaval.

Além de produzir livros, materiais audiovisuais (DVDs, CDs), peças teatrais e shows musicais, a comunidade oferece cursos de formação e retiros e atua, ainda, na área social por meio de projetos voltados a populações com os mais diversos problemas e carências. Entre as populações atendidas pela Shalom estão os leprosos, os dependentes de álcool, a população de rua, as mulheres em risco de aborto, as crianças de rua, os presidiários e idosos doentes. No entanto, o discurso da liderança e dos membros consagrados nessa comunidade, tal como em outras "novas comunidades", destaca que o fundamental ao ser consagrado na Shalom, ou "ser Shalom", é a busca de maior proximidade com Deus, é "ter experiência" com Deus.

Uma observação interessante sobre a importância evangelizadora desse chamado de simplesmente "ser Shalom" aparece na fala do entrevistado citado acima. Comentando sobre o convite recebido pela comunidade para realizar a missão em Toulon, na França, narra que quando Moysés, fundador da comunidade, perguntou ao bispo dessa diocese o que esperava que os membros da comunidade fizessem, o bispo teria respondido "Sejam vocês! Sejam vocês!" (Jovem de 21 anos, membro da missão no Rio de Janeiro, 5/10/2006).

"Ser Shalom" é, assim, uma vocação, um chamado de Deus para um tipo de espiritualidade e doação que não se vincula a um estado de vida em especial. A vocação Shalom não requer, necessariamente, o celibato ou o sacerdócio, tal como fazem ordens religiosas e outras comunidades. A Shalom, como a Canção Nova e a maioria das "novas comunidades", aceita que sejam consagradas à "comunidade de aliança" e à "comunidade de vida" pessoas de qualquer estado civil, e não apenas os celibatários. Dessa forma, há na comunidade de vida membros consagrados casados ou que pretendem casar-se e, ainda que minoria, sacerdotes e seminaristas.

Com o objetivo de buscar pistas que ajudem a entender o significado da "vocação Shalom", inicialmente, analisaremos um texto do líder e fundador sobre sua trajetória e o surgimento da comunidade. Referindo-se a essa narrativa, Maria Emmir Nogueira, cofundadora da Shalom, define-a como uma "breve história da nossa vocação" (2007[a], p. 125), e lembra que, segundo o Estatuto da Comunidade, esse histórico deve ser estudado por todos os membros da Shalom (Nogueira 2007[b], p. 157)[5]. Com efeito, em Brasília, observou-se que esse estudo é realizado. Os "Escritos" de Moysés (2007) são lidos e debatidos pelos vocacionados. Além desse histórico, analisaremos declarações de formadores e membros sobre o significado da vocação, de como se descobre o "chamado de Deus" ou se faz o "discernimento vocacional". Procuraremos, portanto, entender o que chamam "vocação" e como cada um constrói sua certeza a respeito do que interpretam ser a vontade de Deus. Nessa reflexão, buscaremos analisar como validam essa decisão - qual o papel desempenhado pela reflexão racional, pelo sentimento do indivíduo, pela liderança da comunidade e autoridade eclesiástica no processo de interpretação do que é a vocação e a vontade de Deus.

Como veremos, Moysés e outros membros da Shalom afirmam seguir os pedidos que Deus lhes faz. Então, nossa pergunta seria: como eles constroem a certeza de que escutam a Deus no momento que decidem sua vocação? Que elementos são apontados por eles como garantias de que era Deus quem lhes falava, e não suas próprias emoções e desejos, ou desejos de seus líderes ou, ainda, autoridades religiosas?

---

[5] Maria Emmir Nogueira explica, nesse texto, porque o Estatuto da Shalom recomenda o estudo desse histórico: "É no estudo do histórico que nós vamos descobrir a mão de Deus gerando, revelando, elementos do Carisma e do espírito do fundador" (2007, p. 157).

O surgimento da Shalom

Em seu livro e no site da Shalom, o líder e fundador Moysés Louro de Azevedo (2007) rememora, em detalhes, a criação dessa comunidade. Nesse relato, descreve também sua história pessoal de comprometimento com a fé, desde 1976, quando participou do Movimento Encontro de Jovens da Arquidiocese de Fortaleza, coordenado por um irmão missionário canadense, da Congregação do Sagrado Coração:

> Participo do meu primeiro encontro de jovens e tenho meu encontro pessoal com Jesus. Minha vida muda radicalmente, e assumo um forte compromisso com a Igreja, engajado na evangelização dos jovens através do Movimento de Encontros da Arquidiocese e do Grupo de Jovens do Colégio Cearense, pertencente aos Irmãos Maristas (Azevedo 2007, p. 127).

A partir de então, Moysés se engaja na prática católica e, posteriormente, com outros jovens, entra em contato com a Renovação Carismática, onde busca aprofundar a vida espiritual. O "Batismo no Espírito Santo" é descrito por ele como o momento da "reviravolta" em sua vida e na de outros jovens:

> O Batismo no Espírito realizou em nós e no nosso grupo a reviravolta necessária para o projeto de Deus poder acontecer. A partir dele, começamos uma caminhada de vida de oração e atividade apostólica cada vez mais intensa. Descobrimos que contávamos com o poder de Deus e, assim, a obra de evangelização não precisava mais ficar limitada à boa vontade e técnicas humanas (Ibid., p. 127).

Na RCC, Moysés e Maria Emmir Nogueira organizam grupos de oração voltados para jovens.

Na visita de João Paulo II ao Brasil, em 1980, Moysés é escolhido para representar os jovens do Ceará, fato que se configura um marco na sua vida e na história da Shalom, já que, durante o encontro, ele promete a Deus dedicar sua vida à evangelização dos jovens; dois anos depois, fundará a Shalom.

Inspirados na ideia do "Café de Cristo" que existiu no Canadá, Moysés e seus companheiros idealizam uma lanchonete que fosse um local de evangelização de jovens afastados da Igreja Católica. Eram doze os jovens que estavam à frente da lanchonete. A festa da inauguração do Centro Católico de Evangelização Shalom, que consistia basicamente nessa lanchonete, é descrita em detalhes. A presença do Cardeal Arcebispo de Fortaleza, na época Dom Aloísio Lorscheider, e sua bênção solene com palavras de encorajamento são lembradas por Moysés logo no início de sua narrativa. Mais adiante, Moysés confessa:

> No afã que precedeu a inauguração, percebi que havíamos cometido um grande erro: ainda não tínhamos pedido a bênção oficial do nosso Pastor D. Aloísio. Decidimos que não daríamos mais um passo sem ela, mesmo tendo já marcado a data da inauguração (Ibid., p. 140).

Acrescenta que de imediato buscaram remediar essa falta, entrando em contato com Dom Aloísio, que aprovou o projeto do grupo e se fez presente na inauguração, dando sua bênção, como já mencionado. Moysés comenta, então, sua alegria e a de seus companheiros: "Tínhamos recebido a bênção da Igreja de Cristo e do nosso Pastor. A partir daquela data, sempre buscamos sua orientação e discernimento para qualquer realização mais ousada de nossa parte" (Azevedo 2007, p. 141). Mas afirma que sabia que os planos de Deus iam além da lanchonete.

O aprofundamento de sua espiritualidade por meio da leitura dos escritos da "Baronesa" e sua experiência da *Madonna House* no Canadá, já há algum tempo, despertavam o seu interesse por experiências religiosas de vida comunitária. Procurou aconselhamento com padres e com o próprio Dom Aloísio, que sugeriu uma literatura sobre a espiritualidade de Santa

Teresa de Ávila. A espiritualidade franciscana também o atraía. Um filme sobre a vida de São Francisco o tocou muito, assim como a seus companheiros. Chegou a pensar em ser sacerdote, como descreve a seguir: "na caminhada para o Senhor, havia dentro do meu coração um grande e forte apelo para viver o Evangelho de uma maneira integral, plena, com toda a sua radicalidade" (Ibid., p. 141).

Outro acontecimento de fundamental importância foi ter conhecido o Pe Jonas Abib e a Canção Nova. Moysés e seus companheiros participaram de retiros pregados pelo Pe. Jonas. Foram tocados, em especial, por uma palestra desse padre sobre o surgimento das "novas comunidades" no tempo atual. A partir de 1983, alguns dos líderes da lanchonete, ou seja, do "Centro de Evangelização Shalom", passam a viver em comunidade. Mas, um ano depois, em 1984, essa experiência de comunidade passa por uma crise. Nessa ocasião, Moysés recebe um convite de Pe. Jonas para visitar a Canção Nova e, durante essa visita, ele escreve as "regras" da Shalom, como relembra abaixo:

> Assim, depois de uma semana de oração e escuta, surgiram as primeiras regras da comunidade. Depois de lê-las para o Pe. Jonas e alguns irmãos nossos que lá estavam, recebi o discernimento de que deveria voltar e apresentar aos outros tudo o que, com clareza, se manifestava como vontade de Deus para nós (Ibid., p. 149).

Com as regras da comunidade definidas, em 1985, Moysés e outros quatro membros são consagrados. Segundo relato do próprio fundador, "neste mesmo ano, pediu oficialmente entrada na comunidade nossa irmã Emmir, como fruto de um longo discernimento e intervenção de Deus em sua vida" (Ibid., p. 151).

Hoje, Maria Emmir Nogueira é considerada a cofundadora da Shalom. Autora de uma grande quantidade de livros publicados pela comunidade e textos disponíveis nos sites, desempenha um importante papel como formadora dos membros, tendo-se tornado uma espécie de líder intelectual da Shalom (Aguilar 2006).

Alguns pontos podem ser destacados na narrativa de Moysés. O autor traça sua trajetória religiosa e destaca que a reviravolta ocorreu quando descobriu a espiritualidade carismática e experimentou o "Batismo no Espírito Santo". A partir de então, cita revelações e profecias, por meio das quais se conhece a vontade de Deus.

Em sua narrativa, Moysés comenta repetidas vezes que Deus falava com ele e seus companheiros por meio de sinais e profecias, durante as orações. A certeza da comunicação direta com Deus é reafirmada em vários trechos do texto:

> O Senhor censurava a nossa lentidão, [...] Deus nos falava e indicava o novo caminho. [...] Deus interveio decisivamente, [...] Deus nos falou que gerava em nosso coração um amor esponsal a Seu Filho Jesus [...], as orações eram manifestações poderosas de Deus. Sentíamos fortemente a unção. E foi naquele retiro que o Senhor nos deu a profecia fundamental [...], o Senhor falou por meio dele, dizendo "Fiquem onde os coloquei" (Azevedo 2007, p. 144-148).

O contato direto com o sobrenatural experimentado por meio da oração do tipo carismática produz vivências extraordinárias que afastam dúvidas e asseguram a Moysés e a seus companheiros de que sua obra e opção de vida refletem a vontade de Deus. O autor comenta que tinha "certeza absoluta de que esta obra era de Deus e que era Ele mesmo que cuidava dela" (Azevedo 2007, p. 150).

Relatos de sinais, profecias e visualizações revelam a importância, para a Shalom, de experiências espirituais extáticas, com estados modificados de consciência, que Max Weber (1991) identificaria como místicas:

> Em uma das orações comunitárias, o Senhor nos deu uma visualização de Nossa Senhora com vestes de Rainha da Paz (que nesse tempo desconhecíamos). Ela trazia em seu manto muitas cassas, simbolizando cidades, e, ao mesmo tempo, nos eram dadas Palavras proféticas que o Senhor estava enviando a muitos para formar um grande exército (Ibid., p. 151).

Essas experiências parecem desempenhar papel fundamental na validação do projeto da comunidade, da liderança e de seu fundador, bem como nos relatos de adesão de vários membros consagrados. O "extraordinário" não apenas legitima decisões e projetos, mas, de fato, segundo a narrativa de Moysés, torna-os possíveis. Por meio dessas experiências, o fundador afirma ter percebido que "a obra de evangelização não precisava mais ficar limitada à boa vontade e técnicas humanas" (Azevedo 2007, p. 127).

Na Shalom, assim como na RCC, compartilha-se a crença na possibilidade de comunicação direta com Deus que responde às questões dos fiéis de forma quase imediata. No grupo de oração, a vontade de Deus se revela a todos e, em especial, a Moysés, como ocorreu no momento em que redigia as "regras" da Shalom. Um contato direto e privilegiado com o sagrado revelaria a posse de um "carisma", dom extraordinário e inexplicável que, na concepção de Weber (1991), caracteriza o "profeta". Assim, na condição de profeta, Moysés estaria em posição de contestar o clero, única autoridade legitimada pela Igreja católica e oficialmente o "detentor exclusivo do carisma". Mas, ao contrário, Moysés não o contesta e, em vários momentos do texto, destaca a necessidade de bênção e consentimento da hierarquia católica. As referências às autoridades da Igreja são apresentadas logo no início do relato, quando, descrevendo a festa de inauguração, Moysés chama a atenção para a presença do Cardeal Dom Aloísio Lorscheider, Arcebispo de Fortaleza. O trabalho e a expansão da comunidade dependem muito dessa aprovação.

A expansão da Shalom, segundo entrevista a seguir, ocorre a partir do convite de bispos de diferentes dioceses:

> ... não é a comunidade que vai lá se apresentar [ao bispo] (...). Ele [o bispo] nos dá uma missão (...). Por exemplo, aqui, foi o trabalho com jovens (...), o bispo nos confiou esse trabalho (jovem de 29 anos, da casa do Rio de Janeiro, 5/10/2006).

A variedade de projetos em que a comunidade se envolve explica-se em muito pelo convite dos bispos. Cada bispo convida a Shalom com vistas às necessidades específicas de sua diocese, por isso, as propostas de trabalho podem ser bem distintas. A mesma entrevistada lembra dificuldades enfrentadas em uma das casas de missões que se localizava em uma diocese cujo bispo recém empossado desconhecia o trabalho da comunidade convidada por seu antecessor, tendo, por isso e durante algum tempo, mantido uma atitude de reserva em relação a ela. A entrevistada afirma que, nesse período, o grupo dessa casa enfrentou muitas dificuldades, às quais se referiu como "desafios", e relata: "Aconteceu de nós organizarmos as coisas e ninguém ia".

Há, portanto, na narrativa histórica apresentada pelo fundador, nos discursos dos entrevistados e em vários locais no site, a preocupação em deixar clara a submissão da Shalom às autoridades eclesiásticas católicas. Apesar de toda proximidade e intimidade com Deus que lhes fala direta e claramente, Moysés e toda a comunidade sentem que devem submeter-se ao bispo de sua diocese. A importância do institucional e das autoridades eclesiásticas também está expressa no texto de Maria Emmir Nogueira (2007 [b], p. 156) e no site, quando se destaca o reconhecimento eclesiástico como marco decisivo na vida da comunidade.

Primeiramente, em 1998, a Shalom foi reconhecida pelo Arcebispo de Fortaleza D. Cláudio Hummes, em caráter *ad experimentum*, e, posteriormente, em 2007, obteve o reconhecimento definitivo pelo próprio Papa Bento XVI, como "Associação Privada de Fiéis". Em declaração, Maria Emmir chama a atenção para essa aprovação que, para ela, teria concedido à Comunidade Shalom o grau máximo de reconhecimento da Igreja (Aguilar 2006). Portanto, apesar de todos os eventos extraordinários que a cercam, a liderança busca sua aceitação e legitimação por parte da Igreja Católica.

Assim, a Shalom não quer contestar a Igreja nem sua hierarquia, mas conseguir sua aprovação para que os discursos, os projetos e as atividades da comunidade, bem como suas experiências extraordinárias, sejam considerados legítimos por essa instituição.

Estado de vida e vocação Shalom

Em sua busca religiosa, Moysés conclui que "não se encaixava nos moldes clássicos de vida religiosa existentes"[6]. Procurava um discernimento para a vocação sacerdotal, mas não sentia esse chamado. Embora opte pelo celibato e pela vida totalmente dedicada à fé, Moysés não se sente chamado a ser padre, mas a fundar a Shalom.

Para entender as propostas de renovação da vida religiosa e, em especial, da vida dos sacerdotes implícitas nas experiências das novas comunidades, será interessante fazer uma comparação entre as trajetórias e os discursos de Moysés e do Padre Roberto Lettieri, fundador da Toca de Assis. Essa comparação sugere que, por meio dessas comunidades, ambos questionam a formação espiritual e o projeto de vida sacerdotal contemporâneos.

Há uma grande similaridade na trajetória desses fundadores. Com alguns anos de diferença, um jovem no Ceará e outro em São Paulo participam do Movimento Encontro de Jovens e se sentem transformados em sua fé católica. Posteriormente, conhecem a Renovação Carismática e são mobilizados por sua espiritualidade, bem como pela espiritualidade franciscana. Como Moysés, a biografia do Pe. Roberto e a trajetória da comunidade que funda se misturam. Ambos experimentaram um chamado para a vida religiosa ainda na juventude, e cogitam sobre a vida sacerdotal. Após participar de um "Retiro de Opção Vocacional", Moysés afirma que não se identificou "com nenhuma das opções clássicas apresentadas", e busca algo "novo" (Azevedo 2007, p. 143). Cogitou o sacerdócio, mas não chegou a ingressar ou frequentar seminários.

---

[6] Quando Maurício Serafim narra o surgimento do Movimento Focolares, comenta que sua fundadora teria intuído um quarto tipo de vocação, além dos três disponíveis em sua época, para as mulheres, que seriam, para o autor, "o matrimônio, o convento e a consagração privada, permanecendo em família. A quarta, intuída por Chiara, é a vida em comum de pessoas leigas e celibatárias, e sua convivência com pessoas casadas, todas consagradas a Deus, tendo como modelo a "Família de Nazaré" (Serafim 2008, p. 155).

Roberto Lettieri, por sua vez, é ordenado sacerdote, tendo estudado em seminário durante 13 anos. A ordenação de Padre Roberto, contudo, não significa que ele tenha se encaixado nos moldes existentes. Seus seguidores comentam como o "Padre" era considerado desviante quando estudava no seminário, como não era entendido e era visto "como rebelde". Padre Roberto desestimula os rapazes da Toca a buscarem ordenação sacerdotal. Também costuma rezar e pedir orações pelos padres pecadores. Ambos os comportamentos podem ser interpretados como crítica aos sacerdotes, ou melhor, ao modelo de sacerdote predominante na Igreja contemporânea. Nesse aspecto, a atitude da Shalom e o discurso de Moysés se distinguem da visão do Pe. Roberto. Na Shalom, sacerdotes são aceitos como membros tanto da comunidade de vida como na de aliança. São desenvolvidos trabalhos de apoio aos sacerdotes e auxílio na formação de seus membros interessados na ordenação.

Assim como as pessoas casadas, os sacerdotes já ordenados podem fazer parte tanto da comunidade de vida como na de aliança, mantendo-se os compromissos assumidos no matrimônio e na ordem, respectivamente. O sacerdote poderá assumir os mesmos compromissos e responsabilidades dos membros celibatários ou casados. No entanto, para um padre diocesano ser consagrado é necessário o consentimento do seu bispo, que também poderá aconselhar sobre o tipo de atividades às quais esse padre se dedicará (Aguilar 2006).

A Shalom também aceita que os membros da comunidade de vida resolvam seguir essa vocação e permaneçam como "Shalom", compartilhando a vida comunitária. Antes, contudo, e assim como os demais, terão de ter passado por dois anos de preparação para serem Shalom. Durante esses dois anos, eles devem manter-se abertos a qualquer outro chamado de Deus.

É interessante analisar como o fundador da comunidade e outros formadores dos novos membros discutem a questão da vocação sacerdotal e das vocações em geral. Quando analisa a escolha do estado de vida, Moysés afirma que:

> É necessário, também nesse momento, renunciarmos a qualquer opção que tenhamos feito em termos de vocação (exceto no caso dos que já são sacerdote ou já contraíram matrimônio antes de ingressarem na Comunidade de Vida) para, assim, podermos caminhar livremente, sem compromissos (...). Abertos a outros caminhos, à vocação que o Senhor tem para nós, querendo buscar a verdade para qual Ele nos criou, e não aquilo que já colocamos em nossas cabeças. (...) Abertos, livres à vontade de Deus, sem compromissos com ninguém, a não ser com o Senhor (Azevedo 2007, p. 40).

À época da última atualização do site da Shalom (setembro/ 2006), encontramos uma carta do Padre Almeida, que era o responsável pelos sacerdotes e seminaristas da comunidade. A carta, que falava sobre vocação, era uma resposta a um jovem que dizia querer entrar na Shalom para ser sacerdote. O padre Almeida explica:

> Não se entra na nossa Comunidade para ser Padre, e sim para Ser Shalom! (...) O vocacionado só deve, realmente, começar um caminho de definição do seu estado de vida na comunidade (casamento, sacerdócio ou celibatário) depois de todos os passos e processos do caminho formativo. Antes de ser padre na Shalom, precisamos estar dispostos a até perder, se for necessário, o sacerdócio para o bem do Carisma e da Comunidade. (Disponível em: <http://www.shalom/198.106.77.56/vocacional> / Acesso em: 21/3/2008.)

Nos discursos acima, afirma-se que a vocação não é uma escolha e um desejo do indivíduo, mas é dada por Deus. Para seguir a verdadeira vocação que Deus planejou, o indivíduo tem de se "libertar", ou seja, abrir mão de planos e projetos estabelecidos por sua vontade pessoal sem consulta a Deus. A experiência na comunidade é interpretada por Moysés como de total liberdade, de ruptura de vínculos com a sociedade externa. Essa afirmação de Moysés vai de encontro à de Zygmunt Bauman (2003), sobre a perda da liberdade quando se opta pela segurança da vida comunitária.

Certamente, Moysés e Bauman falam de "liberdades" distintas. Moysés defende que nos libertemos "daquilo que já colocamos em nossa cabeça" – o que pode não ser nossa vocação pode não ser o que nos fará feliz. Portanto, nessa visão, a possibilidade de os indivíduos realizarem seus desejos e projetos não refletiria, necessariamente, liberdade, em contraste com o que afirmaria Bauman e com o que o senso comum predominante em nossa sociedade define como liberdade. Na Shalom, o indivíduo precisa libertar-se dos seus desejos.

Tanto Moysés quanto Pe. Almeida afirmam a necessidade de se entrar na Shalom livre de compromissos e projetos preconcebidos. Em se tendo rompido com esses, ter-se-á a liberdade necessária para escutar a vontade de Deus. Depois da certeza dessa vontade, cada um pode seguir o estado de vida que Deus lhe tiver preparado. Aqueles chamados a serem padres são valorizados e apoiados pela Shalom.

A afirmação de que alguns tenham de "abrir mão" do projeto de abraçar o sacerdócio não significa desvalorizar a opção pela vida religiosa, porém implica defender que a vocação não é projeto do indivíduo, mas de Deus. Deus é quem decide o melhor estado de vida para o indivíduo. Portanto, este poderá conhecer sua vocação somente quando se livrar de suas próprias ambições e escutar o plano de Deus.

A valorização da carreira sacerdotal na Shalom é claramente expressa pelo Pe. Almeida quando declara:

> Graças a Deus, hoje já somos quatro padres na CV, dois padres na CA e trinta seminaristas. Peço a Deus que, mais do que bons "padres Shalom", todos sejamos santos "Shalom padres". É a força e a novidade do Carisma Shalom que nos fazem padres novos para uma Igreja Jovem. (Disponível em: <http://www.shalom/198.106.77.56/vocacional> / Acesso em: 21/3/2008.)

Além de declarar a importância do sacerdócio para a comunidade, a Shalom, segundo ele, também renovará a forma de se viver o sacerdócio.

Segundo informações no mesmo site, os primeiros seminaristas da comunidade de vida surgiram em 1989, quando

> ... Alguns irmãos da Comunidade de Vida, após um período de discernimento, deram seus primeiros passos concretos rumo à vocação sacerdotal com o início dos estudos filosóficos no Instituto Teológico Pastoral do Ceará (ITEP). Nos anos seguintes, o número de seminaristas da Comunidade de Vida começou a crescer. (Disponível em: <http://www.comshalom.org/vocacao/quemsomos/seminaristas/> / Acesso em: 29/3/2008.)

Os seminaristas da Shalom residem nas casas comunitárias, vão às aulas pela manhã e dedicam suas tardes aos estudos, à oração e à participação nas atividades da comunidade. Como já foi mencionado antes (Aguilar 2006), tendo seu primeiro diácono ordenado em 1999 pelo Instituto Teológico Pastoral do Ceará (ITEP/CE), a Shalom conta, atualmente, com muitos sacerdotes em formação em duas casas de missão na Europa – em Lugano, na Suíça, e em Roma, na Itália. Apesar de receber apoio do ITEP/CE, bem como de outras instituições de formação sacerdotal nas referidas cidades europeias, a Shalom é a responsável pela manutenção e pelo custeio de seus membros e, para isso, conta com a ajuda da "Secretaria dos Amigos dos Seminaristas".

> Para acolher estes muitos seminaristas, o Senhor fez surgir no seio da Comunidade, no dia 13 de outubro de 1998, a *Secretaria Amigos dos Seminaristas*, responsável pela manutenção material e espiritual dos irmãos que caminham para o sacerdócio. (Disponível em: <http://www.comshalom.org/vocacao/quemsomos/seminaristas/>. Acesso em: 29/3/2008.)

Mas o que de fato distingue as "novas comunidades" das comunidades religiosas tradicionais é a permissão para que, na comunidade de vida, ao lado de celibatários e sacerdotes, também casais sejam consagrados e participem com os mesmos deveres e direitos atribuídos aos demais.

A concepção de que o matrimônio e os filhos não seriam empecilhos para a vida religiosa comunitária é novidade na Igreja Católica. A ênfase no celibato dos sacerdotes católicos e o fato de a maioria dos santos canonizados pela Igreja terem sido celibatários, identificados como "virgens", sacerdotes ou freiras, sugeririam que o matrimônio seria um estado de vida menos propício à santidade. Ao lado disso, como já tem sido apontado, o próprio dogma da "Sempre Virgem Maria", proclamado desde 649 d.C., expressaria uma desvalorização da vida sexual que, em princípio, não permitiria a proximidade com o divino. Nesse sentido, a virgindade e abstenção sexual propiciariam maior santidade e contato com o sagrado.

A aceitação de famílias e casais na comunidade de vida da Shalom parece questionar essa pressuposição implícita. Apesar de a maioria dos membros da comunidade de vida Shalom ser composta por leigos celibatários, inclusive seu fundador Moysés, a Shalom possui vários líderes casados. Maria Emmir, que participa da comunidade de aliança, e Sydney Timbó[7], membro da comunidade de vida, destacado por seu carisma musical e que foi consagrado com Moysés em 1985, seriam exemplos desse tipo de liderança casada e com filhos.

Observa-se que se alguém já está casado ou casada quando conheceu a Shalom, poderá ingressar na comunidade de vida se marido e mulher concordarem plenamente com a decisão. No entanto, um indivíduo que esteja em fase de namoro ou noivado não poderá entrar na comunidade de vida, a não ser que termine esse relacionamento. Como já foi dito, os dois primeiros anos de vida nessa comunidade devem ser totalmente dedicados a Deus. A explicação para essa exigência é a mesma apresentada para os candidatos a sacerdotes.

---

[7] No site da Shalom, menciona-se que o casamento de Timbó e Máuria, em 1990, foi o primeiro da comunidade de vida, e se acrescenta "Nos anos seguintes, outros irmãos acolhem o mesmo chamado". Disponível em: <http://www.comshalom.org/institucional/quemsomos_historico.php>. / Acesso em: 22/4/2008.

Sem dúvida, o relacionamento a dois será um grande instrumento de edificação do novo, de cura, de crescimento. É, porém, o segundo grau. Para que realmente cure e edifique, é necessário passar-se firmemente pelo primeiro (Azevedo 2007, p. 42).

Depois desse período de reflexão, é permitido, como já observado (Aguilar, 2006), que membros consagrados da comunidade de vida se namorem e se casem entre si, e continuem vivendo casados na comunidade, mas esses relacionamentos não são permitidos com alguém de fora da comunidade. Se quiser namorar alguém de fora, o membro terá de deixar a vida comunitária. Poderá, então, participar da comunidade de aliança, que não exige que seus membros se relacionem apenas com outros da Shalom.

Embora tenham os mesmos compromissos que os membros celibatários e sacerdotes e compartilhem dos recursos da comunidade para sua sobrevivência e a de seus filhos, os casais dispõem, em geral, de um espaço reservado para resguardar um grau mínimo de privacidade familiar. Quando possuem filhos, o casal também terá direito a algum tempo livre extra para cuidar dos filhos, com quem se deve reunir uma vez por semana para rezar (Disponível em http://www.comunidadeshalom.com.br/. Acesso em 22/4/2008).

Os consagrados casados devem seguir, como os demais membros, os votos de pobreza, obediência e castidade. A castidade seria, nesse caso, levar uma vida matrimonial de acordo com a doutrina da Igreja Católica, inclusive no que se refere ao uso de métodos naturais de planejamento familiar, oficialmente aprovados pelo Papa (Aguilar 2006).

Em pesquisa de campo que se realizou na missão em Brasília, registrou-se que, na opinião do padre responsável pelo acompanhamento daquela missão, as maiores dificuldades dos casais na vida comunitária estariam relacionadas à obediência e aos conflitos entre a autoridade comunitária e a familiar (Aguilar 2006).

Embora vivam na comunidade de vida, os filhos dos casais consagrados não são considerados membros da comunidade, portanto, não possuem obrigações religiosas como os demais membros. A sobrevivência material dos filhos dos casais da comunidade de vida é, em geral, garantida por padrinhos que se responsabilizam pelo que é específico da criança, como roupas, brinquedos, materiais escolares, uniformes etc. (Aguilar 2006).

Aqueles que estão solteiros podem ser consagrados como celibatários, optando por permanecer nesse estado de vida ou "em discernimento", ou seja, continuar refletindo sobre que estado de vida Deus escolheu para eles. Como foi dito, há um período de celibato obrigatório para todos. Nos seus escritos, o fundador da Shalom explica que

> É fundamental, essencial, que, ao ingressar na Comunidade de Vida, o iniciante se desligue provisoriamente desta preocupação e renuncie, durante o tempo de formação, a iniciar qualquer relacionamento de caminhada ou namoro. É necessário, nesse primeiro período, (...) dedicarmos inteiramente, plenamente ao novo que Jesus quer realizar (Azevedo 2007, p. 39-40).

Depois de cumpridas essas etapas, as pessoas decidem se querem ou não renovar os votos de celibato. Podem, ainda, decidir pelo voto perpétuo de celibato que também é feito por membros consagrados da comunidade de aliança. Caso não façam esse voto, os membros da comunidade se dizem "em discernimento" e, aí, podem namorar, desde que seja com alguém também da comunidade de vida, e que escutem as orientações dos seus formadores.

No período de discernimento, o fundador aconselha que o membro Shalom não se deixe guiar por sentimentos ainda não amadurecidos, ou seja, por paixões. Para Moysés, embora seja necessário "renunciar paixões imediatas", não se devem abafar os sentimentos. Recomenda "paciência e fé porque somente o tempo permite que os sentimentos amadureçam e se descubra a vontade de Deus". Assim, argumenta-se que o discernimento sobre a vontade e o plano de Deus é lento. Moysés diz que

> É necessário crermos na Providência de Deus também em relação ao estado de vida. Muitas vezes nos desesperamos e ficamos atônitos em

busca de pessoas, até "caçando" e esquecendo o plano de Deus (...). Ele mesmo apontará aquela pessoa certa para nós, caso o matrimônio seja nossa vocação (ibid., p. 41).

Seguindo essas orientações, o processo de namoro exige etapas e espera. Para seu início, há um processo que deve ser respeitado tanto para os que são da comunidade de vida como os da aliança. A primeira etapa é a de conhecimento, na qual todos os solteiros são motivados, de forma indireta, a se aproximarem e a criarem laços de amizades. Quando surge o interesse de um rapaz por alguma moça, ele deve conversar com seu formador[8]. Após rezarem e discernirem acerca da real motivação desse interesse, o formador conversa com a responsável pela moça, na comunidade, que procurará saber se a moça tem interesse pelo rapaz. Após essa sondagem, a formadora poderá ou não aprovar a aproximação dos dois e sua maior convivência. Esse período de aproximação ocorre de forma discreta. O casal nunca sai sozinho, mas sempre acompanhado de amigos e outros membros da comunidade.

A segunda etapa se dá quando fica claro o interesse de namoro pelas duas partes. Costuma-se se referir a essa etapa como "caminhar". O "caminho" é uma espécie de namoro à moda antiga, quando os dois continuam convivendo e se aproximando, mas sem os contatos físicos do namoro. As duas primeiras fases acontecem em sigilo, apenas as quatro pessoas citadas e, quando convém, os responsáveis locais ficam sabendo. Segundo entrevistados, isso acontece para preservar o casal de fofocas e mal-entendidos (Aguilar 2006).

O tempo do "caminhar" dura aproximadamente de dois a seis meses, podendo ser em alguns casos mais rápido, em outros, mais lento. A obser-

---

[8] Segundo um membro da comunidade de vida da Canção Nova, no Rio de Janeiro (entrevistado pelo bolsista Paulo Victor L. Lopes), o namoro em sua comunidade é regulado de forma similar. A intermediação do formador parece ser prática comum em outras comunidades que tivemos contato.

vação na missão de Brasília revelou também possível demora na liberação para o início do namoro ou "caminhada". Essa era explicada pela necessidade de formação de um dos dois, ou dos dois membros, em algum aspecto pessoal ou espiritual. Também se justificou a demora pela necessidade de que um dos dois resolva alguma questão pendente em sua vida (Aguilar 2006). Com a liberação para o namoro, o relacionamento se torna público e é, sempre, recebido com festa por toda a comunidade.

Há a cobrança de que os casais de namorados vivam a castidade própria aos casais nessa condição, não havendo relações sexuais e evitando contatos físicos muito íntimos. Da mesma forma que os casados, os namorados são estimulados a rezarem juntos e a terem uma noite na semana para namorar, sem, no entanto, diminuírem a convivência com os demais membros da Shalom.

Quando um casal de uma mesma casa na comunidade de vida começa a namorar, um deles deverá ser transferido. Os formadores procuram evitar que permaneçam na mesma missão, mas a comunidade procura mantê-los próximos, a fim de que possam conviver ao máximo. Já no caso dos membros da comunidade de aliança, as condições e o processo para se chegar ao namoro e, possivelmente, ao casamento não lhes são obrigatórios, mas são estimulados a isso.

De acordo com relatos coletados em Encontros Vocacionais, em Brasília (Aguilar 2006), um casal que namora na comunidade de vida tende a se casar, em média, após um ano de namoro. A decisão sobre o noivado, o casamento e as datas para sua realização é definida pelo casal junto a seus formadores. Depois, enviam carta ao Governo Geral da Shalom, localizado em Fortaleza, solicitando autorização para o casamento. Após oração e discernimento, esse órgão comunicará por carta a permissão para esses eventos, assim como a confirmação das datas. Desse modo, a liberação para o namoro é uma decisão local, restrita aos acompanhadores e ao Conselho Local, mas a decisão do casamento é de responsabilidade do Governo Geral da comunidade (Aguilar 2006).

Sem dúvida, há um grande cuidado para que um matrimônio se construa em bases bem distintas das que ocorrem na sociedade mais ampla. Em seu texto sobre estado de vida, Moysés afirma a necessidade de se renovar as relações afetivas dos casais para se renovar as famílias e o mundo, como se vê no seguinte trecho:

> Sinto que, realmente, Deus quer renovar a face da Terra (...). No entanto, só haverá um mundo novo se houver famílias novas. Só haverá famílias novas se houver casais novos. Só haverá casais novos se houver relacionamentos, namoros, noivados baseados em um novo caminho, novo que Deus quer realizar no meio de nós (Azevedo 2007, p. 39).

Mas, como já destacado em trabalho anterior, observa-se que há na Shalom e em outras "novas comunidades" uma valorização do celibato que não há na sociedade mais ampla (Mariz 2006, p. 263-286). Essa valorização se expressa claramente na afirmação encontrada no site da comunidade:

> Os celibatários da comunidade são como um reflexo da Pessoa do Espírito Santo entre os irmãos, e atuam como um instrumento de fecundidade e de poder espiritual para a comunidade e para a Igreja, são sinais do amor santificador do Espírito para os irmãos. Os celibatários são membros legítimos da comunidade e têm os mesmos direitos e deveres dos outros irmãos. São para todos um sinal escatológico, lembrando-nos de que no Céu todos seremos Celibatários. (Disponível em: <http://www.comunidadeshalom.com.br/> / Acesso em: 21/4/2008.)

Por outro lado, a partir da leitura dos textos de Moysés sobre o discernimento quanto ao "estado de vida", pode-se depreender que, embora apenas alguns sejam explicitamente chamados para o celibato, todos, em princípio, poderão ser felizes vivendo essa condição. Não ter parceiros não impediria felicidade. A falta de um parceiro, por qualquer razão, não poderia ser motivo para lamentos ou ansiedades, já que a vocação Shalom supõe uma intimidade com Deus que fortalece a autonomia do indivíduo em relação a seu parceiro. Portanto, partindo de concepções distintas de indivíduo e de cosmos, essa proposta se assemelha a discursos similares aos da Psicologia e Psicanálise. As ideias de Moysés sobre a base da construção de um relacionamento a dois se assemelham, por exemplo, às de Erich Fromm (2000), propostas no livro *A Arte de Amar*. Para ambos, psicanalista e fundador da Shalom, somente quem é capaz de ser feliz sozinho será capaz de ter um relacionamento feliz.

O relacionamento maduro exige que se duvide de paixões e sentimentos repentinos. Tempo e reflexão são necessários para a construção do amor de um casal. A busca da felicidade no amor romântico esconde uma ilusão para ambos. Embora não use estes termos, para Moysés está claro que a ideologia individualista e o amor romântico conduzem a ilusões, a "felicidades" temporárias e a frustrações. As pessoas se frustram porque esperam demais da relação, criam expectativas não realizáveis, já que tentam saciar no amor humano a sede de amor divino que possuem.

A percepção da frustração que sentia por buscar amor infinito e divino nas pessoas teria sido o *insight*, definido como "graça", que despertou a decisão de uma jovem de 19 anos a ingressar na Shalom. Essa jovem já vivia por dez anos na comunidade quando, aos 29 anos, foi entrevistada na casa do Rio de Janeiro. Filha de casal divorciado, crescendo em uma família católica não muito praticante, ela conta sobre seu primeiro contato com a Shalom. No depoimento, recorda que era meio sozinha, tinha poucos amigos e poucos relacionamentos na sua adolescência, sempre se decepcionava com as pessoas. Sobre sua decisão de fazer o Renascer, retiro da Shalom realizado em Fortaleza durante um carnaval, relembrou:

> No carnaval, eu tinha aquele dinheirinho; ou eu vou para um bloco ou eu viajo. Como você pula o carnaval sem uma turma? É muito ruim, é difícil. Então, como adolescente, eu precisava de uma turma para estar

no meio; como não tinha, fui viajar. Foi por causa disso; eu queria estar com pessoas, então, entrei para o Renascer, em Fortaleza. E, nessa viagem, eu tive uma experiência de gratuidade dentro dos relacionamentos, (...) foi interessante essa experiência de contato com pessoas que eu não conhecia e ao mesmo tempo parecia que eu já tinha um conhecimento muito grande delas, uma afinidade muito forte (Missão do Rio de Janeiro, 5/10/2006).

Mas não foram essas pessoas que conheceu que, de fato, mudaram sua vida. Ela conta que teve uma experiência de batismo no Espírito Santo e uma "graça":

> Foi uma graça (...) perceber que aquilo que eu queria depositar naquelas pessoas (...) de imediato, elas viriam a me decepcionar tanto quanto qualquer outra pessoa ou turma que eu viesse a me relacionar; porque o que eu queria experimentar era uma dimensão de estabilidade, de presença, de uma fidelidade, de uma generosidade e tudo o que, querendo ou não, a pessoa por si só nunca tem condição de oferecer. (...) O que eu queria ter, só Deus poderia dar, e é justamente só Ele poder dar que o meu relacionamento com as pessoas se tornou possível, porque eu me relaciono com elas generosamente (...). Não quero que elas supram as minhas necessidades (idem).

Para Erich Fromm (2000), os indivíduos se frustrariam nas relações amorosas porque buscariam no parceiro o que não possuem. As relações nas quais um parceiro não pode viver sem o outro são, para o autor, neuróticas, geradoras de frustrações e não de felicidade. Nessa perspectiva, o indivíduo feliz seria o "saudável", o autônomo, não o simbiótico, o que amaria de forma realmente altruísta, sem a necessidade patológica do outro. Seria feliz porque seria maduro e autônomo. Também na concepção religiosa da Shalom, expressa acima pela jovem entrevistada e por Moysés em seus escritos, o indivíduo deve ser autônomo para amar de verdade, mas essa autonomia não será possível sem Deus. Quando se busca autonomia sem Deus, frustra-se tanto quanto quando se busca o amor sem Deus.

Nessas duas visões, a autonomia individual deve ser buscada antes de qualquer relação – quem não é feliz sozinho não é feliz numa relação. Dessa forma, a solidão é o estado natural do indivíduo; o celibato, o estado que se viverá na eternidade. A comunidade assume, portanto, uma visão individualista, mas seu individualismo pode ser definido como "religioso". De acordo com Danièle Hervieu-Léger (2003, p. 160), esse tipo de individualismo se distingue do "moderno e contemporâneo", embora a este se relacione em vários aspectos.

Conclusão

Pelo que analisamos, a vocação Shalom é um chamado a viver uma nova espiritualidade, uma intimidade com Deus e submissão à sua vontade. Dessa forma, não é um chamado para um tipo de "estado de vida" nem para um tipo de obra social, mas para uma religiosidade que pode ser descrita como movimento de santificação. Moysés e demais líderes chamam a esse processo de busca por uma nova forma de viver, busca do "novo". Reconhecem que nem todos são vocacionados a serem Shalom, mas a Shalom deve ter repercussão na sociedade mais ampla. Nesse sentido, sua vocação é fundamentalmente missionária.

O foco principal da vocação Shalom é a mudança individual do próprio vocacionado que busca uma experiência mística de total abertura para escutar e realizar a vontade de Deus, descrita como "intimidade com Deus". Essa experiência mística, contudo, resultaria em atividades coletivas e obras sociais que, por sua vez, somente teriam sentido enquanto fruto da transformação do indivíduo. Acredita-se que, se genuína, essa transformação traria resultados práticos, ou seja, o indivíduo que contemplasse a Deus e escutasse sua vontade seria, inevitavelmente, seu instrumento para agir no mundo – seu misticismo geraria ascetismo. Como Weber (1982) nos lembra, esses dois caminhos de busca do sagrado aparecem sempre interligados na vida religiosa concreta. Apenas por meio do recurso metodológico do tipo ideal, podemos imaginar uma prática religiosa exclusivamente de um ou outro tipo.

Mas a grande ênfase do discurso de Moysés e dos entrevistados nas experiências extraordinárias revela que, seguindo a RCC, a Shalom busca re-encantar a experiência católica contemporânea. A Shalom, como a RCC, quer renovar a vida espiritual de leigos, sacerdotes, enfim, de toda a Igreja. Nesse projeto de renovação, enfatiza experiências místicas de oração e êxtase, mas também um movimento de santificação individual que alimenta um individualismo religioso do tipo místico e ético, mencionado com referência ao texto de Hervieu Léger (2003). Individualismo também expresso nos critérios de validação de fé.

Um critério importante para assegurar que se está alcançado um contato verdadeiro com o divino seria o sentimento de paz e alegria. Tal como em discursos de outras "novas comunidades", na Shalom se reafirma constantemente a felicidade, ainda que isso nem sempre signifique o fim da dor ou sofrimento. Felicidade, amor, alegria são categorias muito presentes em discursos religiosos dos mais diversos, antigos e modernos, que marcam o imaginário romântico e o discurso individualista contemporâneo, como marca o da Shalom. Na Shalom, no entanto, qualquer sentimento precisa de tempo e de espera pela comprovação de Deus; esta pode, ainda, depender da ratificação das autoridades, do clero e da liderança da comunidade.

Referências bibliográficas

AGUILAR, Luciana F. *Rejeição e adaptação ao mundo: o caso da comunidade católica Shalom*. Dissertação (Mestrado em Sociologia) – Departamento de Sociologia, Instituto de Ciências Sociais, Universidade de Brasília/UnB, Brasília, DF, 2006.

AZEVEDO FILHO, Moysés Louro de. *Escritos: Comunidade Católica Shalom*. Fortaleza, CE: Edições Shalom, 2007.

BAUMAN, Z. "Comunidade: a busca por segurança no mundo atual. Rio de Janeiro": Jorge Zahar, 2003.

FROMM, Erich. *A Arte de Amar*. São Paulo: Martins Fontes, 2000.

HERVIEU-LÉGER, Danièle. "Les communautés sous le règne de l'individuaisme religieux". In: "Le Pèlerin et le Converti: la religion en mouvement". Paris: Champs Flammarion, 2003.

MARIZ, Cecília Loreto. "Comunidades de vida no Espírito Santo: um novo modelo de família?" In: DUARTE, L. F. D. *et al* (org.). *Família e Religião*. Rio de Janeiro: Contra Capa Livraria, 2006.

NOGUEIRA, Maria Emmir. "Anexo II: histórico escrito aos 10 anos de fundação". In: AZEVEDO FILHO, Moysés Louro de. *Escritos: Comunidade Católica Shalom*. Fortaleza, CE: Edições Shalom, 2007[a], p. 124-125.

_____. "Breve relato sobre o reconhecimento canônico". In: AZEVEDO FILHO, Moysés Louro de. *Escritos: Comunidade Católica Shalom*. Fortaleza, CE: Edições Shalom, 2007 [b], p. 152-157.

SERAFIM, Maurício. *Sobre esta igreja edificarei minha empresa: organizações religiosas e empreendedorismo*. Tese (Doutorado em Administração) – Fundação Getúlio Vargas/FGV, São Paulo, 2008.

WEBER, Max. *Economia e Sociedade*. Vol. I. Brasília: Ed. UnB, 1991.

_____. "Rejeições do Mundo e suas Direções." In: *Ensaios de Sociologia*. São Paulo: LTC, 1982.

A OBRA DE MARIA: A REDEFINIÇÃO DA DEVOÇÃO MARIANA

Roberta Bivar Carneiro Campos[1]
Carla Patrícia Ribeiro Caminha

O Catolicismo Romano, hegemônico em nosso país, contribuiu para a configuração da identidade feminina por meio da ideologia do Marianismo. Zaíra Ary (2000) considera que o feminino foi constantemente desvalorizado na hierarquia romana por meio de interpretações deturpadoras da Bíblia e do que considera conexões inverídicas calcadas na figura de Eva. Para a autora, ao se difundir o relato da criação, segundo o qual Eva é feita a partir de Adão (Gn 2, 4-25)[2], difunde-se a visão da mulher como o "segundo sexo", já exposta por Beauvoir (1980a), criada apenas para satisfação masculina. Além disso, ainda segundo Ary, ao atribuir a Eva a responsabilidade pelo pecado original, confere-se a ela maior vulnerabilidade perante o mal, tornando-se, devido à sua astúcia e fragilidade, prejudicial ao homem.

---

[1] Roberta Bivar Carneiro Campo é Professora Adjunta de Antropologia no PPGA da UFPE, PhD em Antropologia Social pela Universidade de St. Andrews, Escócia. Carla Caminha foi sua orientanda no curso de Bacharelado em Ciências Sociais pela UFPE e, atualmente, é mestranda em Sociologia pela mesma universidade.
[2] Anterior a esse, há um outro relato em Gn 1,27, no qual se afirma que homem e mulher foram feitos à imagem e semelhança de Deus, não se especificando a ordem da criação.

Posteriormente, com o crescimento da devoção a Maria, mãe de Jesus, construiu-se um importante contraponto: enquanto Eva fora a responsável pela queda da humanidade a partir do pecado, Maria é aquela que salva a todos, por ser a mãe obediente e servil do Cristo. Maria das Dores Campos Machado (1996) corrobora o posicionamento de Ary, ao afirmar que, por meio de Maria, tem-se a subversão da imagem de inferioridade feminina diante dos homens.

> Seguindo o modelo mariano, a mulher (assexuada e mãe) pode, então, exercer um "contrapoder maternal" [...] e, em função de sua pureza, pode salvar os filhos do chamado sexo forte. Mas esse "contrapoder feminino" não ameaça o sistema hierárquico que reserva aos homens a posição de destaque nas esferas pública e privada (Machado 1996, p. 120).

A figura de Maria é um paradigma importante para o Cristianismo, uma vez que, mesmo com a Reforma Protestante, alguns dos dogmas acerca dessa figura feminina não foram questionados *a priori*. Na doutrina católica, Maria é aquela escolhida por Deus para ser a mãe do seu Filho, que viria ao mundo para a redenção da humanidade. Os relatos sobre a vida de Maria são constantemente utilizados pelos pregadores e líderes religiosos cristãos para reafirmar que a sabedoria feminina reside, justamente, em saber ser serva e humilde. Sua maternidade divina foi reconhecida pelo Concílio de Éfeso, em 431, mas os dogmas de sua virgindade perpétua e de sua Imaculada Conceição[3], ou seja, a ausência de pecado desde a sua concepção, datam de 553 e 1854, respectivamente. Atualmente, nenhum desses dogmas é aceito pelas denominações evangélicas. Em 1950, Pio XII aprovou mais um importante dogma ao catolicismo: a Assunção de Maria, que considera sua elevação aos céus em corpo e alma.

---

[3] Embora Lutero aceitasse esses três dogmas à época da reforma Protestante, ele não concordava com a veneração mariana e teceu algumas críticas em seus escritos.

A existência desses dogmas sobre a virgindade mariana mesmo após o parto pretende demonstrar que a Igreja, enquanto representante de Deus na terra, teria o poder de controlar a sexualidade. Isso fez com que as mulheres fossem gradativamente assemelhadas a seres assexuados e, mesmo exercendo seu dever de esposa e mãe, perdendo, portanto, a virgindade física, devem preservar a virgindade espiritual. Além disso, é uma clara instrução de que

> No novo espaço de apreensão das ambiguidades cristãs, referentes ao masculino e ao feminino, pode-se perceber que os homens são considerados como sendo uma natureza superior, contudo, maligna (por que sexuada?) e que as mulheres são consideradas como sendo uma natureza inferior, contudo, benigna (por que assexuada?) (Ary 2000, p. 79).

Segundo Stevens, o Marianismo é o culto à superioridade espiritual feminina e reúne uma profusão de práticas, ritos e crenças sobre a fortaleza da alma feminina, de maneira a delimitar o espaço reservado às mulheres na Igreja e as posições que podem ocupar na sociedade (Stevens apud Machado 1996, p. 119). Esta autora observa que a arrogância, a intransigência, a violência e agressão sexual dos homens nas relações com as mulheres são os elementos centrais do machismo. Seguindo essa lógica, defende que a pureza, a submissão, a generosidade e a abnegação associadas às mulheres no marianismo complementam o machismo em nossa cultura (Ibid., p. 119-120), sendo, portanto, seu contraponto ideal, sua outra face, pois enquanto o machismo cultua a virilidade, o marianismo cultua a submissão.

Segundo Ary, é por meio da exaltação da Santa e Virgem Maria que os valores da maternidade e virgindade se absolutizam no seio do catolicismo e se estendem à sociedade. Por isso, no campo religioso católico, o lugar das mulheres associa-se ao lugar ocupado por Maria, a saber, o de coadjuvante na salvação da humanidade e na criação e manutenção da Igreja.

> O papel delegado a Maria e, portanto, às mulheres é sempre o de seguidora fiel e obediente às autoridades por Deus constituídas. Isso se expressa

de forma clara e palpável dentro das relações sociais que estruturam a Igreja. O espaço deixado à mulher é o espaço do leigo. A existência de homens no laicato católico não diminui a exclusão sofrida pelas mulheres no espaço religioso. Afinal, a esses homens existirá sempre a possibilidade de opção de se tornar ou não sacerdote, enquanto às mulheres o único espaço reservado é o de leiga. Ainda que se torne religiosa, ela permanece numa situação de subordinação, não havendo, portanto, espaço eclesial em que a mulher possa exercer um papel com maior autonomia (Nascimento 2001, p. 110).

Portanto, Guilhermina Nascimento (2001) corrobora Ary ao observar que os espaços no catolicismo estão previamente definidos a partir do seguimento ao exemplo de santos como Pedro e Maria, que ressoa na fala e prática dos fiéis.

Outros teólogos e leituras feministas fazem deslocamentos de sentido nesse universo simbólico, sendo a virilidade, agora, associada à lógica da violência, da guerra e do capitalismo, enquanto a virgindade é associada à lógica do compartilhamento, da misericórdia, da conciliação (Boff e Muraro 2002). O lugar de submissão é, então, transformado em lugar de superioridade moral; uma moral que, no entanto, conserva sua função anterior de redenção do sofrimento da humanidade.

Quando o Movimento da Renovação Carismática Católica (RCC) surge no seio do Catolicismo, o culto mariano passa a ser amplamente incentivado pela hierarquia romana como forma de evitar uma cisão, dando aos adeptos desse movimento um senso de pertencimento. Como Maria é (re)significada nesse universo religioso é do que vamos tratar neste breve ensaio, a partir de uma pesquisa sobre uma comunidade de vida vinculada ao Movimento da Renovação Carismática: a Comunidade Obra de Maria, em Recife[4].

---

[4] Este ensaio é parte do trabalho de conclusão de curso de Carla Caminha, sob orientação da Profª. Dra. Roberta Campos, e apresentado em agosto de 2007 sob o título *A Comunidade Obra de Maria: tensões e disputas pela transformação do Marianismo*. Todos os depoimentos e entrevistas aqui mencionados fazem parte do trabalho de campo desenvolvido para essa monografia. Metodologicamente, o trabalho se baseia na observação participante, que possibilita não apenas a descrição do objeto, mas também a interação com o universo da pesquisa.

A Obra de Maria

Em 1990, a Comunidade Obra de Maria foi fundada pelo psicanalista Gilberto Gomes Barbosa, que, após cinco anos de participação em grupos de oração da RCC, sente-se inspirado pelo modelo de vida propagado pelas comunidades Canção Nova e Shalom e, com mais sete jovens, inicia a formação de uma comunidade de vida em Recife. O carisma norteador das ações da comunidade é: *Evangelizar de todas as formas com alegria*. Hoje, a Comunidade Obra de Maria conta com 35 casas de missão no Brasil e três no exterior[5]. A espiritualidade mariana é amplamente difundida entre seus membros, em especial a devoção à Rainha da Paz, por meio das mensagens de Medjugorje que podem ser encontradas no site.

A presença feminina é marcante nessa comunidade que tem a vice-presidência ocupada por uma mulher. Obedecendo à organização de muitas comunidades carismáticas, os consagrados na Obra de Maria são, basicamente, dois tipos: internos e externos. Os consagrados internos são aqueles que vivem numa das casas de missão da comunidade, sendo mantidos por ela segundo a providência divina. Já os consagrados externos são aqueles que, embora façam parte, não vivem na comunidade, mantendo-se por conta própria e possuindo uma vida pessoal e profissional que, embora independentes, seguem as normas da comunidade, mas sem se subordinarem à programação diária como os membros internos. Esses consagrados externos equivalem às chamadas comunidades de aliança. A Obra de Maria é uma das poucas comunidades novas a abolir a distinção entre comunidades

---

A observação foi feita no grupo de oração da comunidade, realizado aos sábados, das 15h às 17h, entre outubro e dezembro de 2006 e março e maio de 2007 (totalizando 16 visitas), e em visitas esporádicas à sede da comunidade, durante os meses de junho e julho do mesmo ano (8 visitas). Houve retorno à comunidade no mês de novembro de 2007, a fim de esclarecer algumas questões específicas, necessárias à concretização do ensaio.

[5] No Brasil, a comunidade possui casas de missão nos Estados de Pernambuco, Rio Grande do Norte, Sergipe, São Paulo, Tocantins e no Distrito Federal. Já no exterior, existem casas nas cidades de Roma, Fátima e Belém. Além dessas, outra está sendo aberta na França.

de vida e de aliança, considerando que todos, indiscriminadamente, fazem parte da comunidade, apenas vivenciando missões diferentes.

Os membros da comunidade fazem uso de um tipo de medalha que, ora presa ao peito como broche, ora posta num cordão, apresenta a imagem da crucificação de Jesus, com Maria e o apóstolo João a seus pés. A mesma imagem é estampada nas camisetas vendidas na comunidade, sendo, ainda, o logotipo de todos os seus produtos. Segundo uma das consagradas, essa imagem é um lembrete do Amor de Deus para com a humanidade e da atitude de doação de Jesus, quando, antes de morrer, entrega sua mãe a João[6]. Por isso, eles se colocavam como os filhos a quem Deus confia sua mãe, devendo, dessa forma, colocá-la em suas vidas e seguir seu exemplo. Esse depoimento nos indica a intensa presença da figura de Maria na vida de todos.

O período de discernimento vocacional na Obra de Maria tem duração mínima de cinco anos. A princípio, o candidato, após ter participado de alguns encontros vocacionais, é convidado a fazer uma experiência de um mês. Decorrido esse tempo, é avaliado pela comunidade e vice-versa. Se aprovado, é convidado a participar do Prediscipulado que dura um ano, no qual se inteira do carisma e missão da comunidade e dá início à formação. Depois, cumpre mais dois anos de Discipulado e, no terceiro ano, consagra-se. A cada cinco anos, renova a consagração por mais cinco. Após um período de participação ativa, é convidado a fazer os votos permanentes, denominado pela comunidade como *Obra de Maria para sempre*.

Os cargos são rotativos na comunidade e podem ser ocupados tanto por homens como por mulheres; por casados ou solteiros. A comunidade é composta, atualmente, por mais de dois mil consagrados em todo o país. Só em Recife, são 1.033 membros, entre internos e externos, nas diversas fases do discernimento vocacional. Boa parte dos jovens consagrados en-

---

[6] Segundo o relato bíblico, Jesus teria entregue sua mãe aos cuidados de João, assim como o apresenta a Maria como sendo seu filho. A Igreja interpreta esse ato como a doação de Maria a toda humanidade, ou seja, aos filhos de Deus.

trou na comunidade aos 17 anos, embora só após oito anos de participação na comunidade façam os votos permanentes (Obra de Maria para sempre). Nessa ocasião, trocam a medalha que usam por uma de ouro.

Há na comunidade diferentes "estados de vida": as famílias, que moram em casas individuais de propriedade da comunidade (no caso dos consagrados internos); os jovens consagrados solteiros, que moram em casas mistas, divididas em alas feminina e masculina; e outros que moram em casas habitadas só por homens ou só por mulheres. No caso de algum jovem optar pelo casamento, deverá tentar fazê-lo com um outro membro consagrado da comunidade.

Quando, na comunidade, surge interesse entre dois jovens, esses devem comunicar ao conselho que decidirá se podem ou não namorar. Se autorizado o namoro, e caso vivam na mesma casa de missão, são separados e passam por um processo que perpassa cerca de cinco anos até o casamento. Esse processo é dividido em: conhecimento, com duração de seis meses a um ano; namoro, com duração média de três anos, quando algumas "liberdades" são permitidas, sem que possam ficar sozinhos; segue-se o noivado; e, por fim, o casamento.

Não há uma diferenciação hierárquica entre jovens solteiros e adultos casados na comunidade, podendo qualquer um deles assumir postos de comando, independentemente de sua condição civil. No entanto, vale salientar que os casados têm certas prerrogativas, como casa própria (ainda que de propriedade da comunidade) e maior estabilidade nas missões que os jovens. Normalmente, não são enviados em missões que os obriguem a ficar muito tempo afastados de suas famílias. A razão desses privilégios está na preservação de uma unidade familiar que não seja prejudicada por sua consagração à comunidade. Outro dado importante é que os filhos não são considerados membros consagrados da comunidade, mas são mantidos pela Obra de Maria até os 18 anos de idade. Alcançada a maioridade, deverão decidir se permanecem ou não na comunidade. Em caso positivo, cumprirão o mesmo processo de discernimento vocacional, como todo e qualquer aspirante a missionário consagrado; em caso negativo, poderão continuar vivendo com os pais, porém deverão buscar meios para sua subsistência.

A Comunidade Obra de Maria faz amplo uso da internet e, como forma de divulgar sua missão, distribui mensalmente um informativo àqueles que participam das atividades que organiza.

Outras atividades de cunho social desenvolvidas pela comunidade são: a creche Mãezinha de Deus; um trabalho com dependentes químicos; o sopão comunitário; e uma escola de cursos profissionalizantes, especialmente informática e línguas. A coordenação e o desenvolvimento de todas essas atividades estão a cargo da Obras Assistenciais Padre Pio, responsável pela administração das obras sociais da Comunidade Obra de Maria.

A manutenção desses serviços depende de doações; assim, nos encontros promovidos pela comunidade, faz-se forte apelo para que as pessoas se associem. Os associados são chamados *Braço Forte*. Atualmente, cerca de quatro mil pessoas fazem parte do Braço Forte. A maioria dos membros externos também é Braço Forte, uma vez que esses membros mantêm vida pessoal e profissional fora da Obra de Maria e são, por isso, inseridos numa organização trabalhista. Os membros internos, ao contrário, por não possuírem renda própria e serem sustentados pela comunidade, não podem contribuir financeiramente.

É comum que todos os membros consagrados participem de um grupo de oração, seja na própria casa de missão da comunidade ou na paróquia onde a casa está instalada. No primeiro caso, apenas duas ou três pessoas dirigem a reunião, havendo uma rotatividade entre os membros na direção das atividades, além de alternarem também as práticas de animação, oração e pregação entre homens e mulheres.

No grupo de oração da casa sede da Obra de Maria, localizada no bairro da Várzea, em Recife, percebe-se uma forte liderança feminina. São as mulheres que recepcionam os membros que se sentem bem-vindos e acolhidos e, provavelmente por isso, são as mais procuradas pelos participantes ao final dos encontros, seja apenas para uma conversa, seja para pedir um conselho ou uma oração. Também são elas as responsáveis pelos pedidos de contribuição financeira aos presentes, com forte apelo para que adiram ao Braço forte e auxiliem a comunidade no sustento de seus membros. É interessante perceber que, ao menos aparentemente, elas são muito respeitadas pelos membros do grupo bastante eclético e rotativo, já que são poucos os que estão semanalmente presentes.

Com responsabilidade de animar os encontros nos momentos de louvor e também de criar o clima propício para os momentos de oração, o Ministério de Música é composto por membros consagrados da Obra de Maria. A pessoa responsável por iniciar os cânticos e entoar as orações em línguas estranhas é um homem, que também toca o violão. Destacamos esse dado porque, nos grupos de oração da RCC, o Ministério de Música ocupa posição central, sendo muito valorizado pelos membros.

Nas reuniões do grupo, é comum ter um pequeno altar com a imagem de Maria, normalmente Nossa Senhora das Graças, e um vaso com flores. Algumas vezes, a reunião se inicia com a entrada solene da imagem ao som de uma música muito conhecida por todos os presentes. A procissão é entrecortada por vivas, mãos erguidas na direção da imagem e braços erguidos ao céu. Manifestada a devoção a Nossa Senhora das Graças entre os membros da comunidade, causa-nos estranheza que a Obra de Maria não fomente peregrinações ao Santuário, em Cimbres-PE. Mas, ao contrário, privilegia mais os santuários de fama nacional e internacional que os mais regionalizados e, com isso, acaba por fazer um recorte de classe na sua missão principal, que será tratada detalhadamente mais adiante. Segato (2003) comenta que o privilégio das rotas aos santuários internacionais se deve à imposição externa internacional/global.

Todos os informantes negaram engajamento na Igreja anterior à sua entrada na RCC. Dentre os consagrados, a metade não frequentava a Igreja antes de sua adesão ao movimento carismático, nem mesmo havia participado dos sacramentos oferecidos por ela. Todavia, atualmente, manifestam profundo pesar por essa conversão tardia.

Ao lado de Maria, a Eucaristia, um dos sete sacramentos da Igreja, está no centro da mística da comunidade. Os consagrados relataram que participam da celebração da Missa todos os dias e que devem confessar-se todos os meses para que possam receber a Eucaristia diariamente. A oração do rosário também é obrigatória. Não há distinção dessas práticas entre homens e mulheres, ambos devem realizá-las.

Carisma: A Peregrinação

A principal missão da Comunidade Obra de Maria é a peregrinação religiosa encabeçada pela empresa Rainha da Paz Peregrinações. Com participação dos sócios membros consagrados da comunidade, a empresa de turismo, cuja razão social é Rosa Mística Turismo Ltda., direciona toda a sua renda à comunidade. A empresa está sob a direção do presidente da Associação Obra de Maria, que é o fundador da comunidade e seu principal acionista. A associação não tem fins lucrativos, mas a empresa sim, sendo a responsável por cerca de 70% da receita da Obra de Maria. Apenas quatro das 38 casas de missão trabalham com peregrinação[7], e são as principais mantenedoras das outras.

Desde o início da comunidade, o carisma da peregrinação esteve presente com a organização de caravanas para congressos da RCC. Por volta de 1992, Gilberto Gomes Barbosa foi convidado a ir a Medjugorje com a seguinte proposta: viajar gratuitamente, desde que conseguisse outras 15 pessoas pagantes. Conseguiu 45 para o que seria a primeira peregrinação e, como combinado, leva consigo, como cortesia, mais dois consagrados da comunidade. Surge, então, artesanalmente e de forma amadora a empresa de peregrinação, com apenas duas viagens anuais. Ao longo de alguns anos cresceu e, em 2000, atinge o montante de três mil pessoas viajando em suas peregrinações. Por meio de uma parceria

---

[7] A Rainha da Paz Peregrinações está presente em Recife, Cachoeira Paulista, São Paulo e Brasília, e expandindo com mais uma agência em Aracaju.

com a Comunidade Canção Nova, a Obra de Maria consegue manter esse número de pessoas anualmente[8].

O foco principal das peregrinações é a Terra Santa. Segundo relato de um missionário da Obra de Maria há oito anos,

> o nosso objetivo, lá na terra santa, que é onde tudo aconteceu, a história da salvação aconteceu lá, com o incentivo das peregrinações é, justamente, manter acesa a chama do cristianismo. [...] A ida à Terra Santa mais do que levar as pessoas somente, também, há um contato ali com a terra; é, a gente diz que é levar as pessoas a ter um encontro com o Santo da Terra na Terra Santa, porque nós não vamos apenas tocar nos lugares e dizer "aqui aconteceu isso". A meta da peregrinação é tentar reviver aquilo que aconteceu naquele local. [...] É levar as pessoas a um encontro pessoal com Jesus nesses lugares, e também ajudar na manutenção dos cristãos, porque se eles estão lá, estão guardando esses lugares.

Mas as peregrinações organizadas pela comunidade não se limitam apenas à Terra Santa, elas abrangem os principais santuários católicos ao redor do mundo. Anualmente traça roteiros que incluem os santuários na França – Lourdes, Medalha Milagrosa de Nossa Senhora das Graças, e Santa Terezinha do Menino Jesus na cidade de Lisieux; em Portugal – Fátima; na Itália – Roma, Pádua e Assis; na Polônia – Convento de Santa Faustina, Santuário da Divina Misericórdia, Capela da Natividade, onde se encontra a Virgem Negra, e a cidade de Wadovice, terra natal do Papa João Paulo II; e muitos outros lugares.

As peregrinações são feitas com grupos de 30 pessoas, no mínimo. A divulgação se dá via site da Comunidade Obra de Maria, da TV e Rádio Canção Nova e paróquias, com a colaboração de membros da comunidade e sacerdotes. Normalmente, um sacerdote da Comunidade Obra de Maria

---

[8] No tocante ao faturamento e às finanças da comunidade, não foi possível obter informações.

acompanha o grupo para dar o caráter religioso e espiritual da peregrinação, exceto quando o padre de uma paróquia organiza um grupo que fará a viagem com ele (nesse caso, o padre viaja gratuitamente). Além do padre, um missionário da Comunidade Obra de Maria acompanha os grupos, com o intuito de oferecer maior segurança aos peregrinos. As peregrinações duram, em média, oito dias e incluem celebrações eucarísticas diárias no santuário que estejam, seguindo uma liturgia própria, não guiada pelo Lecionário Romano[9], mas sempre de acordo com o padre que acompanha o grupo. Segundo um dos membros da comunidade, essa prática é realizada com o objetivo de enaltecer o momento vivido no local visitado.

A comunidade acredita ser fiel ao carisma de peregrinação que lhe é atribuído, por oferecer os melhores preços e por voltar sua atenção à formação espiritual dos peregrinos. A Rainha da Paz Peregrinações não realiza apenas peregrinação a santuários marianos, também oferece aos peregrinos a opção de visita a templos devotados a outros santos e santas do catolicismo, como é o caso do já mencionado Santuário de Santa Faustina, na Polônia.

Os destinos das peregrinações realizadas pela Comunidade Obra de Maria são, em grande parte, os santuários internacionais, isso por se ter em conta a facilidade de acesso aos santuários brasileiros por católicos de qualquer região do Brasil, já que podem ser visitados a partir das famosas excursões organizadas por grupos paroquiais. As peregrinações ao exterior, ao contrário, não se apresentam de maneira tão simples, sendo mais caras e complexas.

Há, assim, uma valorização do internacional em detrimento do local e particular. Mas, ainda que isso aconteça, não significa que a Rainha da Paz não organize peregrinações aos santuários nacionais. Embora não esteja

---

[9] O Lecionário Romano – Dominical ou Semanal (também chamado Ferial) – reúne as leituras bíblicas que serão lidas a cada dia do ano litúrgico, nas Igrejas de todo o mundo. No Brasil, o Lecionário Dominical fora aprovado em 1991, pela Congregação do Culto Divino e Disciplina dos Sacramentos, e o Semanal, três anos depois. Contém os textos considerados mais importantes do Antigo Testamento e quase todos os do Novo Testamento. Também é considerado pela CNBB como a Bíblia Litúrgica.

entre os destinos mais oferecidos, o Santuário de Cimbres, em Pernambuco, por exemplo, é constantemente escolhido para os momentos de espiritualidade dos consagrados da comunidade. A pouca visibilidade dada a Cimbres pode ser atribuída à hegemonia do catolicismo romanizado que não permite maiores destaques da RCC ao santuário (ver Querette 2006) e, "por tabela", pela comunidade. Assim, não se trata de falta de reconhecimento por parte da Obra de Maria; hajam vista as peregrinações feitas a Medjugorje, amplamente difundida pela comunidade, mesmo que esse [Santuário de Medjugorje] não tenha, ainda, o reconhecimento e a aprovação da Cúria Romana.

Mas essa assertiva se configura, apenas, como uma hipótese que pode ser verificada em trabalhos subsequentes. Não nos esqueçamos também do comentário de Segato (2003) sobre a imposição internacional das rotas de peregrinação.

Embora priorize o trabalho de peregrinação, a Comunidade Obra de Maria busca auxiliar a Igreja nos trabalhos pastorais e sociais que desempenha. Por isso, realiza missões em diversas cidades do Brasil onde ainda não há casas de missão, com o intuito de evangelizar.

O Marianismo e as práticas devocionais: instrumentos da subordinação?

Ainda que consideremos a Igreja Católica Romana um organismo profundamente hierárquico e centralizado, não se pode desprezar o poder exercido pelos leigos nesta modalidade religiosa. No caso específico da Obra de Maria, por exemplo, o laicato é o grande responsável por sua criação e manutenção. A escolha do carisma e da espiritualidade específicos foi feita pelos leigos fundadores da comunidade, ainda que calcado em princípios já existentes e definidos pelos sacerdotes.

O uso sistemático da ideologia do Marianismo pela Igreja Católica tem proporcionado a adequação das mulheres ao modelo patriarcal vigente e gerado algumas dessas práticas. A partir da contemplação diária do rosário, por exemplo, busca-se se assemelhar a Maria, a partir da meditação de seus atos e feitos – o meio social do praticante é significado pelo ato de rezar o rosário e rememorar os atos de Maria e sua ligação com Jesus.

Por isso, a profunda devoção a Maria é amplamente difundida e defendida, e o Rosário, visto como símbolo dessa devoção. Muitas mulheres falavam com orgulho dessa devoção, manifestando pena dos que não vivenciam essa "verdade". Para elas, Maria é, verdadeiramente, um exemplo a ser seguido por todos os cristãos, e consideram que muitos dos problemas do mundo devem-se ao fato de as mães não observarem os exemplos de Maria e, assim, não "santificarem" o seu lar.

A família e o cuidado com os seus se apresentam fortemente. Uma das músicas muito cantadas nos encontros versa "Eu e minha casa *serviremos ao Senhor*" (grifos nossos). Essa frase sintetiza a maioria das pregações e conversas presenciadas durante o trabalho de campo. A ênfase está na alegria servil e na sabedoria silenciosa de Maria como ideais arduamente almejados pelas mulheres, estas responsáveis pela salvação de sua casa e de seus familiares (maridos, filhos, pais, irmãos).

É comum ouvir das mulheres participantes do grupo de oração sobre um sentir-se importante por estarem inseridas na Igreja. Para algumas que são donas-de-casa, a Igreja é o único espaço público frequentado por elas, além dos supermercados e casa de familiares. Mesmo as que têm vida profissional, afirmam sentirem-se úteis na Igreja. O sentimento comum a todas é o de responsabilidade pela salvação de suas famílias.

Normalmente, as mulheres adeptas a essa devoção interpretam a mediação de Nossa Senhora como ajuda de uma mãe para a outra. Daí a razão de considerarem tão importante o seguimento do exemplo de Maria, pois só assim alcançarão a salvação para sua família. Com isso, chega-se à noção do cuidar como missão central na vida dessas mulheres. Segundo Pierre Bourdieu (1999), essa é uma forma de reproduzir a dominação masculina, por meio do *habitus* de que às mulheres estão fadadas as atividades de cuidado e vigilância, ao passo que aos homens são impingidas a manutenção do lar e sua fiscalização.

Essa concepção do cuidado imanente ao feminino transpõe a esfera doméstica; no grupo, como já explicitado anteriormente, também são as mulheres as responsáveis pelas boas-vindas aos participantes da reunião, e estão sempre cuidando para que estejam à vontade no ambiente.

Embora atribuam a fatores para além de suas próprias necessidades a adesão ao movimento carismático e a participação sistemática nas atividades da Obra de Maria – e aqui se incluem, além do grupo de oração, outras atividades da comunidade –, as mulheres enfatizam, por vezes sem perceber, sua escolha pessoal. Seus anseios são enormemente afetados, uma vez que a prioridade de suas vidas é o outro. Talvez, essa forma de pensar e agir esteja reproduzindo um *ethos* patriarcal[10] que, certamente, não será modificado de repente. Pode-se também intuir um deslocamento semântico por meio do Marianismo, uma revalorização simbólica e moral do feminino. Ao mesmo tempo, uma adesão religiosa contribui para a quebra da lógica da dominação masculina, ao possibilitar à mulher o exercício de funções distintas daquelas do ambiente doméstico e familiar.

Um fato curioso é que, ao contrário das frequentadoras do grupo de oração que em geral eram mães de família, nenhuma das jovens consagradas da comunidade apontou sua iniciação na RCC e posterior adesão à comunidade devido a fatores externos. Todas mencionaram um vazio existencial nunca antes preenchido, sentindo-se completas após o ingresso na comunidade e seu desempenho em sua missão. Uma delas chegou a afirmar que só conheceu *uma felicidade transbordante* quando ingressou na comunidade e que essa é a verdadeira felicidade. No caso dessa jovem, seus pais foram contrários ao seu ingresso, mas, ao perceberem que estava feliz, passaram a se simpatizar com a comunidade e até a participar dos encontros realizados.

---

[10] Entenda-se por valores patriarcais, em geral, aqueles relativos à valorização da quietude e docilidade femininas.

Todas as entrevistadas consagradas falaram de desentendimentos com suas famílias em razão de seu ingresso à Obra de Maria. Majoritariamente, os pais são os mais intransigentes. Há relatos de jovens que foram impedidas de ingressar na comunidade enquanto eram menores de idade, pois não tinham o consentimento dos seus. Segundo uma delas, as mães costumam aceitar melhor a decisão das filhas. Esse fato nos remete à imagem do *Pater familias* e da centralidade masculina na família. Ao tomar uma decisão, autônoma e individual, a menina é vista como se subvertendo à ordem estabelecida, uma vez que não foram aqueles os planos traçados para ela.

Talvez, a experiência de desvencilhar-se do espaço doméstico e poder desenvolver outros papéis deflagre nas mulheres uma autoestima mais elevada, transmutada em luta cognitiva, de que nos fala Bourdieu (1999). No entanto, paradoxalmente, ao tornar-se mãe, essa menina deve cuidar da sua própria família; o que nos indica que a identidade feminina, isto é, a pessoa moral feminina só se realiza plenamente com a maternidade.

Essa observação nos leva a sugerir uma forte relação entre catolicismo e o mito da maternidade intensiva, que se alinha estreitamente ao que Bourdieu denomina de dominação simbólica. De fato, Del Priore (1993) analisa a importância da Igreja Católica como instituição principal de controle e normatização da população brasileira no Brasil colônia, que tomava as mulheres como principal veículo desse processo. Destacando-se aí a ênfase dada pela Igreja à figura feminina como mãe imaculada, santa e piedosa.

Por outro lado, as mulheres são maioria na Obra de Maria, tanto na condição de consagradas quanto como partícipes do grupo de oração. Elas também são maioria nos cargos de comando da comunidade. A categoria dos servos, por exemplo, constituída pelos coordenadores das casas, responsáveis pelos que vivem e frequentam a comunidade, são em grande parte mulheres; assim como o conselho que é composto por cerca de 60% de mulheres. Lembrando ainda que, como já destacado anteriormente, a vice-presidente da Obra de Maria é mulher. Um dos membros da comunidade declara:

Aqui [na Obra de Maria], basicamente, os principais cargos são ocupados por elas. [...] Hoje elas são maioria na comunidade, já fomos a maioria um tempo, mas hoje as moças também... Por quê? Porque até mesmo as mulheres são mais dóceis. Eu costumo dizer que os homens são mais difíceis de dar uma resposta, são mais insensíveis, vamos dizer assim, à questão da vida religiosa. Porém, ao mesmo tempo, os homens são mais determinados, né? Quando vão. Porque quando vão, vão pela razão e na razão eles sustentam.

O que se percebe no relato acima é a valorização da moralidade feminina em contraste com a masculina. A sensibilidade é aliada da negociação em oposição ao determinismo masculino.

As pessoas que frequentam o grupo de oração têm a visão de que a Comunidade Obra de Maria é mais plural e mista, e veem na liderança feminina uma possibilidade de transformação da humanidade. Essa visão foi unânime entre os entrevistados. Entretanto, no depoimento acima, percebemos que essa maior liberdade para assumir papéis de liderança se coaduna à continuação do confinamento simbólico feminino a algumas características, normalmente à docilidade e ao cuidado, sendo, agora, deslocado para uma posição moral hierárquica superior.

Pode-se perceber também que, ainda que no dia-a-dia do grupo de oração as mulheres tenham proeminência e, na maioria das vezes, são as responsáveis pela pregação e pelo direcionamento da oração, o mesmo não ocorre nos grandes encontros. Um exemplo disso foi o encontro em comemoração ao 17º aniversário da Comunidade Obra de Maria, realizado em janeiro de 2007, quando os membros do sexo masculino assumiram a direção do evento, enquanto as mulheres que, normalmente coordenavam o grupo de oração, encontravam-se na equipe de acolhida, nos bastidores ou, simplesmente, nas barracas, vendendo comidas e artigos religiosos. Fato que, aliás, não se restringe às mulheres da Obra de Maria ou da RCC, mesmo em eventos realizados pelas CEB's (Comunidades Eclesiais de Base), por exemplo, é comum acontecer esse tipo de diferenciação, e, nesses casos, as mulheres têm consciência da sua subordinação.

Determinadas pregações e orações feitas no grupo fazem referências ao papel da mulher e ao espaço que elas devem ocupar. A sabedoria feminina, o silêncio e a responsabilidade pela paz de sua casa são evocados a todo o momento e internalizados pelas participantes que, em suas falas, evidenciam essas qualidades como fundamentais às mulheres.

O governo exercido pela comunidade nas questões relativas ao namoro nos remete a uma ideia de controle sobre os corpos dos jovens, que concordam com o fato de que a decisão sobre com quem e quando vão casar-se não seja tomada apenas por eles. Para esses jovens, uma vez que estejam numa comunidade religiosa, sua conduta deve ser irrepreensível, e a volta a um namoro livre do apelo sexual é um sinal ao mundo e um exemplo que outros jovens devem seguir. Não há contestação a essa prática por parte dos homens, sendo eles próprios defensores do celibato até o casamento. Com isso, vislumbramos um critério válido para ambos os sexos num comportamento que contraria diretamente a imagem de homem viril de que nos fala Bourdieu (1999). Esse critério é lembrado por Machado (1996) ao afirmar que a criação de um *ethos* pentecostal mais equânime entre os gêneros serve ao abrandamento da lógica patriarcal.

No caso das casas mistas da comunidade, os jovens dividem as tarefas domésticas, e todos devem obedecer a uma escala elaborada pelo coordenador da casa de missão. Segundo os entrevistados, não há distinção entre as tarefas masculinas e femininas. Todos cozinham, lavam pratos e limpam a casa, dependendo da escala que é rotativa. No entanto, é comum a troca de funções, principalmente as relacionadas à cozinha: os homens sempre tentam trocar com as mulheres, por considerarem que elas têm mais "jeito pra cozinhar". Concomitante a isso, sendo uma das características essencialmente feminina, o cuidado também permeia a gestão das casas de missão. Segundo um dos membros, é perceptível que na casa administrada por homem as coisas não fluem tão bem como numa administrada por mulher, a não ser quando a casa é habitada só por rapazes.

Tanto nas pregações no grupo de oração, quanto nas conversas reservadas, os membros consagrados da comunidade, homens e mulheres, realçam a docilidade, o silêncio e a atenção como características imanentes ao sexo feminino, ao passo que a determinação, a coragem e a rudeza como características essencialmente masculinas. Para eles, é na condição de servas que as mulheres alcançam seus grandes feitos e, como Maria, não brilham, mas deixam Jesus brilhar. Na verdade, esse ideal deve ser perseguido também pelos homens, apesar da maior dificuldade em atingi-lo devido às características já mencionadas.

As mulheres com quem conversamos reconhecem a existência do machismo na Igreja Católica, mas consideram que muita coisa já mudou. Segundo elas, a RCC teve papel fundamental no crescimento da liderança feminina, que deve continuar a ser conquistada. No entanto, nenhuma delas encontra pertinência na ordenação de mulheres ao sacerdócio, por considerarem que seu carisma[11] deva ser outro. Elas não veem a inserção na hierarquia católica como algo importante e imprescindível para que sejam aceitas e reconhecidas como pastoras autênticas e líderes atuantes. Tanto entre os consagrados quanto entre os participantes do grupo de oração há o reconhecimento de uma autoridade moral feminina, genuinamente exercida na comunidade, na Igreja e na sociedade.

> Usando a religião para desenvolver papéis extradomésticos, as mulheres poderiam fortalecer-se não só em termos locais, mas com a criação de organizações mais amplas, baseadas em demandas e ansiedades essencialmente femininas. [...] A decisão feminina (essencialmente au-

---

[11] É interessante perceber que a ideia de carisma a que os adeptos da comunidade evocam refere-se a algo em estado de latência, que existe a priori, ou seja, que fora herdado anteriormente. Isso difere da conceituação weberiana, segundo a qual carisma é "uma qualidade pessoal considerada extracotidiana (...) e em virtude da qual se atribuem a uma pessoa poderes ou qualidades sobrenaturais, sobre-humanos ou, pelo menos, extracotidianos específicos, ou então se a toma como enviada por Deus como exemplar e, portanto, como líder" (Weber 2000, p. 158-159).

tônoma) de participar dos movimentos carismáticos e neopentecostais tem levado a um reconhecimento de sua autoridade moral, em face da comunidade de fiéis e da família [...] (Machado 1996, p. 37).

O marianismo é aceito, difundido e defendido pela Igreja Católica como culto à superioridade espiritual feminina. Na Obra de Maria, no entanto, essa ideologia se alia à espiritualidade mariana que transpassa alguns aspectos do marianismo, por permitir aos leigos um espaço de manobra que aflora da *astúcia dos consumidores* de que fala Michel de Certeau (2000). Para ele, os portadores dos bens simbólicos fazem uso de bricolagens para manipular e modificar as práticas que não fabricaram, formando, com isso, uma produção secundária a partir da utilização cotidiana dessas mesmas práticas. Esse procedimento se configura numa rede de antidisciplina. Estratégia que leva à seguinte afirmação:

> Sem dúvida nenhuma, Nossa Senhora tem sido o grande modelo das mulheres da Obra de Maria. A gente tem tentado imitá-la em todos os sentidos: no silêncio, na força, na fortaleza, no desejo, porque ela é realmente exemplo disso. A gente nunca consegue imaginar Nossa Senhora, a pessoa de Maria, como uma pessoa frágil, aquela mulher caladinha, que não tem atitude, sempre passiva... Pelo contrário: ela nos ensina a ser um ser ativo, ela nos ensina a ser alguém falante, ela no ensina a ser alguém que pastoreia, que lidera, que realmente toma a frente, porque foi isso que ela fez (depoimento oral de um membro da comunidade).

As mulheres da Obra de Maria se consideram agentes ativos, uma liderança atuante no trabalho religioso de evangelização e mudança nas relações sociais. No caso das consagradas, elas são muito respeitadas tanto por seus colegas quanto pelos que participam do grupo de oração. Sua liderança é aceita e é vista como muito positiva. No entanto, por seu discurso e prática, reproduzem a docilidade e abnegação tidas como características essencialmente femininas, principalmente porque são aspectos importantes da personalidade de Maria.

Referências bibliográficas

ARY, Zaíra. *Masculino e feminino no imaginário católico*. São Paulo: Annablume, 2000.

BEAUVOIR, Simone. *O segundo sexo*. Tradução de Sérgio Milet. Rio de Janeiro: Nova Fronteira, 1980a., v. 1.

_____. *O segundo sexo*. Tradução de Sérgio Milet. Rio de Janeiro: Nova Fronteira. 1980b., v. 2.

BOFF, Leonardo; MURARO, Rosie-Marie. *Feminino e masculino: uma nova consciência para o encontro das diferenças*. Petrópolis: Vozes, 2002.

_____. *Rosto materno de Deus: Ensaio interdisciplinar sobre o feminino e suas formas religiosas*. 9ª ed. Petrópolis: Vozes, 2003.

BOURDIEU, Pierre. *A economia das trocas simbólicas*. 5ª ed. Tradução de Sérgio Miceli. São Paulo: Perspectiva, 1998.

_____. *A dominação masculina*. Tradução de Maria Helena Kühner. Rio de Janeiro: Bertrand Brasil, 1999.

_____. *O poder simbólico*. 3ª ed. Rio de Janeiro: Bertrand Brasil, 2000.

DE CERTAU, Michel. *A invenção do cotidiano: 1. Artes de fazer*. 7ª ed. Tradução de Ephraim Ferreira Alves. Petrópolis: Vozes, 2002, v. 1.

DEL PRIORI, Mary. *Ao Sul do Corpo*. Rio de Janeiro: José Olympio, 1993.

MACHADO, Maria das Dores Campos. *Carismáticos e pentecostais: adesão religiosa na esfera familiar*. Campinas: Autores Associados, 1996.

_____. *Representações e relações de gênero nos grupos pentecostais: Estudos Feministas*, 2005, n. 13 (2), p. 387-396.

MARIZ, Cecília Loreto. *A Renovação Carismática Católica – Uma igreja dentro da Igreja?* Porto Alegre: *Civitas*, 2003, n. 3 (1), p. 169-186.

NASCIMENTO, Guilhermina d'Arc C. do. *Maria passa na frente: um estudo sobre as líderes da Renovação Carismática Católica na cidade do Recife*. 131 p. Dissertação (Mestrado em Antropologia). Centro de Filosofia e Ciências Humanas, Universidade Federal de Pernambuco, Recife, 2001.

Nunes, Maria José F. Rosado. "Autonomia das mulheres e controle da Igreja: uma questão insolúvel?" In: Bidegain, Ana Maria. *Mulheres: autonomia e controle religioso na América Latina*. Petrópolis: Vozes, 1996.

Papa João Paulo II. *Mulieris dignitatem*. 1988. Disponível em: http://www.vatican.va/holy_father/john_paul_ii/apost_letters/documents/hf_jp-ii_apl_15081988_mulieris-dignitatem_po.html. / Acesso em: 10/4/2006.

_____. *Ordinatio sacerdotalis*. 1994. Disponível em: http://www.vatican.va/holy_father/john_paul_ii/apost_letters/documents/hf_jp-ii_apl_22051994_ordinatio-sacerdotalis_po.html / Acesso em: 21/5/2006.

Quérette, Letícia Loreto. *Onde o céu se encontra com a terra: um estudo antropológico do Santuário de Nossa Senhora da Graça na Aldeia Guarda, em Cimbres (Pesqueira-PE)*. 143 p. Dissertação (Mestrado em Antropologia). Centro de Filosofia e Ciências Humanas, Universidade Federal de Pernambuco, Recife, 2006.

Segato, Rita L. "As duas virgens brasileiras: tradição e modernidade nas identidades religiosas". In: *Revista Teoria & Sociedade*, UFMG, Belo Horizonte, p. 76-93, 2003. Número especial.

Verter, Bradford. "Spiritual Capital: theorizing religion on with Bourdieu against Bourdieu". In: *Sociological Theory*, 2003, n. 21 (2), p. 59-75.

Weber Max. *Economia e sociedade*. 3ª ed. Brasília: Editora Universidade de Brasília, 2000, v. 1.

Impressão e acabamento
GRÁFICA E EDITORA SANTUÁRIO
Em Sistema CTcP
Rua Pe. Claro Monteiro, 342
Fone 012 3104-2000 / Fax 012 3104-2036
12570-000 Aparecida-SP